U0058014

解·讀
台灣教育改革

吳清山 ◎ 著

作者簡介

吳清山

現職： 台北市政府教育局局長

台灣教育政策與評鑑學會理事長

經歷： 台北市立教育大學教育行政與評鑑研究所教授

財團法人高等教育評鑑中心基金會執行長

台北市立師範學院校長

台北市立師範學院國民教育研究所教授

台北市立師範學院初等教育研究所教授兼所長

台北市立師範學院初等教育系副教授兼系主任

台北市立師範學院初等教育系副教授兼主任秘書

台北市政府教育科員、秘書

　　吳清山局長畢業於國立高雄師範大學教育學系及國立政治大學教育研究所，曾獲國立政治大學教育學博士，並赴美國紐約州立大學水牛城校區進行博士後研究，在教育界服務近三十年，致力於「教育評鑑」、「教育品質」、「教育改革」和「學校效能」研究。任職期間，榮獲行政院國家科學委員會十五次專題研究計畫獎助，一次國際合作業務補助和一次優等及六次甲等研究成果獎助。

1987 年，經國先生宣布解嚴，可謂劃時代的憲政改革，長達三十多年的戒嚴時期，正式走入歷史。

政治解嚴，帶動社會解嚴和教育解嚴，開啟社會民主化和教育民主化的改革。

教育經過政治解嚴的洗禮，民主化和自由化呼聲不斷升高，威權式教育體制和一元化教育思想，受到嚴重考驗，教育改革已成為時代抵擋不住的潮流。

1994 年是台灣教育改革史關鍵年，在該年 4 月 1 日由九十五個關心教育的民間團體與五十七個民意代表的服務處，聯合發起 410 教育改造運動，展現民間要求教育改革的動能；同年行政院於 9 月 21 日正式成立行政院教育改革審議委員會，研議台灣教育改革方案的藍圖。加速教育改革，成為朝野共識，也掀起一波又一波教育改革浪潮。

1994 年以後，教育改革如火如荼展開，從各級教育（如：學前教育、初等教育、中等教育、高等教育）到各類教育（師資培育、技職教育、社會教育等）都可看到教育改革的軌跡與痕跡。而這一波教育改革中，衝擊最大者，莫過於「國民中小學九年一貫課

程」、「多元入學方案」和「師資培育多元化」的實施，至今餘波盪漾，爭議仍在。

處在這一波教育改革巨流中，個人有幸目睹整個教育改革過程，而且也參與教育改革，例如：協助撰寫《中華民國教育報告書——邁向 21 世紀教育遠景》、《中華民國原住民教育報告書》、《中華民國身心障礙教育報告書——充分就學‧適性發展》；以及參與「國民教育法」、「師資培育法」等研修工作，因而對教育改革具有深刻體認。

教育改革攸關教育發展和學生學習甚鉅，自然引起社會大眾的關注。不管是媒體或學者們，對教育改革也提出相當多的批判，成為教育改革的另一種聲音。基本上，教育改革不可能回到一言堂的時代，傾聽「多元和批判」聲音，對教育改革發展仍有積極作用。

教育改革本身是一項艱鉅的改造工程，很難收到立竿見影之效，它需要的是智慧、經費、時間和人力。因此，近十多年教育改革，實非短時間內即可判斷其成效。時代一直向前走，「有改革，才可能有進步」，所以不必一味地排斥改革。如何透過適切和有效的教育改革，激發學生學習潛能和幫助學生有效學習，才是教育改革最重要的課題。

為幫助讀者們了解台灣這一波教育改革的過去、現在與未來，本書乃分為八章，第一章先說明解嚴以後的教育改革運動，以及整個發展經過，亦即對教育改革進行回顧；第二章整體分析整個教育改革背景、內涵、檢討與改進；第三章至第七章則有系統的檢討初等教育、中等教育、大學教育、高等技職教育、師資培育等改革的

議題,並提出一些未來改進建議。最後一章則從後現代思潮觀點,探究台灣教育改革未來走向。

　　本書能夠順利出版,特別感謝心理出版社林敬堯總編輯的協助和李晶小姐細心編校。當然,也要感謝內人郭秀蘭老師費心料理家務,才得以讓我能專心行政、教學與研究工作。

　　本書撰寫堅守理性和忠實,文辭力求清晰和易懂,架構盡量符合邏輯和系統,以客觀態度詮釋台灣教育改革,使讀者能全盤掌握台灣近十多年教育改革的發展過程、精神和內涵;但書中難免有疏誤之處,敬請學界先進賢達惠予指正是幸。

吳清山　敬上

2008 年 4 月

目次
CONTENTS

CHAPTER **1** 台灣解嚴後教育改革運動分析......................001

CHAPTER **2** 解讀台灣教育改革發展.............................027

CHAPTER **3** 初等教育改革....................................053

CHAPTER **4** 中等教育改革....................................097

CHAPTER **5** 大學教育改革....................................137

CHAPTER **6** 高等技職教育改革 189

CHAPTER **7** 師資培育改革....................................231

CHAPTER **8** 後現代思潮與教育改革...........................257

附 錄

1994 年以後台灣教育改革大事紀 291

台灣解嚴後教育改革運動分析

CHAPTER

壹 前　言

　　1987年，蔣故總統經國先生排除萬難宣布解嚴，可謂劃時代的憲政改革。行政院配合總統指示，在7月2日院會時通過「解除戒嚴令」；而且也通過「國家安全施行細則」，於同月15日零時起實施。長達三十多年的戒嚴時期，總算成為歷史。

　　解嚴十多年來，除了影響到政治面外，它也直接影響到經濟面、社會面、教育面和文化面，今天台灣之所以能夠逐步向民主化的大道邁進，同時也締造經濟發展的奇蹟，解嚴應該是一項很重要的因素。當然，也有人批評因為解嚴，導致社會治安不斷的惡化，其實此種論點，有待斟酌，因為治安的惡化，是由很多內外在因素所造成，例如：外來文化的侵襲、大眾傳播媒體的渲染、民眾不當的仿效、家長未能負起管教責任、個人的缺乏自制……等，都可能使民眾鋌而走險，觸犯法令，所以不能單純歸咎於解嚴因素所造成。

　　長期的戒嚴，人民缺乏言論表達的自由，有些人感受到白色的恐怖，活在白色恐怖的陰影之中，深怕隨時都有生命的危險，所以不敢組織各種社會團體，當面批判政府各種政策。隨著戒嚴的解除，原有的「非常時期人民團體法」經立法院修正為「動員戡亂時期人民團體法」，總統於 1989 年 1 月 27 日公布，後來在 1992 年 7 月 27 日總統令修正「動員戡亂時期人民團體法」為「人民團體法」，提供人民團體之組織與活動的法令依據，各種各類的社會團體紛紛成立。

　　由於長期的戒嚴，導致教育產生過多或不當的管制，使得教育的政策始終停留在國家化、一元化的規劃上，甚至很多人還批評政黨化、威權化色彩太濃，很難看到教育多元、開放和活潑的一面，一旦戒嚴解除，一股教育改革的聲音也就開始不斷的湧現出來。所以，在 1987 年以後，很多與教育直接關係的民間團體陸續成立，它們激起了整個教育改革的風潮。因此在近代中國教育史上，解嚴以後的教育改革運動的發展、影響及成效，實在有研究和探討的價值。本章主要分析 1987 年至 1998 年教育改革運動與發展。

貳 解嚴以後教育改革運動之背景分析

　　1980 年代是台灣政治轉型劇變的時代；也是教育改革運動開啟動力的時代。任何一個時期的教育改革運動，基本上都有其背景因素的存在。高承恕（1989）就以政治結構、經濟結構和社會結構三方面變遷因素來解釋台灣新興的社會運動。薛曉華（1996）

亦以該架構說明台灣民間教育改革的相關背景因素——政治背景、經濟背景和社會背景。當然,這些背景因素很難各自獨立,經常糾纏在一起,交互影響到台灣社會運動。個人試從下列三方面因素,說明解嚴以後教育改革運動之背景。

一、政治體制的轉型

台灣政治的轉型,除了推及黨外運動及 1979 年的「美麗島」事件的影響之外,1986 年 9 月 28 日「民主進步黨」宣布成立,1987 年 7 月 15 日零時起解除戒嚴,使台灣政治體制產生本質上的變化,由軍事戒嚴邁向民主憲政、從一黨獨大走向多黨競爭(羊憶蓉,1994)。這種政治體制的轉型,提供教育改革的環境,激勵教育改革的種子,由於政治民主化的呼聲,喚醒了人民的權利意識;當然也使教育界及社會大眾進一步要求教育自由化和民主化。為了達到此一訴求,就必須加以組織,才會產生力量,因此教育改革團體開始形成。例如:教師人權促進會和中華民國全國教育會於 1987 年成立,前者較重於體制外的改革,主張軍訓教官退出校園、籌組教師工會;後者較重於體制內的改革,主張教師福利的爭取。是故,政治體制的轉型,滋長了教育改革的動力。

二、社會結構的重塑

在政治轉型的過程中,可能衍生了很多的社會問題和教育問題,社會要能正常運作,它必須不斷的自我調適,因此在整個社會結構中,也就必須從解構中重新再建構;為使社會在建構過程

中，不會趨於解體，它就必須尋求一套機制來配合。這套機制需要從制度面和規範面來著手；換言之，也就是要從社會的「法律」層面，重新建立一套大家共同遵循的規範。由於社會結構的重塑，80年代的教育改革運動都會尋求「法律」、「制度」面的解決與改善。例如：大學校園民主化的運動，要求修訂「大學法」；教師人權運動，要求制定「教師法」；打破師資培育一元化運動，要求修訂「師範教育法」；鼓勵民間興學運動，要求修訂「國民教育法」和「私立學校法」（薛曉華，1996）；當然也有學者從社會問題看社會運動，蕭新煌（1989）指出：「已被建構的社會問題會引發社會運動，而透過社會運動更可以建構新的社會問題。」（頁31）。例如：教師權益保障問題引起了教師人權運動，這是從另一種觀點看教育改革的社會背景因素。

三、校園民主的覺醒

解嚴之前，大學師生之言論多多少少遭受牽制；到了1982年，校園民主觀念慢慢萌芽，當時台大社團就以「普選」為訴求，作為校園民主化運動的議題，開啟校園民主化的先聲。至於造成校園大規模且連續性民主風潮的開端，應該是1986年台大學生「自由之愛」運動。基本上，該運動是由於台大「大新社」參與反杜邦運動，刊登了未經事前審稿許可的文章，遭致校方懲處及停社事件，引發了學生爭取言論自由的運動（羊憶蓉，1994）。隨後，各大學紛紛發行地下刊物，以「校園民主」作為改革大學教育之訴求，例如：興大的「春雷」（1987.3）、高醫的「青年社」（1987.3）、東海

的「東潮」（1987.5）、輔大的「野聲」（1987.5）、北醫的「抗體」（1987.5）、中央的「怒濤」（1987.5）、逢甲的「民風」（1987.6）等，一時蔚成風潮，帶給政府改革大學教育的一股壓力。

　　至於一般學者所談的社會運動與經濟背景因素的關係，偏重於「政經勾結」，導致特權橫行，激起民眾不滿，因而產生社會改革運動。這種論點，在解嚴以後的教育改革運動影響似乎不大；因此，也就略而不談。

參 解嚴以後教育改革運動之發展

　　解嚴以後，社會運動不再遊走法律邊緣，民眾也開始依據「人民團體法」成立各種社團，以組織的力量表達對政府施政的意見。很多教育有志之士，也開始成立教育改革團體，慢慢形成教育改革風潮。茲將解嚴以後教育改革運動之發展，分為萌芽期、成長期、熱絡期三階段說明之。

一、萌芽期（1987-1988）

　　1987 年的解嚴、1988 年的報禁解除，教育民主運動開始萌芽。此時期各類民間教育改革團體紛紛成立；政府亦於此時期舉辦「第六次全國教育會議」。

(一) 民間教育改革團體的成立

　　此時期成立民間教育改革組織，計有「振鐸學會籌備會」於

1987 年成立、「教師人權促進會」、「人本教育基金會」和「主婦聯盟」亦於 1988 年成立等。振鐸學會最初成立目的在於研究改良教育理論與實務，而不是以「教育改革」為訴求，後來才慢慢參與教育改革行列；教師人權促進會則以「推動教育改革、保障教師權益、維護教師尊嚴、尊重學術自由」為宗旨，由於大部分成員都是屬於被壓迫的一群，所以對於教育改革主張較為激烈，強調教師的基本人權；人本教育基金會的目標為「結合家庭、學校、社會的力量，協助教育當局，革除當前教育積弊，共同推動以人為本的教育」，相當重視學生受教權及學習主體性，反對體罰；主婦聯盟亦以「推動親職教育、改善教育環境、建立家長會的組織與功能、尊重父母教育權」為其教育改革訴求。這些民間團體啟動教育改革的列車。在 1988 年 1 月 31 日，由人本教育基金會、主婦聯盟聯合三十二個民間團體召開第一屆「民間團體教育會議」，針對當時教育弊病提出建言，可說是教育改革活動的第一波。

(二) 第六次全國教育會議

由於已經有十八年未舉辦全國教育會議；加上當時教育改革聲音不斷，教育部乃於 1988 年 2 月 1 日起一連五天假國立中央圖書館舉行「第六次全國教育會議」，會中研討議案計有：幼兒教育發展計畫、國民教育發展計畫、高級中學發展計畫、技術及職業教育發展計畫、高等教育發展計畫、社會教育發展計畫、體育發展計畫、各級學校課程架構研究發展計畫等八大類。會議決議也成為後來教育改革的基礎。教育部為落實本次全國教育會議決議事項

之辦理，特於 1991 年 6 月 22 日召開檢討會，邀集第六次全國教育會議各分組召集人及各有關單位代表討論辦理績效（教育部，1996）。

二、成長期（1989-1993）

1989 年以後，民間教育改革團體逐漸增加；也逐漸形成氣候，對於政府教育政策也形成一股很大的壓力，不僅重視大學教育改革；而且也致力於中小學教育改革。以下為此時期重要教育改革活動。

(一) 民間教改團體陸續成立

本時期陸續成立教改團體，主要有：(1)「大學教育改革促進會」於 1989 年成立，以「改革大學教育、維護學術自由、培育學生自治、推動校園民主」為宗旨；(2)「台灣教授協會」於 1990 年成立，以「結合學術界認同台灣主權獨立之專業人士，促進政治民主、學術自由、社會公義、經濟公平、文化提升、環境保護、世界和平」為宗旨。

(二) 民間森林小學的開辦

人本教育基金會為了追求「人本教育」的具體實踐，開創國內教育的新氣象，創辦了以「尊重人」為原則，造就健全的「人」為目標，提供完整的學習內容，於 1990 年建立了「森林小學」（人本教育基金會，1997），由朱台翔擔任校長。「森林小學」的成

立,為當時教育改革運動投入很大的漣漪,也因為涉及到私立學校
法之規定,政府始終無法予以立案,一般常將其稱之為「體制外實
驗學校」。隨後,「毛毛蟲兒童教育基金會」亦在 1994 年開辦「毛
毛蟲親子學苑」(即今之種籽學苑),宜蘭縣森林學苑、新竹縣雅
歌實驗小學、苗栗縣全人教育學校、台南縣沙卡小學、高雄縣錫安
伊甸學園亦相繼成立,這些學校都是以人本森林小學型態進行實驗
的學校,每校大約有數十名不等之學生。

㈢ 二屆民間教育會議

共舉行三次,分別於 1989 年 2 月舉行「小學課程研討會」,
討論修訂不合時宜之國民小學課程標準;6 月舉行「教育品質研討
會」,討論師資培育多元化及教師在職進修等課題;9 月舉行「教
育評鑑研討會」提出成立全國家長會及教師會,評鑑及參與教育政
策等訴求。

㈣ 救救下一代行動聯盟

1991 年 3 月,「婦女兒童安全保護協會」成立,4 月與人本教
育基金會決議籌組「救救下一代行動聯盟」;5 月發生一連串學生
自殺事件,深感教育問題嚴重,遂採取「學生自殺與體罰事件」請
願行動;8 月提出「救盟行動宣言」:⑴ 改革教育,拯救下一代,
已是刻不容緩的最後關頭;⑵ 教育是全國民眾的教育,改革必須
大家共同參與推動;⑶ 教改的大潮流方向:走向多元,走向分權;
⑷ 全國民眾必須站出來,表達對教育改革的高度期望,才能改變

政府官員、民意代表對教育問題的敷衍態度；10 月至教育部請願，要求盡速訂定「降低中小學班級人數時間表」。

㈤ 推動各類教育法案審查

此時期正值「大學法」、「師資培育法」、「教師法」等各類法案之審查，民間團體相當關心這些法案，以派員進駐立法院、遊說和抗爭的方式，試圖去影響立法院之法案審查。是故，立法院所通過的這些法律案多多少少有這些民間團體的影子；也充分讓社會大眾了解到民間教改團體的影響力。

三、熱絡期（1994-1998）

1994 年以後，可說是教育改革的熱絡期；不管是政府或民間都在積極推動教育改革工作。以下為此時期重要的改革活動。

㈠ 第七次全國教育會議的召開

80 年代以後，國內無論在政治生態、社會結構、經濟條件以及國民的思想觀念方面，均有很大的變化。教育部體認到時代的脈動及教育革新的必要性，乃於 1994 年 6 月召開第七次全國教育會議，以「推動多元教育、提升教育品質、開創美好教育遠景」為會議主題，在此一主題下，討論了八項議題：「教育資源分配」、「建立彈性學制」、「革新課程發展」、「改良師資培育」、「提升大專品質」、「推展終身教育」、「推動全民教育」、「兩岸學術交流」（教育部，1994）。此次會議決議，成為教育部推動教育改革工作重要依據。

㈡ 地方政府實施開放教育

地方政府受到民間及學者們積極鼓吹開放教育理念的影響，台北縣從 83 學年度開始選定二十所學校辦理，84 學年度增至八十五所，85 學年度起，全縣全面同步實施（鄧運林，1997）。台北市政府教育局於 80 學年度開辦實施「田園教學」，83 學年度倡導「回歸教育本質」的教學；開始試辦「教學評量改進班」，也是一種開放教育的做法。

㈢ 行政院教育改革審議委員會的成立

政府為加速教育改革、促進教育健全發展，特於 1994 年 9 月21 日正式成立行政院教育改革審議委員會，由中央研究院院長李遠哲博士擔任召集人。在二年的運作期間，激起了很多教育改革的討論；同時也提出我國教育改革之重點建議——《教育改革總諮議報告書》，成為我國教育改革史上一件大事。

㈣ 學校教師會的成立

「教師法」於 1995 年 8 月 9 日總統明令公布，正式授予學校教師得以組織教師會的權利；這是我國教育史上前所未有之事。所以，各校教師也開始積極籌組教師會，多多少少也加速了教育改革的動力。學校教師會成立之後，各縣市地方教師會也陸續成立，投入教育改革行列。

(五) 教育部出版各類教育報告書

　　1995 年以後，教育部為提供關切教育發展人士了解教育行政部門教育改革的政策，先後出版各類教育報告書。1995 年出版《中華民國教育報告書——邁向 21 世紀的教育遠景》、1995 年出版《中華民國身心障礙教育報告書——充分就學‧適性發展》、1997年出版《中華民國原住民教育報告書》、1998 年出版《邁向學習社會白皮書——推展終身教育，建立學習社會》教育白皮書，揭櫫整個教育發展方向。民間紛紛提出教育建議書：1994 年 4 月，台灣研究基金會、澄社及人本教育基金會共同舉辦「全國民間教育改革會議」，邀集國內學者專家針對「教育權與教育資源」、「教育政策與教育改革」、「技職與高等教育」、「師資、課程與教育改革」、「教育問題與社會文化」等主題加以討論（羊憶蓉、林全等著，1994）。1995 年 12 月國家政策中心舉辦「民間教育改革建議書」研討會，以教育改革另類思考為主題，共發表了「大轉換時期的教育改革」、「主體性與教育權」、「多元文化教育——其理論、政策與課程」、「學校組織關係的轉化」、「高等教育與社會競爭力」、「原住民教育政策的改革」、「身心障礙教育體系的建立」、「教育資源分配與社會正義」、「終生學習體系的建立」、「私人興學」等十篇論文。此外，國立台灣師範大學教育研究中心與財團法人泰山文化基金會亦在 1995 年 9 月共同舉辦「開放與前瞻——新世紀中小學教育改革建議書」研討會。

㈥ 中華民國教育改革協會的成立

1997 年各地方性及議題性教改團體聯合組成「中華民國教育改革協會」，最初是由十五個盟員團體組成，目前已有十九個團體加入（中華民國教育改革協會，1998）。該協會主要任務有四：(1) 結合全國地方教育改革力量，站在民間的立場，對各層級政府部門的教育相關政策之研擬及推動提出建言，並要求參與教育公共政策之決策過程；(2) 架構並維持教育界聯絡網，提供教育改革相關資訊；(3) 扮演民間與官方教育溝通橋樑，帶動全國與地方教育事務的研究與發展；(4) 結合國內外相關教育團體，聯合推動共通性教育改革議題。從該協會的組織及運作來看，民間教育改革團體已逐漸走向整合化和組織化，更能發出教育改革聲音。

㈦ 搶救教科文連線行動

1997 年 7 月 16 日國民大會三讀通過凍結憲法第 164 條對教科文預算的下限保障，引起全國各界譁然。隔日即有十餘名民間團體代表與學者赴國民大會要求「復議」，18 日二百四十七個民間團體在台北、台中、花蓮、高雄、台南五地同步召開記者會，譴責國大的歷史罪行，教師團體首次提出以罷課程、罷教表達抗議；19 日人本教育基金會、410 教改聯盟等團體決議組成「搶救教科文連線」，決定 9 月 27 日舉行大型群眾運動；927 活動展開，全台展開罷課程遊行活動（江昭青，1997 年 9 月 28 日）。計有北、中、南百萬師生參與罷課程，近兩萬參與遊行（927 歡喜討債，全台同

步走，1997），可視為有史以來一次最具規模的教育改革運動；事後，蕭院長保證教科文預算不會縮水予以回應。

㈧ 確定「教育改革行動方案」

　　行政院於 1998 年 5 月 14 日院會決定，五年內挹注 1,571 億 7,000 餘萬元，推動十二項教育改革方案：健全國民教育、普及幼兒教育、健全師資培育制度及教師進修制度、促進技職教育多元化與精緻化、追求高等教育卓越發展、推動終身教育、推展家庭教育、暢通升學管道、強化原住民學生教育、加強身心障礙學生教育、建立輔導新體制、充實教育經費與加強教育研究等，這方案自 88 年度至 92 年度實施（推動教改，五年挹注 1,571 億，1998）。此教育改革方案，可視為跨世紀教育改革最大的艱鉅工程。

肆 解嚴以後教育改革運動之訴求與回應

　　從解嚴以後教育改革運動的發展來看，最初是民間團體不滿意政府的教育作為，紛紛要求各項教育改革，政府為回應民間團體教育改革的呼聲，也開始有了教育改革的作為；但可說是仍處於被動的地位；後來，政府感受到社會需求、時代潮流，加上各國積極從事教育改革的壓力；深覺教育改革已是刻不容緩之事，這時政府已是化被動為主動，教育改革成為政府首要施政工作，正凸顯政府教育改革的決心。

一、民間教育改革之訴求

從民間教育改革團體成立的宗旨，以及民間教育改革建議書來看，民間教育改革之重要訴求，可以歸納如下。

(一) 理念方面

1 推動教育現代化：「推動教育現代化」係為 410 教育改造運動的四大訴求之一，其基本精神為：(1) 尊重個人的自主與創造，強調個體發展，重視各族群與弱勢階級的主體性教育，並由此發展多元文化教育政策；(2) 教育的主要課題不再把人分類、把人分等、把人分級，正好相反，它的目標是健全教育環境，提供教育資源，盡量讓每個人都能透過其自由選擇，求取最大的內在發展。較進步的現代國家，皆鼓勵其多數公民盡量去接受完整的現代教育（大學教育），而不是反過來再加以限制（黃武雄，1995），這項理念支配了整個教育改革運動的訴求。

2 推動教育自由化：教育權主要可分為國家教育權和國民教育權；前者立論在於國家擁有統治權力，自然有教育權；後者係從國民自由權引導出來，政府應該尊重國民的自由選擇，減少對教育的介入。一般認為國民教育權有五個主要範疇：父母教育權、兒童教育權、教師教育權、住民教育權、私校教育權（馮朝霖、薛化元，1995）。在民間教育改革訴求中，對國民教育權的重視遠大於國家教育權，所以也反映到教育自由化的訴求。

㈡ 法規制度方面

1 制定教育基本法：此亦為410教育改造運動四大訴求之一，其目的在於作為指導修正各級教育法的方向（黃武雄，1995）。是故，此項之訴求，將使教育基本法具有引導和規範的作用，其法律位階可說是僅次於憲法，對於整個台灣之教育制度及實施，勢必產生深遠的影響。

2 修訂重要教育法規：民間教育改革運動除了要求制定教育基本法外；而且也要求盡速修訂「師範教育法」、「大學法」、「國民教育法」、「私立學校法」，因為這些法律無法符合開放、自由社會之所需。

3 建立彈性學制：我國小學至高中的學制為六三三制，常被批評定位不明、過於僵化、缺乏彈性與過早分化，難以符合未來社會之所需。因此，民間建議幼兒教育劃入正式學制系統、建立多型態的中等學校、建立彈性的修業年限，打破普通教育與職業教育的藩籬（國立台灣師範大學教育研究中心與財團法人泰山文化基金會，1995）。

4 鼓勵私人興學：遵守憲法第11條、第162條、第167條對私人興學之保障與獎勵，並修正私立學校法及相關法規，使私人興學享有更大的自主性，讓私人能夠願意加入辦學的行列（朱敬一、葉嘉興，1994；周志宏，1995）。

㈢ 國民教育方面

1 **落實小班小校**：此亦為 410 教育改造運動四大訴求之一，其目的是為了在環境上發展出人性化的師生關係，另一為消除管理主義（黃武雄，1995）。這項訴求，也獲得其他民間教改團體的支持。

2 **全面開放教科書**：由於中小學教育長期受到中央政府的管理與控制，教科書大都由國立編譯館編輯，教材內容須予統一。因此，民間紛紛建議應該全面開放，以提供多樣化的教材（國立台灣師範大學教育研究中心與財團法人泰山文化基金會，1995）。

㈣ 中等教育方面

1 **廣設高中**：此亦為 410 教育改造運動訴求之一，其目的是為了打開升學窄門而設（黃武雄，1995）。這項訴求也引起不同的看法，部分人士認為高中教育應注重質的提升與城鄉教育的均衡發展；而不是只有量的擴充。

2 **調整高中高職之比**：高中與高職為 3:7 的比例，已不符合學生的需求與時代的趨勢，有必要做適度的調整。初期的措施以增加高中學生的比例為主，由現行的 3:7 漸次調整為 5:5、6:4、7:3，最後則配合全面設置綜合高中，取消人為分配比例做法（國立台灣師範大學教育研究中心與財團法人泰山文化基金會，1995）。

㈤ 高等教育方面

1 **廣設大學**：此亦為 410 教育改造運動訴求之一，其目的是為了

打開升學窄門而設（黃武雄，1995）。此項訴求亦有不同的看法，有人擔心廣設大學不僅增加政府財政負擔；而且也會衍生學生畢業後就業上的問題。

2 教授治校：無論由大學教授或學生所組成的教改團體，極為關切校園民主化，所以特別以「學術自由、教授治校」作為改革的訴求；也展現出大學教育改革的活力。

(六) 師資培育方面

1 打破師資壟斷：依照「師範教育法」之規定，師資係以師範校院培育為主；此種獨占式的做法，引起民間極大的批評，不斷的要求消除此一壟斷式的做法，讓一般大學校院亦可培育師資；也就是要使師資培育一元化改為多元化。

2 保障教師權益：過去部分教師經常受到學校不合理的對待，權益受到侵害時也投訴無門。因此，在解嚴後教師所組成的教育改革團體，特別致力於教師權益的維護與保障，所以它們在制定教師法過程中也花費了不少心血。

(七) 資源分配方面

1 合理分配各級教育經費：台灣過去教育經費之分配，過於偏重高等教育，此種經費分配的不合理，導致基礎教育之發展受到限制，引起社會很大的非議。是故，一些民間教育改革團體要求政府正視此項問題，各級教育經費之分配應重新做一個合理的調整。

2 放鬆教育資源管制：政府對於教育資源的管制與介入，使得教

育市場的機能無法活絡。因此，民間教育改革團體和學者專家建議政府應該放鬆對教育資源的管制，才能出現學校之間的良性競爭，以提升教育品質；此外，也必須鼓勵學生家長積極參與教育改革活動，敢於表達消費者的需求（林全、吳聰敏，1994）。

二、政府教育改革之回應

經過民間教育改革團體及學者專家積極倡導教育改革，的確給政府帶來相當大的壓力，因此必須對於他們的訴求有所回應，否則可能會流於更嚴重的社會運動。政府在此波的教育改革呼聲中，主要的回應有兩大項。

㈠ 回應民間教改訴求，編印教育報告書

教育部首先於 1995 年 2 月出版《中華民國教育報告書——邁向 21 世紀教育遠景》，明確指出政府在幼兒教育、國民教育、高中教育、技職教育、大學教育、社會教育、師資培育、體育衛生、訓育輔導、文教交流等方面的革新做法，其中在國民教育、大學教育和師資培育方面可說積極回應民間教育改革團體的意見。該年 12 月出版《中華民國身心障礙教育報告書——充分就學·適性發展》說明政府推展身心障礙教育的政策。1997 年出版《中華民國原住民教育報告書》揭示政府的原住民教育政策，後兩篇報告書顯示政府對於弱勢族群及多元文化教育的重視，也可以說是回應民間教改團體所提出的「社會正義」的教育訴求。

(二) 參酌民間教改聲音，出版教育改革諮議報告書

行政院教育改革審議委員會（1996）綜合社會各界之意見，在 1996 年 12 月出版《教育改革總諮議報告書》，內容提出了教育改革的五項重大建議，分別為：(1) 教育鬆綁：解除對教育不當的管制；(2) 發展適性適才的教育：帶好每位學生；(3) 打開新的「試」窗：暢通升學管道；(4) 好還要更好：提升教育品質；(5) 活到老學到老：建立終身學習社會。此份報告書成為政府推動教育改革的重要依據。

伍 解嚴以後教育改革運動對教育發展之影響

解嚴以後的教育改革，可說是教育史上的一件大事，無論從民間團體的積極推動或政府積極的回應，都具有相當可觀的成效，對整個教育發展之影響極為深遠。其正面及負面影響如下。

一、正面影響

(一) 教育逐步走向民主、開放與多元

不可否認的，戒嚴時期的教育環境處於管制時期，所以較為威權、封閉與保守，教育改革的速度也較慢；但是經過解嚴後，十多年在民間教育改革團體、學者專家以及政府推動教育改革下，教育改革的運動慢慢活絡起來，從法令制度、課程教材到師資培育等各

方面,都已有顯著的成果。尤其法令的鬆綁、教科書的開放、師資培育的多元化、校園的民主化,更帶來教育很大的衝擊,這一波的教育改革,可說是奠定教育走向民主、開放與多元的動力。

(二) 法令修正能夠反應時代需求

法令的制定與修訂,可以說是這一波教育改革的重大成就之一,例如:大學法的修正,激勵了校園民主化;教師法的制定,保障了教師的權益;師資培育法的修訂,確立了師資培育多元化;私立學校法的修訂,反應私人興學的需求;特殊教育法的修訂,印證對身心障礙教育的重視。這些法令都成了教育改革的重大依據,影響教育發展甚鉅。後來陸續完成教育基本法的制定、原住民教育法的制定、技術及職業教育法的制定、幼兒教育法的修訂、國民教育法的修訂、高級中學法的修訂,整個教育改革將會趨於成熟和完整。

(三) 弱勢族群教育受到重視

在戒嚴時期,一些文化不利、身心障礙、原住民學童,大都未受到應有的重視,有違「社會正義」及「教育機會均等」原則,這些弱勢族群學生必須給予優先的協助,否則將來仍會更為弱勢。解嚴之後,在民間教育改革團體及弱勢族群團體的努力下,這種情勢已大為改觀,政府逐漸從法令的保障、政策的制定,來維護弱勢族群學生的教育;例如:特殊教育法的修訂、《中華民國身心障礙教育報告書》的提出、《中華民國原住民教育報告書》的提出、教育

優先區的推動等，顯示這一波的教育改革中，弱勢族群教育和多元文化教育比以前更受到重視。

(四) 本土教育逐漸受到重視

在戒嚴時期，中小學生所受的教育，大都偏重於大中國意識，對於整個台灣本土不甚了解，引起很多的批評。所以，在這一波的教育改革潮流中，本土教育雖然引起很大的爭議，但是也激起社會大眾對於本土教育的重視，在國民小學課程標準和國民中學課程標準的修訂，也做了相當大的突破；例如：國民小學課程標準中增設「鄉土教育」課程；國民中學課程標準中增設「認識台灣」課程。

(五) 教師和家長參與校務影響力日增

在解嚴時期以前，學校校長享有很大的法職權，學校決策大都是在貫徹校長的個人意志，一般教師和家長們對於校務發展少有表達意見機會。但是經過教師法公布之後，教師和家長參與校務影響力日增，從教師人事遴選到校務行政決定，都可看到教師及家長的參與，校務運作也慢慢走向民主化的方向，整個學校組織權力結構和生態環境也為之丕變。

(六) 中小學生班級人數的降低

經過民間教改團體的不斷呼籲「小班小校」，以及政府積極推動降低班級人數，國民中小學班級人數逐年降低，是有目共睹的；尤其大部分小學班級人數都已降至三十五人以下。是故，這一波的

教育改革中，國民教育階段班級人數的降低，可以說是最顯著的效果，對於學生學習品質的提升，助益甚大。

㈦ 學生受教權益受到重視

學生受教育的主體性，常常是過去所忽視的。但是，隨著解嚴以後的教育改革運動，教育界也開始重視學生教育權，尊重學生學習的個體，維護學生學習的權益，不再把學生視為受支配的對象，他（她）是一個活生生的個體，應該讓他（她）有自我選擇的機會，以激發其學習潛能，這一波的民間教改團體和政府，在保障學生教育權益方面，的確投入不少心血。

二、負面影響

不可否認的，在教育改革的過程中，難免會產生一些陣痛；也有一些後遺症產生；最常受到大家的批評如下。

㈠ 校園亂象橫起

自從解嚴之後，個人自由意識逐漸抬頭，本來最單純、最安定的校園也慢慢的趨於複雜、混亂。民間教育改革團體促進校園民主化，可謂功不可沒；但是我們所看到的是，部分人士徒有爭取民主形式，卻無民主素養，甚至號稱有理性的教師，也不例外。只要大家意見跟他不合，就被扣上保守、迂腐的帽子，使得校園亂象橫起，整個校園倫理為之斲傷；尤其大學校長普選方式，更是投入一粒亂象的巨石，使得校園無法保持和諧安定。再看看中小學的校

園，其氣氛和文化也異於往昔，隨著教師會和家長會力量的介入校務運作，但是又未能保持尊重態度與做好溝通協調工作，加上彼此角色認識不清，心態也未能有效調適，常常堅持己見，互不退讓，落得兩敗俱傷地步，導致校園運作機制失靈。當然，今日校園之景象，不能完全歸咎於教育改革運動，有些是整個社會大環境所使然。

(二) 政治干擾教育

有人批評國內教育長期受政治所支配，但是從解嚴以後的教育改革運動來看，此種情形並未消除，尤其部分民間教育改革團體仍具有濃厚的政治色彩，其推動教育改革的目的，乃是借助教育手段，達成其政治目的，教育改革的動機因而遭受質疑，也使教育改革流於泛政治化，增加教育改革的複雜性。故此時期的教育改革，有時是一種政治角力的結果，而不是只有單純的教育改革。這樣的教育改革，常常造成不斷的紛爭，使得教育改革治絲益棼；也對教育發展產生不良的影響。

陸 結 論

教育改革是促進教育進步與發展的必要條件，世界任何國家為了提升教育品質，都不會忽視教育改革的重要性。解嚴以後的教育革新，可以說是政府遷台以後最大的教育成就，部分應該歸諸於民間教育改革團體的努力與投入，部分也要歸諸於政府體認到社會需求和時代潮流願意從事教育改革的迫切性。

　　綜觀整個教育改革運動的背景、發展及其訴求，的確帶來教育改革的動力與活力，不管是民間要求進行體制外的改革或政府本身推動體制內的改革，基本的前提就是要使教育好還要更好，讓下一代得到優質、美好的教育；換言之，彼此手段不同，但是目的相同，都是為了下一代的教育而努力。

　　任何國家或任何時期的教育改革，都可能產生積極的效果；但也有可能產生負面的影響，因此如何將負面影響降至最低程度，這也是未來教育改革運動所須深思的課題。

　　總之，解嚴後的教育改革運動，其成效是有目共睹的，雖然有些後遺症，但是就整個教育長期發展而言，民間教育改革團體和政府的努力是不容置疑的；所以對於他（她）們所投入的心血應該表示肯定。

參考文獻

人本教育基金會（1997）。**以教育耕耘台灣的人本基金會**。台北市：作者。

927 歡喜討債，全台同步走（1997 年 9 月 28 日）。**中國時報**，1 版。

中華民國教育改革協會（1998）。**中華民國教育改革協會簡介**〔線上查詢〕，
　　取自 http://ultra.hsjh.edu.tw/~2.htm

羊憶蓉（1994）。**教育與國家發展——台灣經驗**。台北市：桂冠。

江昭青（1997 年 9 月 28 日）。教科文預算不打折，蕭揆保證兌現。**中國時
　　報**，3 版。

朱敬一、葉嘉興（1994）。台灣的私人興學。載於羊憶蓉、林全等著，**台灣
　　的教育改革**（頁 106-159）。台北市：前衛。

行政院教育改革審議委員會（1996）。**教育改革總諮議報告書**。台北市：作
　　者。

林全、吳聰敏（1994）。教育資源的分配與管制。載於羊憶蓉、林全等著，
　　台灣的教育改革（頁 81-105）。台北市：前衛。

周志宏（1995）。**私人興學**。「民間教育改革建議書」研討會：教育改革另
　　類思考，12 月 17-18 日，台大法學院國際會議廳。

教育部（1994）。**第七次全國教育會議：美好教育遠景**。台北市：作者。

教育部（1996）。**第六次中華民國教育年鑑**。台北市：正中。

高承恕（1989）。台灣新興社會運動結構因素之探討。載於徐正光、宋文理
　　（主編），**台灣新興社會運動**（頁 9-19）。台北市：巨流。

國立台灣師範大學教育研究中心與財團法人泰山文化基金會（1995）。**開放
　　與前瞻——新世紀中小學教育改革建議書發表**，9 月 23 日。

黃武雄（1995）。**台灣教育的重建**。台北市：遠流。

馮朝霖、薛化元（1995）。**主體性與教育權**。「民間教育改革建議書」研討會：教育改革另類思考，12 月 17-18 日，台大法學院國際會議廳。

薛曉華（1996）。**台灣民間教育改革運動**。台北市：前衛。

鄧運林（1997）。**開放教育新論**。高雄市：復文。

推動教改，五年挹注 1,571 億（1998 年 5 月 15 日）。**聯合報**，6 版。

蕭新煌（1989）。台灣新興社會運動分析架構。載於徐正光、宋文理（主編），**台灣新興社會運動**（頁 21-31）。台北市：巨流。

（本文曾刊登於 1998 年 6 月《教育資料集刊》，第 23 輯，內容稍加調整）

解讀台灣教育改革發展

2 CHAPTER

壹 前言

　　教育改革是教育發展與進步的動力，歐美先進國家為提升教育品質，促進教育健全發展，紛紛致力於各種教育改革。

　　台灣自從解嚴之後，社會趨於開放、多元、民主和自由，教育發展也逐漸擺脫傳統威權體制的控制，民間解構現行教育體制的聲音不斷湧現出來，因而教育改革遂成為社會關注重要議題之一。

　　1994 年 4 月 10 日，由九十五個關心教育的民間團體與五十七個民意代表的服務處，聯合發起 410 教育改造運動，成千上萬的人走上街頭遊行，提出教育四大訴求：(1) 落實小班小校；(2) 廣設高中、大學；(3) 推動教育現代化；(4) 制定教育基本法。這些訴求引起民間極大迴響，開啟解嚴之後教育改革先河。

　　政府為回應民間教育改革訴求，也調整教育改革步伐。1994 年 9 月 21 日，在全國各界支持與鞭策下，行政院設置教育改革審議委員會，研議我國教育改革方案，經過兩年審慎研議出《教育改革總諮議報告書》，提出五大建議：(1) 教育鬆綁：解除對教育

的不當管制；(2) 發展適性適才的教育：帶好每位學生；(3) 打開新的「試」窗：暢通升學管道；(4) 好還要更好：提升教育品質；(5) 活到老學到老：建立終身學習社會（行政院教育改革審議委員會，1996）。

教育部亦於 1995 年發布《中華民國教育報告書——邁向 21 世紀的教育遠景》[1]，嗣後，教育部融合《教育改革總諮議報告書》之具體建議，及《中華民國教育報告書——邁向 21 世紀的教育遠景》、《中華民國身心障礙教育報告書——充分就學‧適性發展》、《中華民國原住民教育報告書》、《邁向學習社會白皮書——推展終身教育，建立學習社會》等長期研議之施政構想，於 1998 年提出「教育改革行動方案」，為全面推動落實教育改革工作之依據。

綜合上述，1994 年是教育改革的促動年，民間發起教育改革運動，而政府相繼修正公布「大學法」和「師資培育法」，亦取得教育改革的法律依據。因此，本文乃以 1994 年作為分析教育改革起點，探究近十多年重要教育改革議題內容，並檢討其成效。

貳 1994 年以後重要教育改革項目分析

1994 年以後，教育改革可說如火如荼進行，至今仍在持續推

1　中華民國教育報告書：全書以「紓解升學壓力」和「教育自由化」為主軸，對我國未來的幼兒教育、國民教育、高中教育、技職教育、大學教育、社會教育、師資培育、體育衛生、訓育輔導、文教交流和支援系統，都提出願景和策略。

進之中。在十多年的教育改革歷程中，除了部分改革有法律依據（如：多元化師資培育、教師資格檢定、教師會成立、學校辦理教師遴選、校長遴選制度、教科書開放……等）外，其他改革均見諸於方案（教育改革行動方案、高中職多元入學方案、大學多元入學方案、四技二專多元入學方案、建立學生輔導新體制——教學、訓導、輔導三合一整合方案……等）或教育行政機關之命令（九年一貫課程實施綱要、推動高中、高職課程暫行綱要、友善校園、零體罰……等）。

　　在上述教育改革中，呈現教育改革最完整者，可說是「教育改革行動方案」，該方案係行政院 1998 年 5 月 29 日核定實施，實施期程長達五年（1998 年 7 月至 2003 年 6 月），方案項目包括：(1) 健全國民教育；(2) 普及幼稚教育；(3) 健全師資培育與教師進修制度；(4) 促進技職教育多元化與精緻化；(5) 追求高等教育卓越發展；(6) 推動終身教育及資訊網路教育；(7) 推展家庭教育；(8) 加強身心障礙學生教育；(9) 強化原住民學生教育；(10) 暢通升學管道；(11) 建立學生輔導新體制；(12) 充實教育經費與加強教育研究。每個項目中分別包括各種不同執行事項。

　　教育改革行動方案，展現政府教育改革決心；但是影響教育改革政策最大者，莫過於相關法令的制定與修正，例如：1994 年修正公布「大學法」，確立大學自治及二階段校長遴選；同年公布「師資培育法」，師資培育多元化，由計畫制轉為儲備制；1995 年公布「教師法」，積極維護教師權益及成立教師會；1998 年教育部發布「高級中學多元入學方案」，自 90 學年度起實施；同年教育

部發布「國民教育階段九年一貫課程總綱綱要」；1999 年教育部通過大學招生策進會「大學多元入學新方案」，自 91 學年度起實施；2000 年教育部發布「國民中小學九年一貫課程暫行綱要」，新課程自 90 學年度國小一年級開始實施。2005 年教育部發布「普通高級中學課程暫行綱要」和「職業學校課程暫行綱要」，並自 95 學年度開始實施。

1994 年以後教育改革項甚多，僅就影響層面較大者之項目，臚列如表 2-1 所示。

這些教育改革項目中，爭議性項目較小者為：(1) 幼兒教育部分是：提高五歲幼兒入園率和增加身心障礙學生就學機會；(2) 國民教育部分是：降低班級人數；(3) 技職教育部分是：高中職社區化、試辦綜合高中；(4) 大學教育部分是：大學學術追求卓越發展；(5) 師資教育部分是：教師檢定考試；(6) 訓育輔導部分是：建立學生輔導新體制——教學、訓導、輔導三合一整合方案、推動友善校園、推動校園零體罰；(7) 社會教育部分是：建立終身學習社會；(8) 資訊教育部分是：改善中小學資訊教育基礎環境；(9) 弱勢族群教育部分是：縮短城鄉教育差距、提升身心障礙學生教育品質、充實原住民教育資源與環境、強化新住民及其子女教育資源與環境。

至於爭議較大者，主要在於下列項目：九年一貫課程實施、推動普通高中課程暫綱、推動高級職業課程暫綱、教科書開放、多元入學方案、師資培育多元化、校長遴選制度、教師遴選制度、學校教師會成立等方面。茲分別說明如下。

表 2-1　1994 年以後重要各級各類教育改革項目一覽表

類別	項目	備註
幼兒教育	• 提高五歲幼兒入園率 • 增加身心障礙學生就學機會 • 幼托整合	
國民教育	• 降低國民中小學班級學生人數 • 推動九年一貫課程 • 教科書開放 • 校長遴選	
高中教育	• 高中多元入學方案 • 推動普通高中課程暫綱	
技職教育	• 高中職社區化 • 試辦綜合高中 • 四技二專多元入學方案 • 推動高級職業學校課程暫綱	
大學教育	• 大學多元入學方案 • 大學學術追求卓越發展 • 五年五百億元邁向頂尖大學計畫	
師資教育	• 多元化師資培育 • 教師檢定考試 • 學校辦理教師遴選 • 成立教師會	
訓育輔導	• 建立學生輔導新體制——教學、訓導、輔導三合一整合方案 • 推動友善校園 • 推動校園零體罰	
社會教育	• 建立終身學習社會	
資訊教育	• 改善中小學資訊教育基礎環境	
弱勢族群教育	• 縮短城鄉教育差距 • 提升身心障礙學生教育品質 • 充實原住民教育資源與環境 • 強化新住民及其子女教育資源與環境	

一、九年一貫課程：最受爭議之處，即是將過去的「學科」或「科目」，合併為範圍較大的「學習領域」——語文（包含本國語文、英語）、健康與體育、社會（包含歷史、地理、公民）、藝術與人文（包含音樂、視覺藝術、表演藝術）、自然與生活科技、數學、綜合活動等七大領域。在這些領域當中，「藝術與人文」根本無法由一個教師進行教學，而國中的「社會」和「自然與生活科技」亦是如此，仍須採取分科教學，導致「學習領域」教學有名無實，不僅折磨老師，同時也折磨學生和家長，所以民眾對於九年一貫課程的實施，支持度不高。

二、高中、高級職業學校課程暫綱：教育部原訂於 94 學年度實施高中、高級職業學校課程綱要，以銜接九年一貫課程實施，但反對聲浪過大，乃延後實施。雖然新修訂高中、高級職業學校課程綱要結合九年一貫課程精神、基本能力和學習領域，但是九年一貫課程本身就相當富爭議性，所以高中、高級職業學校課程綱要一經推出，就受到爭議，加上教學科目與學分亦未獲共識，後來改以課程暫綱呈現，並延至 95 學年度實施。因此，高中、高級職業學校課程改革，仍有極大討論空間。

三、教科書開放：早期國小和國中教科書，係由國立編譯館負責，屬於獨占事業，由於缺乏競爭，教科書品質提升緩慢，始終無法符應民間需求，加上民間要求教科書開放呼聲接連不斷，於是教育部乃於 1989 年先行開放國小藝能科教科書民間編輯，隨後 1996 年國小全面開放民編，到了國民中小學九年一貫課程實施後，除延續國民小學教科書全面開放審定外，自 91 學

年度起國民中學教科用書亦全面開放為審定制。至此，我國國小和國中教科書已全面採行審定制。教科書全面開放民編本之後，民編本印刷品質比統編本精美，內容亦較活潑生動，教師和家長有多樣選擇教科書機會，的確有其實質意義。然卻也收到下列批評：(1) 書價偏高，家長經濟負擔加重；(2) 內容疏失，編印過程不夠慎重；(3) 版本更換，不利學生系統學習；(4) 一綱多本，增加學生學習壓力（吳清山，2005）。

四、多元入學方案：過去的高中聯考或大學聯考，均採「一試定終身」，引起社會相當大的批評，認為助長了學生學習壓力，導致學生身心都受到摧殘。社會大眾紛紛要求廢棄聯考制度，因而高中多元入學方案、四技二專多元入學方案和大學多元入學方案，乃取代傳統的聯考制度。實施以來，學生疲於奔命應試，浪費太多社會成本，升學壓力有增無減，頗受批評。

五、師資培育多元化：1994 年總統公布「師資培育法」之後，我國師資培育正式邁向多元化，一元化師資培育政策正式走入歷史，是為師資培育發展重大的轉捩點，整個師資培育從過去的「計畫制」改採「儲備制」，師資培育不再是師範校院的專利品，一般大學校院設有教育學程亦可培育師資。實施以來，雖然擴大師資培育來源，對於充裕師資具有一定的貢獻，可是卻造成更多的儲備教師，找不到教職工作，導致教育投資的浪費，而且亦未發揮培育專業師資功能，頗受社會各界批評。

六、校長遴選制度：1999 年 2 月總統修正公布「國民教育法」，明定公立國民中、小學校長，由地方政府組織遴選委員會公開

遴選，過去由地方政府直接派任制度正式走入歷史，這種遴選制度的改變，破除「萬年校長」存在，也擴大了家長和教師參與，然而實施結果，卻嚴重打擊校長工作士氣；此外，也造成部分校長鑽營於校長職位，影響校長同儕之間和諧。

七、教師遴選制度：1995 年 8 月總統公布「教師法」，規定教師採聘任制，中小學教師的初聘、續聘及長期聘任，除依規定分發者外，應經教師評審委員會審查通過後由校長聘任之。過去地方政府主導的教師聘任，改為學校主導，正式邁向學校本位人事管理時代。雖然學校主導教師聘任，可以聘到符合學校所需教師，但是卻產生一些流弊，例如：晉用教師容易近親繁殖、少數人操縱教評會等。

八、學校教師會成立：1995 年 8 月總統公布「教師法」，允許成立中央教師會、地方教師會和學校教師會，前兩級教師會社會大眾反對聲音不多，但是對於學校教師會層級的設立，則有很大爭議。贊成者認為有助於校務運作透明化，以及協助解決親師衝突；反對者認為學校教師會很容易與學校行政相對立，造成校園不安，影響學生學習。

參 1994 年以後重要教育改革成效檢討

1994 年以後政府從事教育改革，可謂不遺餘力，無論人力或經費的投入，均屬相當可觀，就以「教育行動改革方案」為例，所投入經費總額高達新台幣 1,570 億 7,241 萬 6,000 元，但是收到的

成效多少，仍有待評估。

　　根據教育部（2003a）在監察院教育及文化委員會專案報告中，提出近年來推動教育改革的一些具體成效，包括以下幾項。

一、修訂教育法令與檢討教育行政體制：制定公布「教育基本法」、「教育經費編列與管理法」、「終身學習法」、「家庭教育法」；修正公布「師資培育法」、「專科學校法」、「國立大學校務基金設置條例」。

二、改革中小學教育：(1) 降低國中小班級學生人數：84 學年度國小每班學生人數三十五人以下的班級數占 33.56%，國中占 8.95%；至 91 學年度國小每班學生人數三十五人以下的班級數提高為 92.63%，國中為 45.50%。(2) 降低國中小平均每位教師教導學生數：84 學年度國小平均每位教師教導的學生數為 22.42 人，國中為 19.30 人；至 91 學年度國小平均每位教師教導的學生數已降為 18.39 人，國中亦降為 16.05 人。(3) 改善中小學資訊教育基礎環境：84 學年度中小學電腦教室均為兩人一機，已建置電腦教室的學校所占比率，國小為 6%，國中為 93%；至 91 學年度所有中小學均已建置電腦教室，且為一人一機之配備。各校校園網路專線連接台灣學術網路之比率，84 學年度時高中為 22%、高職為 16%、國中為 13%、國小為 2.5%；至 91 學年度所有中小學校園網路均已與台灣學術網路連接。(4) 在職教師資訊應用培訓：自 85 學年度至 91 學年度累計培訓人數達 832,180 人。(5) 加強輔導國民中小學中途輟學生：84 學年度國中小中途輟學生總數為 9,790 人，復

學率 24%；至 90 學年度國中小中途輟學生總數為 9,464 人，
復學率 66.08%。

三、普及幼兒教育與發展身心障礙教育：⑴ 提高五歲幼兒入園
率：84 學年度時五歲幼兒入園率為 66.1%；至 91 學年度已達
96%。⑵ 增加身心障礙學生就學機會：84 學年度身心障礙學
生接受特殊教育服務人數在學前階段、國民教育階段、高中
職階段及大專校院階段人數分別為 578 人、27,223 人、9,644
人、733 人；至 91 學年度已分別增加為 4,168 人、55,036
人、13,016 人、4,612 人。而特殊教育學校數亦從十六校增為
二十五校。

四、促進技職教育的多元化與精緻化：⑴ 擴大辦理綜合高中：自
85 學年度試辦綜合高中；至 91 學年度辦理綜合高中校數已達
一百五十一校，學生數亦達 87,374 人。⑵ 落實技職學生職業
證照制度：84 學年度技職學校在校生取得技術士檢定合格人
數為 63,257 人；至 91 學年度技職學校在校生取得技術士檢定
合格人數已提高為 100,785 人。⑶ 擴增高等技職教育容量：
84 學年度科技大學及技術學院總校數為七校，大學部及研究
所學生總數為 20,347 人；至 91 學年度科技大學及技術學院
總校數已遽增為七十一校，大學部及研究所學生總數亦增為
361,279 人。

五、改革高等教育：⑴ 擴大大學就學機會：84 學年度時大學聯招
合計錄取人數為 55,604 人；91 學年度大學考試分發入學錄取

人數已達 78,562 人。(2) 加強私立大學獎補助：84 學年度本部對私立大學（不含技專校院）獎補助經費為 26 億 1,661 萬元；90 學年度獎補助經費已增為 45 億 8,441 萬元。(3) 鼓勵大專院校與外國學校合作：84 學年度國內二十六所大專院校與十個國家的高等教育機構締結四十三項合作契約；91 學年度已有國內四十四所大專院校與十七個國家的高等教育機構締結八十九項合作契約。(4) 提升原住民學生就讀大專院校人數：84 學年度大專院校原住民學生計有 3,940 人；至 91 學年度大專院校原住民學生已增為 10,644 人。(5) 大學學術追求卓越發展：完成兩梯次「大學學術追求卓越發展計畫」及兩梯次的「提升大學基礎教育計畫」遴選，總計補助約八十六億元，協助提升國內大學的國際競爭力。

六、建立終身學習社會：(1) 設立進修學院：自 1998 年至 2002 年已設置進修學院三十一校，學生總數達 13,045 人。(2) 設立專科進修學校：84 學年度總計有六所專科進修學校，學生數為 9,075 人；至 91 學年度專科進修學校已有三十七校，學生數達 55,010 人。(3) 降低不識字率：1989 年國內不識字人口數為 129 萬 2,000 人，不識字率為 7.11%；至 91 學年度不識字人口總數已降為 71 萬 2,000 人，不識字率亦降為 3.97%。(4) 推動成人上網學習：自 2002 年約有 68,400 人次參與全民上網終身學習實施計畫。(5) 推動全民外語學習：1999 年補助財團法人語言訓練測驗中心研發全民英語能力分級檢定測驗，從 2000

年迄今已有 314,676 人次參加該測驗。(6) 發展社區大學：91
年度本部補助的社區大學總計已有四十九所。

雖然教育部列舉如此多的教育改革績效，但是社會大眾對於教
育改革批判聲音仍然不斷，例如：台灣省教育會與民間團體等十一
個單位[2]於 2005 年底宣布發起「教改總體檢論壇」，這一系列論壇
目標希望確立教育基本價值觀、加強教改與社會系統之連結、增
進教改政策公共論壇之功能、建構「教改總體檢資訊平台」、建立
長期教改追蹤分析機制，至 2006 年已經辦理十六場次的教改總體
檢，體檢主題，包括：「由一綱多本談教改癥結」、「九年一貫與課
程改革」、「教育經費與國家財源」、「多元入學與升學壓力」、「為
什麼非上資優班不可？──談中小學教育品質」、「一個台灣、二個
世界：教育現場角落旁的孩子」、「十字路口下的高等教育」、「幼
兒教育與國家責任」、「被漠視的技職教育：適性教育或是偏向普
通教育」、「體檢數學語文教育」、「體檢藝術教育」、「體檢健康教
育」、「體檢科學教育」等，對於目前教育改革成效批評多於肯定。

社會大眾對於教育改革議題是相當關注的，不管是政府機關、
民間團體或學者專家亦進行各種教育改革民意調查，茲擷取具有代
表性之研究臚列如下。

---

2 這項論壇係由中華民國中宗社、幼兒教育改革研究會、全國家長教育
協會、中國教育學會、台灣省教育會、全國教師會、千代文教基金
會、台灣教師專業發展學會、重建教育連線、全國家長團體聯盟、新
竹市教育改革協會等團體所發起。

1 群策會（2002）進行「教育改革」民意調查發現：⑴ 有 78.03% 民眾、74.23% 家長，不了解多元入學方案；⑵ 民眾反對多元入學者，占 46.22%，贊成者占 30.10%；⑶ 有 66.48% 民眾及家長認為多元入學方案比傳統聯考壓力增加，只有 15.09% 認為壓力減輕；⑷ 70.06% 民眾不了解推動九年一貫課程的用意和目的，76.31% 不了解九年一貫課程特色；⑸ 41.84% 對於現階段九年一貫課程表示沒有信心，只有 30.41% 的民眾認為有信心。

2 教育部（2003b）進行「國民教育內容與品質綜合性調查」民意調查發現：⑴ 對教育部降低國中小學每班學生人數政策，滿意者占 71.9%，不滿意者占 15.5%，無明確反應者占 12.6%；⑵ 實施「多元入學方案」，可以提供國中、高中（職）生適合自己的入學管道，贊成者占 46.3%，不贊成者占 39.3%，無明確反應占 14.4%；⑶ 對於近十年來政府推動教育改革的工作成效，調查時間：2004 年 10 月 5 日至 6 日，滿意者占 21.6%，不滿意者占 48.8%，無明確反應者占 29.6%。調查時間：2003 年 9 月 22 日至 23 日，滿意者占 20.7%，不滿意者占 51.1%，無明確反應者占 28.2%。

　　國立台灣師範大學教育政策研究小組（2004）進行「師資培育政策民意調查」報告發現：約有五成四〔不太同意（41.2%）、非常不同意（12.3%）〕的民眾表示不同意「在開放一般大學校院師資培育之後，中小學師資品質變得比較好」。

　　吳清山（2005）等人的「2004 年國民教育政策與問題調查報告」發現：社會大眾對政府推動資訊教育、特殊教育的滿意度達七成以上；可是對教科書一綱多本支持度偏低，針對國民小學教科書

一綱多本的支持，只有四成四受訪者支持，而在國民中學只有三成六；而滿意度更是偏低，國民小學部分只有二成九，國民中學部分只有二成二。至於九年一貫課程的實施，則約有五成六受訪者支持，但滿意度只有三成一左右。

張鈿富、葉連祺（2006）曾針對「2005年台灣地區教育政策與實施成效調查」研究發現：民眾認為教育有成效者占8.00%、稍有成效者占14.32%、沒成效者占44.33%、無意見者占21.33%、不知道者占12.02%。

朱玉仿、張清溪（2006）的「2005年台灣地區民眾對重要教育議題看法」之調查發現：有62.8%民眾表示支持高中職多元入學，有17.6%表示反對，不知道或無意見民眾有19.7%。

從以上民意調查資料顯示，教育改革的成效始終未能獲得民眾滿意，顯然教育改革還有很大改善空間。即使推動至今，仍有批判教改聲音湧現出來，例如（假改革之名的錯誤政策，2006）：

> 近年以來，教育改革的口號沒有斷過，不過台灣的教育領域，並沒有發生值得讓人欣喜的消息。小學裡，學童所增加的課業負擔從英語到鄉土語言教學，但現實面的情景卻是許多學童繳不起營養午餐費，而教育部也無計可施。國中開始，一連串多變的教育政策，使學生的課業壓力不但沒有減輕，反而因為多元入學的關係，使得來自中下階層的學生，無力負擔更多的補習。

雖然大學錄取率現在高達 90% 了，但是由於高等教育學費連年調漲，加以教育資源分配不平均，中下階層出身的學生，多有「考得上，念不起」的煩惱；畢業之後的就業問題也是一大考驗。因幾年來經濟不景氣，所以人浮於事，某些科系的大學畢業生平均起薪 21,000 元，比二十年前還低。

從民調和上述質疑聲中，教育改革成效並未獲得民眾肯定，教育部所提供教育改革成效的數據亦顯示未能獲得民眾認同。

肆 1994 年以後教育改革的反思

平心而論，政府推動教育改革可謂相當努力，在推動教育改革過程中，亦舉辦多次研討會，例如：「2001 年教育改革之檢討與改進會議」，旨在驗收近年來教育改革的成果，檢討「教育改革行動方案」執行成效，整合改革方案與社會的共識，作為規劃後續方案之參考。「2003 年全國教育發展會議」，其目標有三：(1) 檢討當前重大教育議題，提出因應對策；(2) 規劃未來教育發展政策，研擬教改藍圖；(3) 整合行政部門教育資源，落實教改成效（教育部，2003c）。

不管研討會或檢討會都召開了，但是對於教育改革的炮火始終不斷，批判教育改革論著一本又一本出現，例如：林榮梓（2003）：《教改野火集》；周祝瑛（2003）：《誰捉弄了台灣

的教改？》；薛承泰（2003）：《十年教改為誰築夢？》；黃光國
（2003）：《教改錯在那裡？——我的陽謀》。

2003 年 7 月，國內百餘位知識界人士共同發起了「終結教改
亂象，追求優質教育」教改萬言書，沉痛地指出國內十年教改中
十三個教育亂象[3]，並提出檢討十年教改、終結政策亂象等四大訴
求[4]。

面對如此多的質疑，李遠哲（2004）幾番思索推出的教改沉
思錄——「關於教育改革的一些省思」，也於 2004 年 3 月 5 日發
表。李遠哲表白投入教改是社會關懷的實踐，他以知識分子投入教
改，毀譽不計。他認為負責教改執行的主體是教育部，因此教改成
敗，有些他可以負責，有些卻不是他能負責的。雖然如此，李遠哲
2005 年 10 月 12 日在立法院表示，當初他努力投入教改，希望紓
解學生的升學壓力，但至今壓力不減反增，沒能達成社會對教改會
的高度期待，很抱歉。當然，教育改革成敗歸諸於李遠哲一個人身
上，實有欠公道，但身為教育改革審議委員會召集人，多多少少也
要負一些道義責任。

---

3 十三個教育亂象分別為：自願就學方案、建構式數學、九年一貫課
程、「一綱多本」的教科書、內容空洞的「統整教學」、多元入學方
案、補習班的蓬勃發展、學校教師的退休潮、師資培育與流浪教師、
消滅明星高中、廢除高職？、廣設高中大學、教授治校。

4 四大訴求分別為：(1) 檢討十年教改，終結政策亂象；(2) 透明教育決
策，尊重專業智慧；(3) 照顧弱勢學生，維護社會正義；(4) 追求優質教
育，提振學習樂趣。

這十多年教育改革成效，很難在短時間內可以有效評估，雖然這一波教育改革噓聲大於掌聲，批評多於肯定，但它體現下列教育改革的特色，仍是值得肯定。

一、參與式教育改革：1994 年以前各種教育革新工作，大都是採取一條鞭「由上而下」的決定，到了 1994 年以後各種教育改革，已經慢慢能夠接納社會大眾或利害關係人的意見。例如：教育改革審議委員會為擬定「教育改革總諮議報告書」，舉辦全國各地巡迴演講及辦理多場次的座談會，有機會與家長及基層教師交換意見。後來政府所提出的各種教育改革，也能辦理座談會或公聽會，讓家長及基層教師有更多的參與機會。所以，這一波的教育改革，基層教師和家長的參與，比以往更為熱絡。

二、開放式教育改革：1994 年以前各種教育革新工作，偏重於體制內修修補補，很難看到大突破作為。到了 1994 年以後，面對社會多元與開放，教育也必須有所因應，因此各種大規模的教育改革紛紛出現，例如：多元化師資培育、多元入學方案、開放教育、家長校務參與、教師組織成立……等改革，可說史無前例，這也是開放式教育改革才能做到。在一個封閉式教育改革中，實在不可能有如此百花齊放的教育大動作。

三、本土化教育改革：解嚴以後，本土意識逐漸抬頭，過去的「中國化教育」、「國定課程」、「國定本教科書」受到很大挑戰。部分人士大聲疾呼要求透過課程改革，培養學生「愛護鄉土」和「認同台灣」的情感，這些呼籲深深影響到爾後教育改革。

因而「鄉土教學」、「鄉土語言學習」，成為課程一部分。教育部頒布的「九年一貫課程綱要」，將「本國語文」（閩南語、客家語、原住民語）正式納入課程一部分；此外；國一增設「認識台灣」（包括歷史、地理及社會三部分）及「鄉土藝術活動」課程，目的在「幫助學生認識其環境及鄉土文化，並學習鄉土語言及方言」，這種透過本土化教育以建立台灣教育主體性，在 1994 年以後教育改革極為明顯。

雖然有上述特色，但也可以看出這一波教育改革確有一些值得深思之處臚列於下。

一、缺乏社會共識教育改革：1994 年以後的教育改革，雖有家長和基層教師參與，但很弔詭的是，卻是共識不足的教育改革。例如：九年一貫課程，不僅家長有意見、基層教師和師資培育機構也有意見，而教育行政機關卻執意如期推動，結果推動之後，社會大眾不滿意聲音高過滿意聲音，導致成效始終未臻預期目標；其他如教科書開放之一綱多本政策，亦是如此。

二、缺乏證據支持教育改革：教育改革影響學生學習甚鉅，故世界先進國家對教育改革相當慎重。基本上，在教育改革過程中會歷經計畫—試辦—檢討—推動之階段，而且會盡量蒐集相關的實證資料，以確定教育改革方案之成效。倘若數據顯示成果欠佳，就不會持續推動。1994 年以後的教育改革之推動，很難有實際數據顯示學生、教師和家長，從這一波教育改革中獲益多少，這也是社會大眾不太滿意部分教育改革項目原因所在。

三、缺乏逐步漸進教育改革：1994 年至以後的各種轟轟烈烈的教育改革，部分教育改革項目中，未完全考慮社會背景和環境，採取過於激進式改革，致使師生和家長都無法適應教育改革項目。例如：教育部頒布「國民小學課程標準」和「國民中學課程標準」尚未實施完畢，就貿然推動「九年一貫課程」，即備受批評；多元入學方案亦是如此；此外，多元化師資培育，雖符應當時社會輿論，但缺乏有效管制，大量開設教育學程，導致培育過多師資無法消化，這也是過於躁進所致。

四、缺乏專業導向教育改革：1994 年以後的教育改革，正值政治解構時期，政治力凌駕一切，各種政治力決定超越專業意見，教育專業常常擺在一旁，部分教育改革方案擬定，也把具有教育專業的師範教授排除在外，更有甚者，將師範校院列為教育改革對象，這種不尊重專業的做法，實在難以展現教育改革成效。平心而論，非專業的政治決定之後，卻要由專業教育人員去執行，這種教育改革，怎能發揮其功效呢？此外，在這一波教育改革中，也看出過於重視民意，部分改革流於「民粹」，導致受到「專業性」不足的批評。

伍 未來教育改革策略建議

教育要持續進步，必須隨著社會發展與時代趨勢，不斷調整教育作為，才能使教育與日俱新，培養社會所需人才，蔚為社會所用。這也凸顯教育改革的必要性與重要性。

　　由於教育改革，影響學生學習甚鉅，必須格外慎重，以免造成學生難以彌補的損失。1994 年以後教育改革，激起教育創新動力，展現教育活力的一面，但離「優質教育」的目標仍有一段距離，這一波教育改革，雖然致力於原住民、新住民和身心障礙學生的協助與輔導，展現政府實踐教育正義的決心，但是弱勢族群教育受惠仍屬有限；此外，學生升學壓力有增無減、儲備教師人數日益增加，這都是教育改革下短時間內難以解決的困境。

　　教育改革之路相當艱辛，亦非短時間可見到成效。為了教育發展與進步，教育改革這一條路仍必須向前走，茲提出未來改革策略之建議，以供參考。

一、掌握教育改革的本質，建立適切教育改革策略

　　教育改革不能為「改革」而「改革」，應該有其核心價值。基本上，教育改革的根本意義和價值，在於提升學生學習效果，任何改革脫離此項核心價值，將會使教育改革功虧一簣。正如吳明清（2005）所言：

> 教育改革必須基於教育本質和學校功能，訂定改革目標並檢視改革成果。換言之，所有的教育改革都是為學生的學習與發展而辛苦，也都是為學生的學習與發展而忙碌。凡背離學生利益，忽略學習成效的教育改革即無價值可言，尤不值得倡導。（頁 272）

未來教育改革應該掌握「增進學生學習」的主軸，才不會造成教育改革失焦。根據此為主軸，則所擬定教育改革策略，才能擴大教育改革功效。

二、教育改革要以專業為基礎，並兼顧民意與社會脈動

　　教育是一項專業性工作，教育改革更是一項專業性改造工程。過去這一波教育改革，專業意見未能受到應有的重視，未來在推動教育改革應有所調整，多借重教育專家的意見，這樣所推出的教育改革方案，才能具備強而有力的理論基礎，只要在理論上是站得住腳；則遭受質疑和批評也會減少。雖然教育改革有了專業作為後盾，要能減少推動阻力，仍須重視民意想法及掌握社會脈動，才能順利實際推動。因此，未來教育改革，應以過去改革為教訓，切勿重蹈覆轍，否則將難以收到教育改革成效。

三、教育改革方式必須循序漸進，採取穩健務實逐步推動

　　過去這一波教育改革偏重於激進式改革，並未考慮社會背景因素，以及師生和家長接受程度，企圖透過一次大規模教育改革解決所有教育問題，這種想法未免過於天真和樂觀。事實上，教育改革工程是相當複雜的，而且其成效並非短期間可以看得出來，所以過於激烈的教育改革，反而弱化教育功效。因此，未來教育改革要成功有效，必須揚棄過去過於迷信可以立即見效的改革，改採穩健務實的做法，循序漸進的推動，才能看出改革的功效。綜觀歷史上，

凡是在政治上從事激烈改革,很少有成功機會,例如:商鞅變法、王安石變法等皆屬之,這一波的教育改革又何嘗不是如此。

四、教育改革要全力推動,應有足夠數據證實改革是有效

　　教育改革不能空口說白話,也不能憑直覺改革,更不能任憑「聲音大」的人主宰教育改革。教育改革應該在一個理性、專業和充分溝通對話下進行教育改革。為了證明教育改革是有效的,必須拿出證據,讓數據來支持教育改革,才是最明智的做法。過去這一波教育改革,忽略數據證實有效的教育改革,應該加以扭轉和調整,未來任何一項教育改革,應該有數據支持有效,才進行大規模的推動,目前英美國家的教育改革,相當重視證據支持有效的教育改革,凡是沒有證據支持教育改革項目有效,將予以捨棄不再推動,此種做法,值得國內學習。所以,未來政府推動各種教育改革,應該進行調查研究,讓數據來說話,才能取信於民,也才能證明教改是有效的。

五、教育改革思維應有系統觀,整體規劃教育改革重點

　　教育改革是一項很複雜的改造工程,可謂牽一髮動全身。若是流於片段式改革(piecemeal reform),缺乏整體性思考,很容易遭到改革失敗,過去美國教育改革,亦有類似經驗,所以近年來教育改革偏重於整體學校教育改革(whole-school reform 或 comprehensive school reform)(Coffey & Lashway, 2002;Hertling, 2000),亦即從學校整體層面著手,包括領導態度與文化、家長和

社區參與、課程、設備、財務等方面進行改革。平心而論，台灣過去這一波教育改革，仍缺少全方位思考，難免流於「頭痛醫頭、腳痛醫腳」的困境，導致改革效果有限。未來新一波教育改革，應該記取上一波教育改革的教訓，從學校教育整體層面進行全方位、有系統思考教育改革項目和策略，則未來教育改革才會有較大成功希望。

六、教育改革應建立定期評估機制，檢討教育改革成效

教育改革花費相當多的人力、物力、時間和經費，其所產生的效果如何，應該進行定期且有系統評估，以了解教育改革成效，並作為未來改進參考。國內過去教育改革成效，偏重於官方的資料，因缺乏客觀的調查，所以社會大眾對官方公布資料仍有所存疑。為使教育改革成效評估趨於客觀和透明，並獲得社會大眾信任，未來進行教育改革，有必要建立定期評估機制，並適時公布教育改革評估結果。因此，教育部宜委託學者專家組成評估小組，就每一年進行教育改革項目成效進行評估，經過評估屬於成效欠佳之教改項目，倘若能改善，就應限期改善；若是已經無法有效改善者，就應停辦，以免影響教育績效。

陸 結 語

1994 年以後的教育改革，可說是有史以來最為熱絡，投入人力、物力、時間和經費等成本，極為可觀。雖然這一波教育改革，

其成效褒貶不一，但就活化教育動能、展現教育多元創新、重視本土關懷等方面，仍有可取之處。由於這一波教育過於躁進，不僅未能達成教育改革目標，還衍生教育改革副作用，例如：學生升學壓力持續增加、家長負擔子女教育費用不減反增、校園比以往更不和諧……等。

教育改革不是萬靈丹，也沒有特效藥，採取激進式教育或「頭痛醫頭，腳痛醫腳」的治標方式，只會讓教育問題更複雜。所以，未來教育改革應該從系統和整體觀點著手，找出教育問題的癥結，然後集思廣益，找出對策，採用務實穩健的手段，循序漸進改革，才是教育改革要走的一條大道。

本文所提出的未來教育改革建議，包括下列六點：(1) 掌握教育改革的本質，建立適切教育改革策略；(2) 教育改革要以專業為基礎，並兼顧民意與社會脈動；(3) 教育改革方式必須循序漸進，採取穩健務實逐步推動；(4) 教育改革要全力推動，應有足夠數據證實改革是有效；(5) 教育改革思維應有系統觀，整體規劃教育改革重點；(6) 教育改革應建立定期評估機制，檢討教育改革成效。這些建議，雖偏重於宏觀思維，但對於引導教育改革政策訂定與實施，深信具有一定參考價值。

參考文獻

行政院教育改革審議委員會（1996）。**教育改革總諮議報告書**。台北市：作者。

朱玉仿、張清溪（2006）。2005 年台灣地區民眾堆重要教育議題看法之調查。**教育研究與發展期刊**，2（3），1-35。

吳清山（2005）。中小學教科書開放：部編本與民編本之拔河。**師友**，460，37-42。

吳清山、陳明印、劉春榮、林天祐、陳明終、黃旭鈞、梅瑤芳、謝雅惠、張雲龍、高家斌、黃珮鈞、鄭惠珠（2005）。**2004 年國民教育政策與問題調查報告**。台北市：國立教育資料館。

吳明清（2005）。教改辛苦為誰忙──評介 Michael Fullan 教育變革的意義。**當代教育研究**，13（1），265-272。

李遠哲（2004）。關於教育改革的一些省思。**自由時報**，3 月 5 日，特別報導。

林榮梓編著（2003）。**教改野火集**。台中市：領行。

周祝瑛（2003）。**誰捉弄了台灣教改？**台北市：心理。

假改革之名的錯誤政策（2006）。社論，**民生報**，2006 年 11 月 1 日，A2 版 / 熱門話題。

張鈿富、葉連祺（2006）。2005 年台灣地區教育政策與實施成效調查。**教育政策論壇**，9（1），1-21。

教育部（2003a）。**我國教育改革實施情形及其相關因應措施**。監察院教育及文化委員會專案報告，4 月 11 日。

教育部（2003b）。**國民教育內容與品質綜合性調查**。台北市：作者

教育部（2003c）。**2003 年全國教育發展會議實錄**。台北市：作者。

黃光國（2003）。**教改錯在那裡？——我的陽謀**。台北市：INK 印刻。

國立台灣師範大學教育政策研究小組（2004）。**師資培育政策民意調查**。台北市：作者。

群策會（2002）。**「教育改革組」民意調查**。群策會國政研討會——邁向「正常國家」，10 月 19-20 日。

薛承泰（2003）。**十年教改為誰築夢？**台北市：心理。

Coffey, E. & Lashway, L. (2002). *Trends and issues: School reform.*（ERIC Education Reproduction Service, No. 472992）

Hertling, E. (2000). *Evaluating the results of whole-school reform.*（ERIC Education Reproduction Service, No. 446345）

（本文曾發表 2006 年《教育資料集刊》，第 32 輯）

初等教育改革

CHAPTER

壹 前 言

　　初等教育是一個人接受正式教育的初步階段，其發展良窳攸關個體日後的學習及社會整體的進步。故世界各國紛紛致力於初等教育改革，以期建立良好教育根基，並提供學童優質學習環境，俾在未來激烈競爭社會中取得優勢。

　　台灣自解嚴以來，社會逐漸邁向多元、民主、自由、開放，對教育改革的需求日益強烈。1994 年 4 月 10 日，以文教、學生、學術、社運、婦女、宗教、政治、民意代表等兩百多個團體為主辦單位，共同發起「410 教育改革全民大結合」的民間社會運動，成千上萬民眾走上街頭遊行，並提出教育四大訴求：(1) 落實小班小校；(2) 廣設高中大學；(3) 推動教育現代化；(4) 制定教育基本法。這些訴求引起民眾熱烈迴響，同時促動政府積極進行教育改革。

　　自 1994 年以來，教育改革運動風起雲湧，至今餘波盪漾（吳武典，2005）。在教改潮流的推波助瀾下，初等教育改革措施不斷推陳出新，從 1994 年以後，重要的初等教育改革項目有：九年一

貫課程、教科書開放、教育優先區、校長遴選、教師遴聘、降低班級學生人數、小班教學精神計畫、教訓輔三合一、校園零體罰、落實補救教學、強化學生體適能、國民教育幼兒班、新住民子女教育、開放教育、在家自行教育、公辦民營學校……等等，在政府與民間共同努力下，使得國民小學的學習環境確實改善了不少；此外，行政院亦於 2006 年 8 月核定「五年精緻國民教育發展方案」，該方案係針對未來少子化的五年而規劃，96 學年度至 100 學年度實施，將從減少班級學生人數著手，期待達成提升教學品質、穩定教育人力、有效運用教育資源等目標。

根據教育部（2004）提出的《立法院教育及文化委員會第五屆第六會期報告》，當中說明近年來的施政具體績效，在國小方面，包括：完成國民教育法修正、國小一至六年級每班學生已於 92 學年度降至三十五人、全面實施九年一貫課程、落實鄉土教學等。然而，由多項民意調查資料（TVBS 民意調查中心，2005；吳清山等人，2005；張鈿富、葉連祺，2006）顯示，多數民眾對國民小學教育改革的實施成效仍感到不滿意；可見有許多問題尚待解決與改進。

綜合上述，1994 年以後，台灣初等教育改革如火如荼展開，這段期間在初等教育推行的教改措施，實施後褒貶皆有，優劣兼具。故本文以 1994 年作為分析初等教育改革的起點，探討十多年來重要的初等教育改革項目，並列舉其中較具爭議性的項目，最後提出未來發展方向，以供參考。

貳 初等教育改革的背景分析

　　1980 年代是台灣政治轉型劇變的時代；也是教育改革運動開啟動力的時代；任何一個時期的教育改革運動，基本上都有其背景因素的存在（吳清山，1999a）。高承恕（1989）以政治結構、經濟結構和社會結構三方面變遷因素來解釋台灣新興的社會運動。薛曉華（1996）指出興起於民國 80 年代中期的台灣教育改革運動，應從此一時代之政治、經濟、社會等相關背景來加以探討。林新發（2001）將台灣近幾年教育改革形成的背景，歸納為七大因素：(1) 政治體制的轉型；(2) 順應時代潮流；(3) 符應教改需求；(4) 社會結構的重塑；(5) 面臨問題的挑戰；(6) 校園民主的覺醒；(7) 品質要求的增高。郭秀緞（2001）整理出台灣教育變遷的背景有：(1) 政治民主化的衝擊；(2) 經濟環境的變遷；(3) 社會環境的變遷；(4) 全球教育改革的刺激。上述這些背景因素很難單獨存在，經常會相互作用，共同影響著台灣教育改革發展。本文試從政治體制的轉型、經濟環境的變遷、社會結構的重塑、校園民主的覺醒等四個因素，說明台灣初等教育改革運動的背景。

一、政治體制的轉型

　　台灣政治的轉型，除了推及黨外運動及 1979 年的「美麗島」事件的影響之外，1986 年 9 月 28 日「民主進步黨」宣布成立，1987 年 7 月 15 日零時起解除戒嚴，使台灣政治體制產生本質上的變化，由軍事戒嚴邁向民主憲政，從一黨獨大走向多黨競爭（羊憶

蓉，1994）。政治解嚴之後，開放海峽兩岸交流，國會全面改選，總統由全民選出，社會朝向自由化、民主化和多元化的方向發展，這時教育領域出現鬆綁的主張，在民間團體和政府的推動下，學校自身也有所覺醒，希望打破教育標準化現象，讓學校教育能自由、民主和多元的發展（黃政傑，2000）。這種政治體制的轉型，提供教育改革的環境，激勵教育改革的種子，由於政治民主化的呼聲，喚醒了人民的權利意識；當然也使教育界及社會大眾進一步要求教育自由化和民主化（吳清山，1999a；林新發，2001）。為了達成此一訴求，就必須透過組織來產生團結的力量，使得教育改革團體紛紛成立；例如：「振鐸學會」、「教師人權促進會」、「中華民國全國教育會」、「人本教育基金會」、「主婦聯盟」、「大學教育改革促進會」、「基層教師真實教育連線」、「410教育改造聯盟」等。由此可知，政治體制的轉型，形成了教育改革的動力，同時牽動著初等教育環境的革新與發展。

二、經濟環境的變遷

「經濟力」的當道是台灣社會變遷的第二個時期（蕭新煌，1989）。1980年代是國內經濟迅速成長與發展的時代，生產力大幅的提升，也創造舉世聞名的台灣經濟奇蹟。梁啟源（2005）根據產業別資料及更精細的資本及勞動資料估算，發現1961至1999年台灣整體經濟總要素生產力年平均成長率為2.20%；近二十年而言（1980-1999）台灣年平均經濟成長率為7.23%，其中總要素生產力之貢獻為32.8%；高的總要素生產力成長率是台灣創造經濟發

展奇蹟並安渡亞洲金融危機的原動力。高承恕（1989）認為當生
存條件（即經濟環境）有了相當的基礎，而後在這個基礎之上反省
到現有基礎的不足或不合理，也就是指經濟條件的穩固是形塑台灣
新興社會運動的特性之一。黃政傑（2000）指出由於經濟社會的
良性發展，產業升級，國民所得增加，家庭人口數減少，教育作為
社會流動的工具，使得家長對子女教育的期望持續升高，希望獲得
高品質和高水準的教育機會；因此，殷切期盼教育改革的推動與落
實。據此得知，經濟環境的變遷與改善，是推展教育改革的動能，
也是初等教育改革的重要推手。

三、社會結構的重塑

在政治轉型及經濟成長的過程中，可能衍生諸多社會問題和
教育問題。社會要能正常運作，就必須不斷的自我調適，因此在整
個社會結構中，也就必須從解構中重新再建構；為使社會在建構過
程中，不會趨於解體，它就必須尋求一套機制來配合。這套機制需
要從制度面和規範面來著手；換言之，也就是要從社會的「法律」
層面，重新建立一套大家共同遵循的規範（吳清山，1999a）。在
台灣教育大環境正式邁入教育改革時期，相關教育法規紛紛新訂及
修正，例如：教師人權運動促成了「教師法」的制定；打破師資培
育一元化運動，將「師範教育法」修訂為「師資培育法」；保障學
生學習權，辦理非學校型態之實驗教育、主張成立常設課程研究發
展機構、教科圖書公開選用及校長遴選制度，要求修訂「國民教育
法」、「國民教育法施行細則」；鼓勵民間興學運動，要求修訂「私

立學校法」；為保障人民學習及受教育之權力，回應410教育改革的訴求，訂定「教育基本法」；為使行政行為遵循公正、公開與民主之程序，確保依法行政之原則，以保障人民權益，提高行政效能，增進人民對行政之信賴，訂定「行政程序法」等；再再強調教育權力的下放及去集權化，並重視教育自主權的落實（周愚文，2000；林新發，2001；薛曉華，1996）。是故，社會結構的重塑，使得80年代的教育改革運動都會尋求「法律」、「制度」面的解決與改善，初等教育改革運動也不例外。

四、校園民主的覺醒

1980年代台灣的校園民主化運動事由台灣大學的「普選議題」揭開序幕；1982年台大的大學新聞、大學論壇、台大法言、台大醫訊等社團共同決議以學生普選學代會主席作為爭取大學校園民主化的議題（薛曉華，1996）。至於造成校園大規模且連續性民主風潮的開端，應該是1986年台大學生「自由之愛」運動。基本上，該運動是由台大「大新社」參與反杜邦運動，刊登了未經事前審稿許可的文章，遭致學校懲處及停社事件，引發了學生爭取言論自由的運動（羊憶蓉，1994）。隨後，各大學紛紛發行地下刊物，以「校園民主」作為改革大學教育之訴求，一時蔚為風潮，帶給政府改革大學教育的一股壓力（吳清山，1999a）。由於民主化、自由化的潮流，教師、學生自主意識抬頭，學生運動、民主牆、BBS站、教授治校、校務會議議決學校重大事項、成立教師評審委員會、教師會、實施校長遴選等，此一潮流風氣亦逐漸影響至中小學

教育（林新發，2001）。由此得知，校園民主的覺醒，滋長了教育改革的動能，亦連帶影響初等教育改革的推展與落實。

參 初等教育改革的重要內涵

在學校教育制度裡，範圍相當廣，舉凡學前教育、初等教育、中等教育、技術職業教育、高等教育都可涵蓋在內，而在這些領域中，初等教育可說是一切教育的基礎，它的好壞關係著整個教育的成敗，故世界各國無不致力於初等教育的革新與發展（吳清山，1999b）。我國亦不例外，對初等教育改革的重視程度，從政府一連串推動的初等教育改革項目中可以知曉。由於初等教育改革項目眾多，僅就社會大眾的關注程度與影響層面，選定下列十六個改革項目，包括：九年一貫課程、教科書開放、教育優先區、校長遴選、教師遴聘、降低班級學生人數、小班教學精神計畫、教訓輔三合一、校園零體罰、落實補救教學、強化學生體適能、國民教育幼兒班、新住民子女教育、開放教育、在家自行教育、公辦民營學校等，並逐項探討其重要內涵。

一、九年一貫課程

自 1994 年教育改革啟動以來，九年一貫課程為其中爭辯最為激烈的政策；牽涉之廣，引起社會大眾極大的關注；深究其因，乃在九年一貫課程改變了傳統課程理念與設計（秦夢群、賴文堅，2006）。而國民小學九年一貫課程的推動，係從 90 學年度開始，

至 93 學年度國小各年級已全面實施。依據教育部（2003a）公布的
「國民中小學九年一貫課程綱要」，當中可了解九年一貫課程的基
本理念、課程目標、十大基本能力、七大學習領域、實施要點、各
學習領域綱要等內容。總結專家學者（陳伯璋，1999；陳伯璋、
吳明清，2002；高新建，2004）對九年一貫課程總綱及各學習領
域課程綱要內容的看法，可歸納出的重要內涵有：(1) 以課程綱要
代替課程標準，提供教科書與教材編輯的彈性；(2) 以統整學習領
域的合科教學取代分科教學，建構完整的知識體系；(3) 以十大基
本能力統整知識、技能與情意的學習目標；(4) 以彈性自主節數發
展學校特色，並提供教師更多彈性教學的自主空間；(5) 以學校課
程發展委員會推動學校本位課程發展，賦予學校教師主動發展課
程、自編教材及選擇教科書的機會，以符合學生的實際需要；(6)
以協同教學增進學校成效；(7) 以鄉土語言及英語課程增進學生鄉
土情與國際觀；(8) 新興議題的融入，包括資訊、環境、兩性、人
權、生涯發展、家政等，培養學生因應新世代所需的能力；(9) 減
少授課節數以促進學校教育活潑化；(10) 重新訂定學習階段以強化
課程的一貫和銜接。

二、教科書開放

　　國民教育的目的在培養國中小學生具備社會共通的基本價值，
教科書則是藉以達成此教育目的之重要途徑（陳明印，1996；黃
政傑，1998）。國小教科書係於 1996 年全面開放民編，統編本逐
漸淡出教科書市場。教育部於 2000 年 6 月公布「國民小學及國民

中學教科圖書審定辦法」，為教科書審查作業辦理的依據。而 2005
年以後，國民中小學教科書採行「部編本與民編本併行制」，教育
部委託國立教育研究院籌備處編輯數學及自然與生活科技教科書。
整理專家學者（陳明印，2000；藍順德，2003、2006）的看法可
知，教科書開放的意義及重要內涵包括：(1) 國小教科書制度係採
取漸進的方式，逐次實施教科書的審定工作；(2) 透過教科書編審
轉化，達成課程改革目標；(3) 國小教科書審查過程更趨民主，原
本不僅無編審對話機會，對決議不通過者，更直接退還送審者，而
目前取消「不通過」字眼，改以「重新送審」代之；(4) 教科書開放
民間編輯，由學校教師依程序選擇採用，並加以詮釋、補充，適應
學生需要進行教學，有助於教師專業知能的提升；(5) 教科書開放是
課程改革不可或缺的一環，是適應學生多元學習，培養國民創新能
力的重要政策；(6) 教科書的全面開放將能廣泛羅致教育、課程、各
學科領域之學者專家及優秀的教師，投入教科書編審工作，帶動課
程教材及教科書之研究發展，並提升教科書品質；(7) 教科書開放
後，私部門之資源積極投入教科書市場，將使教育學術發展更具活
潑和機動，政府透過審定制度和對教科書市場的適當管制，使民間
資源的參與和投入，朝向更有效率、更符合社會公平正義的方向。

三、教育優先區

　　為實現教育機會均等的理想，縮短城鄉間的差距，解決國內
文化不利地區、學校或學生的教育問題，我國政府參酌英、美、法
等先進國家的做法，積極推動教育優先區計畫，自 1995 年度起試

辦，1996 年度擴大辦理。教育部於 1995 年度試辦時，補助台灣省教育廳試辦教育優先區計畫經費八億元，就「地震震源區或地層滑動區」、「地層下陷地區」、「山地及離島地區需要特別建造」、「試辦國中技藝教育中心」及「降低班級人數急需增建教室」等五項指標給予學校專款補助，以改善師生安全衛生及攸關身心發展的教育環境，並充實其教學設備。而 1996 年度擴大辦理時，擬定教育優先區計畫中界定經費補助的優先指標有十項，規劃補助內涵有如下十二項：(1) 開辦國小附設幼稚園或社區資源教室；(2) 推展親職教育及學校社區化教育活動；(3) 補助文化不利地區學校課業輔導教學；(4) 充實原住民教育文化特色及設備；(5) 興建偏遠或離島地區師生宿舍；(6) 興建學校社區化活動場所；(7) 改善特殊地理條件不利學校之教學環境；(8) 補助藝能科及教學基本設備；(9) 補助交通不便地區學校交通車或公費；(10) 供應地區性學童午餐設施；(11) 充實國中技藝教育之設備；(12) 優先分發師範院校及教育科系公費生實習教師（教育部，1995a）。凡是被核定為教育優先區的學校或地區，都須要配合補助指標，在上述十二項內涵中，選取適當項目來辦理。

四、校長遴選

國小校長遴選制度的實施，攸關能否選出優秀且適當的學校領導者，促進學校教育的革新與進步。1999 年 2 月 3 日國民教育法修訂案通過後，使得中小學校長任用方式由原先的官派改為現行的遴選制度。由各縣市主管教育行政機關訂定之國小校長遴選規

定中，可以了解當前國內二十五縣市國小校長遴選的重要內涵，包括：(1) 在法令名稱上，各縣市所訂定的名稱並不一致；(2) 在委員會設置方式上，除了新竹市（91 學年度以前）設置校級委員會外，其他縣市均設置縣級委員會，其中台北市、台中市、台南市和宜蘭縣有浮動委員的設置；(3) 在委員會組織成員類別上，各縣市均有設置家長代表及教育行政機關代表，而多數縣市設有學者專家者、教師代表及社會公正人士；(4) 在委員會委員人數上，以基隆市等十一個縣市所規定的十五人最高，以嘉義市所規定的五人為最低，其餘均介在九至十三人；(5) 在主任委員（或召集人）人選上，除台北縣、新竹市、苗栗縣、台中市和宜蘭縣等五個縣市未明文規定外，其餘二十個縣（市）多係由縣（市）行政或教育首長擔任；(6) 在遴選程序上，多數縣市採用由委員會獨力完成之一階段作業程序，而部分縣市採用由委員會遴薦一至三人，再由縣市長擇聘的二階段作業程序；(7) 在遴選方式上，部分縣市無規定，而有規定者也諸多差異，包括：資料審查、積分審查、實地查訪、書面報告、筆試、口試、面談、學生家長及學校教師得列席表示意見、教育局提建議案等方式（文超順，2001；吳財順，2004；徐博正，2006）。由此可知，各縣市國小校長遴選的規定有所差異，呈現不同的風貌。

五、教師遴聘

　　1995 年 8 月 9 日教師法公布施行前，國小初任教師依其在校成績，選填志願予以分發，調校者則依積分高低（積分以服務年

資、遷調戶籍地、記功嘉獎等項目計算之）選填縣市，由台灣省政府教育廳、台北市政府教育局及高雄市政府教育局統一介聘分發；教師法公布施行後，使國中小學教師之遴聘方式有了很大的轉變，該法（2003年1月15日修正）第11條第1項規定：「高級中等以下學校教師之聘任，分初聘、續聘及長期聘任，除依師資培育法第13條第2項或第20條規定分發者外，應經教師評審委員會審查通過後由校長聘任之。」據此可知，高級中等以下學校教師除公費生之外，皆由派任改為聘任方式，而聘任的權限由主管教育行政機關轉移至學校教師評審委員會。各縣市學校教師評審委員會之運作，可分為五種方式：(1) 各校教評會自行辦理；(2) 聯合數校一起辦理；(3) 委託縣市政府教育局辦理；(4) 成立「選聘服務作業中心」介聘；(5) 混合前幾種方式辦理（吳裕文，1997；金振鏞，1999）。從1997年3月19日發布實施的「高級中等以下學校教師評審委員會設置辦法」第2條規定中可知，教師初聘、續聘、長期聘任、解聘、停聘、不續聘、教師資遣原因認定、聘約之評議等事項是各校教師評審委員的重要任務。另外，教師介聘相關事宜的辦理，係依據「國民中小學校長主任教師甄選儲訓遷調及介聘辦法」辦理，教師評審委員會僅完成追認程序即可。

六、降低班級學生人數

　　班級學生人數的降低，使得教師有更多心力和時間來照顧學生，增加師生互動的機會，進而提升學生學習成效。為有效降低

班級學生人數，教育部一方面修訂「國民小學與國民中學班級編制及教職員工員額編制標準」，以降低每班學生人數上限；另一方面盱衡各地方政府財政狀況及師資培育的配合，視各縣市學生異動情形及環境特性，分別研擬計畫據以施行。教育部（1995b）在《中華民國教育報告書──邁向 21 世紀的教育遠景》中，提出「降低班級平均人數至三十五人，且每班最多不超過四十人」，且研訂「降低班級學生人數計畫」，以三個學年度為一階段，採三個階段進行：(1) 第一階段：自 82 學年度至 84 學年度，以降低至每班四十五人為原則；(2) 第二階段：自 85 學年度至 87 學年度，以降低至每班四十人為目標；(3) 第三階段：至 90 學年度降至每班平均三十五人以下為目標。另外，行政院教育改革審議委員會（1996）所提出的《教育改革總諮議報告書》摘要部分指出：「小班教學是政府與民間教育改革的共識，應積極努力於 87 學年度達成每班學生數低於四十人的目標，95 學年度前達成每班三十人以下的目標，實施時可由國小一、二年級做起。」教育部（1998a）綜合《教育改革總諮議報告書》及《教育改革總體計畫綱要》，彙成「教育改革行動方案」，將「降低國民中小學班級學生人數，並提升小班教學效果」列入第一個行動方案：「健全國民教育」之中，計畫從 87 學年度到 96 學年度實施，而且在 88 年度至 92 年度，動支 369 億 7,951 萬元，達成下述兩項目標：(1) 96 學年度國中小班級學生人數降至每班三十五人；(2) 補助地方政府增班所需各項硬體建設及增聘教師人事費。

七、小班教學精神計畫

　　雖然降低國民中小學班級學生人數，已成為政府推動教育改革的重要項目之一，但是其實施成效並非立竿見影，它受到法令、師資、設備等諸多因素之影響，故教育部乃採權宜措施，於 1998 年 5 月 13 日部務會報通過實施「發展小班教學精神計畫」，除了貫徹執行降低國民中小學班級學生人數外，也希望透過小班教學方法的推動，提升教師教學品質。教育部編列十八億元發展小班教學精神計畫原則，內容包括：規劃小班教學示範計畫、加強小班教學師資研習、營造小班教學學習環境、改進小班教學課程與教材、改進小班教學教法與評量、成立小班教學輔導諮商單位、評鑑小班教學成效、推廣小班教學做法、宣導以學生為中心的小班制教學精神（教育部，1998a、2003b）。依據教育部（1998b）發布「小班教學精神計畫」的內容，所謂「小班教學精神」，其意旨在發揮「多元化、個別化及適性化」的教學精神，以滿足學生個別學習需求，在此目的與理念下，無論班級規模大小，小班教學精神均存在及適用之。盧美貴、劉子鍵、方慧琴、陳勤妹（1998）指出有效小班教學的內涵有：(1) 專業的師資素質；(2) 課程統整與教學自主；(3) 多元而真實性評量；(4) 建立學習型組織的學校。這些幾乎均與教師有密切關係，可見「發展小班教學精神計畫」的執行主力在於教師，若教師無法了解小班教學政策的內涵與精神，則執行小班教學的效果將會大打折扣。

八、教訓輔三合一

「建立教學、訓導、輔導整合的輔導新體制」是「教育改革行動方案」第 11 項：「建立學生輔導新體制」的首要執行事項；其執行內容有：(1) 成立任務小組，發展學校教訓輔相關人員（含專任輔導教師、專業輔導人員、導師、科任教師及行政人員）協同輔導學生最佳模式；(2) 選定國小、國中、高中、高職、專科、大學各二所，分區進行所屬學校訓導處輔導室整合運作實驗，並配合修正相關法規逐步推廣；(3) 配合實驗進行「教學、訓導、輔導整合的輔導新體制評估」，並調整修正實驗模式與內涵；(4) 評估「國民中學試辦專業輔導人員方案」；(5) 鼓勵教師擔任導師並志願認輔學生；(6) 依據專業標準，開設各類輔導人員所需專業學分；(7) 編印各級學校訓輔工作手冊（教育部，1998a）。此外，依據教育部（1998c）發布的「建立學生輔導新體制——教學、訓導、輔導三合一整合實驗方案」，當中說明該實驗方案的四大任務指標：(1) 激勵一般教師全面參與輔導工作，善盡教師輔導學生責任；(2) 增進教師教學效能與人性化照顧學生，融合輔導理念，全面提升教學品質；(3) 彈性調整學校、訓、輔行政組織運作，為行政人員及一般教師規劃最佳互動模式與內涵；(4) 結合社區輔導資源，建構學校輔導網路。學生輔導新體制的建立，主要目的在引進輔導工作初級預防、二級預防、三級預防觀念，本諸發展重於預防，預防重於治療的教育理念，配合學校行政組織的彈性調整，激勵一般教師全面

參與輔導學生工作，並結合社區資源，建構學校輔導網路，為學生統整規劃一個更為周延的輔導服務工作（教育部，1999）。

九、校園零體罰

　　教師法是我國有史以來第一部規範教師權利義務的法案，其中第 17 條第 1 項第 4 款規定：「教師應負有輔導或管教學生，導引其適性發展，並培養其健全人格之義務。」據此，教師應善盡輔導或管教學生之責，以輔導代替體罰，並採取符合教育專業的管教方式。校園零體罰正式有法律依據，係 2006 年 12 月 27 日修正公布「教育基本法」第 8 條第 2 項規定：「學生之學習權、受教育權、身體自主權及人格發展權，國家應予保障，並使學生不受任何體罰，造成身心之侵害。」及第 15 條規定：「教師專業自主權及學生學習權、受教育權、身體自主權及人格發展權遭受學校或主管教育行政機關不當或違法之侵害時，政府應依法令提供當事人或其法定代理人有效及公平救濟之管道。」修法後，明確規範校園內嚴禁體罰事件的發生。為落實校園零體罰，讓全國教師有所依循，教育部（2007a）研提「校園零體罰工作計畫」，並提出五大策略：(1) 行政規劃與督導：督導各縣市政府推動與落實校園零體罰計畫，並針對體罰盛行率，進行監測；(2) 協助教師專業成長之策略：培訓各縣市政府教育局督學及國中小種子教師、執行「試辦中小學教師專業發展評鑑」，並於教師職前教育及在職進修研習活動中，強化教師偏差行為心理學、輔導管教策略及班級經營知能；(3) 降低教師負擔，給予教師支持資源：補助各縣市政府鐘點費辦理結合專業輔導

人力、執行「國民小學班級學生人數調降方案」、研議設立教師諮商輔導之諮詢專線等;(4) 對教師體罰學生事件之處置:研擬教師體罰學生事件通報流程、修訂「公立高級中等以下學校教師成績考核辦法」,並加強宣導若有發生體罰事件,可向教育部專線投訴;(5) 家庭及社會宣導教育:鼓勵各社教館所與民間團體辦理「不體罰也能教好孩子」之宣導活動,並運用媒體宣導校園零體罰政策;協助各縣市及學校共同推動「校園零體罰」之目標。

十、落實補救教學

由於個人、家庭或學校因素,使部分國小學童學業成就低落,並產生學習困難的情形,因而失去學習興趣及自信心,甚至中途輟學或誤入歧途。有鑑於此,教育部規劃相關措施來因應,並將「辦理補救教學」列入「教育改革行動方案」第 1 項:「健全國民教育」的執行項目之中;其執行內容包括:(1) 規劃「國民中小學補救教學示範計畫」,提供學校參與示範實驗方案,藉以建立補救教學系統模式;(2) 將學習落差之低成就學生,區分為「須實施身心障礙教育者」、「須進行家庭扶助者」、「須進行學習輔助者」三類,針對班級中 10% 至 20% 之低成就者,進行學習輔助與基本學科的加強;(3) 培訓補救教學師資並建置社會義工制度,鼓勵退休教師、家長及大專生參與,以協助個別教學,導引學生學習;(4) 研究補救教學之教材與教法,鼓勵教師自編補救教學教材,以配合學生個別差異,達到適性教育目標;(5) 規劃辦理國小五、六年級潛能開發計畫,提供更多元的學習機會,激發學生潛能(教育部,

1998a）。新修訂的課程綱要中，國小課程增設「彈性運用時間」，提供學校進行補救教學。配合教育優先區計畫的推動，列有「補助文化不利地區學校課業輔導教學」、「補助藝能科及教學基本設備」、「改善特殊地理條件不利學校之教學環境」等項目。此外，在寒、暑假中，學校規劃多元化的潛能開發學習活動，如課業輔導、技藝課程、體能活動、輔導課程及生活教育等，以協助提高弱勢學生的學習信心和成就（林新發，2001）。

十一、強化學生體適能

健康體適能的評估，可使個人了解本身的體能狀態，進而改善自己的運動能力。我國國民體適能檢測項目係由教育部委託國立台灣師範大學體育研究與發展中心，綜合學者專家意見所編成。依據行政院體育委員會（1998）所印行的《國民體能檢驗實務手冊》的內容，我國體適能檢測項目有：身高、體重、800 公尺或 1,600 公尺跑走、坐姿體前彎、一分鐘屈膝仰臥起坐及立定跳遠。至於體適能的內涵，專家學者（方進隆，1993；林正常，1997；卓俊辰，1992）認為健康體適能包含的項目有：(1) 身體組成：係指身體肌肉、脂肪等組成所占的比率，分為淨脂肪重量及無脂肪重；(2) 心肺適能：即心肺耐力，係指身體肺部吸入氧氣，心臟循環系統攜帶運送氧氣和利用氧氣產生能量的功能，亦可稱之為有氧能力；(3) 柔軟度：係指身體中的肌肉、關節或多關節所能自由移動的最大動作或伸展範圍；(4) 肌力、肌耐力：肌力係指肌肉在短時間內產生高度力量的能力，而肌耐力係指肌肉從事某一負荷或活動

的最大肌力或長久收縮的能力；(5) 神經肌肉鬆緩能力：係指人體經由運動之後，能降低或消除不必要肌肉緊張或收縮的能力。教育部於 1999 年開始推行體適能護照；而為了學生的健康，教育部延續「提升學生體適能中程計畫」及「提升學生游泳能力計畫」，並結合「健康促進學校計畫」，特別編製健康體育護照，幫助學生了解個人的成長軌跡（身高、體重、牙齒及眼睛的健康情形）與體適能狀況。

十二、國民教育幼兒班

　　「五歲幼兒納入國民教育正規體制」是教育發展過程中常被探討的議題之一。在「2001 年教育改革檢討與改進會議」的結論與建議事項中，「要求推動幼托合一，國民教育向下延伸一年並納入正規學制」被列為優先推動項目之一；而在「2003 年全國教育發展會議」的結論與建議事項中，確定「五歲幼兒納入國民教育正規體制」之政策目標與實施步驟（教育部，2003c）。依據上述二項會議之結論與建議事項，教育部於 2004 年 4 月提出「國民教育幼兒班實施計畫」（草案），然參據行政院審議意見，並考量國家整體財政、幼教機構供需現況等因素，於 2005 年 1 月將該計畫（草案）修正為「扶持五歲弱勢幼兒及早教育計畫」，作為國民教育向下延伸之近程計畫。此計畫之主要工作項目分為制度面及運作面，其中制度面包括：(1) 成立政策推動委員會及工作小組、專業研發小組；(2) 預為規劃適性之課程、設備、法規等配套措施。運作面則包括：(1) 均衡並調節幼兒就近入園機會；(2) 鼓勵弱勢五歲幼兒參與「扶

持五歲弱勢幼兒及早教育計畫」；(3) 建構優質硬體環境與設備；(4) 提升師資水平；(5) 研議改善參與試辦國幼班之私立機構教師待遇之機制；(6) 訪視、輔導、評鑑與成效評估；(7) 溝通與宣導（教育部，2005）。目前已實施於離島地區（金門縣、連江縣、澎湖縣、台東縣蘭嶼鄉、綠島鄉、屏東縣琉球鄉）、原住民地區五十四個鄉鎮市、一般地區經濟弱勢（低收入戶及中低收入戶）之滿五足歲幼兒；完成第一階段（自 93 學年度起）、第二階段（自 94 學年度起），並繼續推動第三階段（自 95 學年度起）；至於第四階段，仍未訂定時程，須待幼托整合後，國家整體財政充裕及配套措施研訂周全，再研議全面辦理國民教育向下延伸一年。

十三、新住民子女教育

國小新住民子女人數有日益增多的趨勢；依據教育部（2007b、2007c）的統計資料可知，95 學年度國小學生數為 1,800,491 人，新住民子女人數為 70,797 人；與 94 學年度（國小學生數為 1,831,913 人，新住民子女人數為 53,334 人）相較，國小學生數減少 31,422 人，而新住民子女則增加 17,463 人，所占的比率由 2.91%（94 學年度）提高至 3.93%（95 學年度）。而多數「新台灣之子」（新住民小孩）的母親來自於經濟條件較台灣落後的大陸及東南亞國家，由於母親來自不同國家，其母國社經條件與生活環境與台灣有極大的不同，即便來自相同國家，個別異質性都相當高，因而使台灣新住民的教育有極大的挑戰性（黃德祥，2006）。為使人數持續增加、地位相對弱勢的新住民及其子女能受到更多

照顧，行政院於 2004 年通過「現階段外籍與大陸配偶移入因應方案」，內政部則推動「外籍與大陸配偶照顧輔導措施」，教育部於 2005 年完成推動「發展新移民文化計畫」，並於 2006 年 5 月決議「就外籍配偶學習組織、策略、資源等方面，研擬整合計畫」，希望在 2008 年達成建立國人對新移民的同理認識，促進在地國際文化交流與融合。教育部（2006）在發展新移民文化計畫的整體實施策略有三個面向：(1) 組織面：運用成人基本教育研習班、國中小補校提供基本中文能力課程與國民義務教育，另利用高職推廣教育班提供技藝學習課程、家庭教育中心提供親職教育及婚姻教育等課程，結合社區大學、社教站、民間團體等提供多元終身學習課程，且設立新移民學習中心提供相關諮詢與輔導服務等；(2) 策略面：包含辦理多元文化交流及教育成果展示活動、建立外籍配偶終身學習體系、了解與傳承外籍配偶母國文化、辦理外籍配偶子女課後照顧班、提升教師教學及輔導知能，增加外籍配偶子女之學習機會、設置外籍配偶專題網站、督導各縣市政府落實外籍配偶之教育服務等；(3) 資源面：投入人力（運用家庭教育中心、社教館所、文教基金會所屬志工、學校志工等）與經費來推動。

十四、開放教育

　　開放教育起源於英國，盛行於美國，而後傳播至世界各國，我國當然也不例外。事實上，開放教育的理念存在於各地的教育實際當中，唯開放教育成為專有名詞，並開始有系統建立完整體系，最後終成當今教育思潮的主流，則全賴 1960 年代英國教育學

者的提倡，以及 1970 年代美國教育學者的推動（吳清山、林天祐，2003）。開放教育模式是屬於一種草根式的教育改革，為滿足各地風土民情、教育環境及社區之需，因此學校或班級，均有其獨特的型態（陳伯璋、盧美貴，1991）。國內從 1996 年起開始試辦開放教育，而後相關研究，諸如：開放式教育理論與考察、開放式學校的建構理論相繼出現，在為數不少的開放式學校成立之後，漸漸的許多企圖將理論觀念與實務現況比對、結合的相關使用後評估與教學、空間規範也逐漸出現，一時開放式學校或開放空間教育似乎成為一股新的趨勢與顯學（邱淑宜，2003）。我國開始有系統的推動開放教育，在政府單位方面有台北市的幼稚園與小學低年級教學銜接實驗、田園教學實驗、教學評量改進實驗及台北縣的現代教育實驗班；至於民間部分則以森林小學及種籽（毛毛蟲親子實驗）學苑為代表（吳清山、林天祐，2003）。依陳伯璋、盧美貴（1991）和鄧運林（1997、1998）的看法得知，開放教育的特徵包括：(1) 自由而適性的開放空間，沒有固定的課桌椅，學習空間可以彈性運用；(2) 彈性的課表，兒童可依自己的興趣、學習速度及方向，安排適宜的學習活動；(3) 編班方式採混齡編組或混班的方式，審慎的將二或三個不同年齡層的兒童編為一組；(4) 採分組或個別化的學習方式，較少採大班教學；(5) 內容統整的課程學習，排除分科學習方式；(6) 鼓勵兒童熱衷於學習的態度，老師允許兒童選擇自己有興趣的活動，且重視師生間的互動與溝通，進而建立師生間的開放關係；(7) 以兒童為學習的中心，成人基於輔導立場對其興趣、愛好加以有系統、有組織的指導；(8) 強調各種創造性

的活動，建立互信、彼此尊重及培養兒童責任感；(9) 重視形成性評量，取消評定等級的方式，雖然也採用量的評量，不過大多用質的評量。

十五、在家自行教育

在家自行教育的風潮興起於美國，起因不論是宗教信仰或是對公立學校體系的不滿，皆可謂家長教育選擇權的充分顯現與運用。其主要有兩種類型，一是針對身心障礙或行動不便學生；一是正常的一般學生；前者教育方式，各國政府都會補助教育券，作為教育養護之經費，同時也會派輔導員幫助家長在家輔導；後者教育方案，以美國較為普遍，家人大都由於宗教、校園暴力或性氾濫等因素，擔心孩子在校受到暴力或色情汙染，即向學區教育委員會依一定程序申請在家自行教育；為確保孩子的基本能力，所有在家自行教育之孩子，須定期接受評量；而其他國家，如澳洲、紐西蘭等，也都有在家自行教育的例子（吳清山、林天祐，2003）。國內最早實施在家自行教育的是來台宣教士的子弟，因為擁有外國的國籍，不受限於國內強迫入學條例的限制而選擇在家自行教育；台北市體制內實施在家自行教育，自 1997 年開始試辦，接著花蓮縣、台北縣等其他縣市參考台北市在家自行教育實施的經驗，於 1999 年開始辦理，採用教育實驗性質，其後高雄市也於 2000 年以試辦性質開南台灣的先鋒（方慧琴，2002）。依林天祐（1999）、劉春榮（2000）和劉春榮、方慧琴（2001）對在家自行教育的看法，可歸納出其主要理念有：(1) 每個兒童都有不同程度的發展，由父母教

導小孩，最能配合兒童的身心發展，掌握住每一個學習的主要關鍵期，增進個體的健全發展；(2) 有彈性的教學時間與實用的教學素材，明確而具體的學習，是適切的教育內涵；(3) 在教育體系內，學校組織在提供家長教育服務，因此家長自然有為子女選擇教育場所及方式的權利，在家自行教育的存在提供了家長更多的教育選擇權；(4) 使兒童更有機會發展真實的自我，適切的追求自我理想的生活方式；(5) 能營造適合兒童學習的環境，以提升學習品質，保有學校教育水準以上的程度；(6) 由於親子朝暮共處，一起生活與學習，無形中強化親子互動關係，並增進家庭凝聚力。

十六、公辦民營學校

　　公辦民營學校起源於美國，最早可追溯於 1991 年，美國明尼亞波尼市（Minneapolis）的一家私人營利公司——教育另類公司（Education Alternatives, Inc., EAI）在邁阿密灘（Miamic Beach）一所公立的小學實施開始；其後世界各國陸續施辦，而設立學校的模式依其性質之不同而有差異（馬信行，1997；吳清山，1999c）。公辦民營學校理念的興起，可說是對公立學校績效不滿的反動；由於公立學校長期以來受到政府的保護，在缺乏競爭下，教學品質和學校效能有限，且受到各種法規限制及科層體制束縛，導致整個組織的適應性和革新性，都要比一般私立學校為差（吳清山，1999c；李希揚，2000）。為改善此一現象，公辦民營學校的經營理念開始受到重視，冀望結合民間企業管理的精神，彼此承擔學校教育的公共責任，讓學校的經營更具彈性化和競爭力，同時

也讓學校老師有較大的自主性來發展其教學方法，以提升其教學專業能力和促進教學革新（張明輝，1998）。整理專家學者（吳清山，1999c；吳清山、林天祐，2003；秦夢群、曹俊德，2001；曹俊德，1999）所論述之公辦民營學校，其類型可分為：(1) 管理合約：係指教育行政機關與私人公司簽訂合約，雙方分別就經營目標、經費、時間、條件、內容、方式、學生評量等方面達成協議，私人公司依據合約來經營學校。這種方式即政府負擔教育經費，經營權操之在私人手中，私人公司以本身的經營能力賺取管理費；(2) 民間承包：係由民間團體向政府承包合約，定期向政府繳交承包費，並由民間團體自負學校盈虧責任；(3) BOT：係指建造、營運和轉移（Build, Operate, & Transfer），亦即政府提供土地，民間團體負責興建，興建完成之後，政府以特許方式交由民間團體經營一段時間，以作為其投資報酬，經營期滿之後，民間團體將其學校資產和設備轉移給政府；(4) 特許學校（charter school）：係指一種政府負擔經費，由一群想要辦學的教師、家長、社區團體、企業界及非營利事業機構，提出辦學理念、計畫及設校特色等，向政府申請辦理經核准的民間學校。

肆 初等教育改革爭議項目分析

　　台灣近十餘年來的小學教育改革明顯地呈現其政治化、民主化、自由化、分權化、多元化與彈性化的趨勢，一反以往菁英主義、專業化、一元化、集中化、一致化、規格化的傳統教育（林新

發，2001）。在此趨勢下，要使初等教育改革能有所成，持續的進行檢討，留優汰劣，實有其必要。

在上述十六個初等教育改革項目中，雖然政府積極推動，也看出部分成效，但要達到預期的理想目標仍有一段距離，其中教育優先區、降低班級學生人數、小班教學精神計畫、教訓輔三合一、落實補救教學、強化學生體適能、國民教育幼兒班、新住民子女教育、開放教育、在家自行教育、公辦民營學校等項目，爭議性較小，主要原因在於這些改革項目都有助於學生學習效果及改善學生學習環境，它們不會加重學生沉重學習壓力，也不會對校園行政運作產生干擾作用，所以肯定聲音多於批評聲音。至於九年一貫課程、教科書開放、校長遴選、教師遴聘、校園零體罰等項目，則有較大爭議，茲分別說明如下。

一、九年一貫課程

從九年一貫課程的重要內涵中，可以理解新課程的基本理念符合時代潮流和趨勢，且具備改革的良善美意與理想。然而，九年一貫課程作為一項全盤性，甚至於是顛覆性的課程改革，雖然具有改革理想，但具體的措施與做法能否實現改革理想，卻有不少質疑（陳伯璋、吳明清，2002）。對此，綜合吳武典（2005）、吳清山（2006）、高新建、吳武典（2003）、秦夢群、賴文堅（2006）、歐用生（2003）等人的看法可知，九年一貫課程受爭議之處有：(1)國小新課程的推動，是將過去的「分科教學」，合併為範圍較大的「學習領域」；在這些領域當中，「語文」、「藝術與人文」根本

無法由一個教師進行教學，仍須採取分科教學，導致「學習領域」教學有名無實，不僅折磨老師；同時也折磨學生和家長，所以社會大眾對九年一貫課程的實施，支持度不高；(2) 九年一貫課程改革過於倉卒，且配套措施未能切合問題核心，在其他相關系統皆未整備即推行，導致政策執行的矛盾與形式化、師資培育整備不及、教科書倉卒付梓錯誤百出、課程銜接斷裂影響學習等問題叢生；(3) 新課程綱要中，要求每個領域課程綱要都要依照十項基本能力列出指標，作為編輯教材、設計教學參照；這種情況反而造成了限制；(4) 九年一貫課程強調多元評量，且要把能力指標轉化為教材與評量，基礎層教師普遍缺乏這種能力；事實上，能力指標過度分化，即成為知識化或分子化，有違統整與彈性原則；(5) 九年一貫課程標榜課程鬆綁，各校專業自主，並授權學校擬定課程計畫，最後報請地方教育局備查後實施；然而，因各校對課程統整缺乏正確且深入的認識，卻在學校本位的模糊概念下，形成「嘉年華式的主題統整」；而且不少教學設計流於花俏、形式，不足以從中獲得學習，更遑論引發學生的探究行動。

二、教科書開放

教科書開放的主要目的，在於發揮教師專業自主，促進教學生動活潑，啟發學生多元智慧，培養學生多元能力（藍順德，2003）。然而，由吳清山等人（2005）的研究結果顯示，社會大眾對實施教科書一綱多本的看法，在國小方面，僅四成四（44.4%）的民眾表示支持，僅二成九（29.1%）的民眾表示滿意，在所調

查的三十三項國民教育政策中的支持度和滿意度都最低，可見社會大眾對教科書開放仍存在著頗多疑慮；依鄧鈞文（2003）、藍順德（2006）、蘇進棻（2006）等人意見，教科書開放受爭議之處主要可臚列如下：(1) 學生書包日益沉重，學習壓力有增無減；(2) 教科書及參考書價格偏高，增加家長經濟負擔；(3) 修訂審查速度無法配合學校作業時程，審查程序及規範有待改進；(4) 編審人才不足，編審時間緊迫；(5) 編審人員知識理念、意識型態影響教科書內容之決定；(6) 編審人員彼此間信任感不足，溝通機制有待加強；(7) 教材版本更動太過頻繁，造成有些教材未教，有些重複教；(8) 相同學習領域各版本教科書之間的難易度差異大；(9) 教材內容錯誤頗多，品質可議；(10) 轉學時教材銜接困難，影響學生學習。

三、校長遴選

　　國小校長遴選制度實施的成效，各方褒貶不一，正反意見並陳。由李文章（2001）、吳財順（2004）、曾長庚（2001）、廖修寬（2006）、蔡寶玉（2004）的研究結果發現，校長遴選制度實施後的正面影響主要有：(1) 保障適任校長淘汰不適任校長；(2) 消除萬年校長心態；(3) 校長更加尊重家長、教師意見；(4) 提升校長素質；(5) 擴大家長和教師的參與；(6) 校長辦學態度更為積極；(7) 依學校辦學需求，遴選到學校所需要的校長；(8) 校務運作更趨民主。而對於校長遴選所產生的爭議，根據相關文獻（吳財順，2004；林明地，2002；黃三吉，1999；馮丰儀，2000；溫騰光，

2001）了解，主要包括如下：(1) 易造成校長過度重視公關，辦學時人際取向重於專業取向；(2) 政治力介入遴選，遴選委員會所能發揮的功能未如預期；(3) 遴選程序不夠具體，且因標準不明確或過於主觀，致使有不公平、不公正的感覺；(4) 遴選作業時間不足，影響遴選決定可信度及被接受的程度；(5) 易形成惡質選舉文化（如黑函、賄選），校園派系對立與衝突；(6) 參與遴選的校長覺得遴選過程不受尊重、不具人性關懷；(7) 對於未遴選上的校長之轉任、提早退休的校長增多等問題的相關配套措施不足。

四、教師遴聘

　　過去地方政府主導的教師遴聘制度，改為學校主導，正式邁向學校本位人事管理時代（吳清山，2006）。教師遴聘制度實施後，學校依其需求選聘合適教師，且可發揮學校團體共同參與決策的功能，促進教師專業自主權的提升（吳順火，1995；吳鐵雄、李坤崇，1997），實具有正向立意；但是也產生不少爭議，綜合吳清山（2006）、李正琳（2000）、秦夢群（1999）、張志明（2001）等人的看法，主要有：(1) 人情關說，造成不公平現象；(2) 晉用教師容易近親繁殖；(3) 少數人操縱教評會；(4) 缺乏具體明確的聘任標準及實施步驟；(5) 資訊不足、遷調成本與重複錄取教師遷調問題；(6) 偏遠地區學校教評會運作問題；(7) 教評會的監督問題；(8) 教師代表水準高低不一；(9) 教師對擔任教評會委員，參與聘任決策的意願不高；(10) 家長會代表的素質良莠不齊。

五、校園零體罰

　　教育基本法第 8 條及第 15 條修正條文公布後,明文規範體罰的不當性。教育部於 2007 年 1 月提出體罰定義:「教師於教學或教育過程中實施懲罰,而該懲罰是採用讓學生身體疼痛或身體不舒服的方式來執行;其中除由教師本身施加者外(如毆打、鞭打、打耳光、打手心、打臀部等),由教師命學生自行為之者(如交互蹲跳)亦屬之。」並三令五申要求校園內嚴禁任何體罰事件的發生,且鼓勵教師在管教學生行為時,應與學生進行溝通,先了解學生的行為成因與動機,再與學生共同討論出改變其不良行為,增加其良好行為的策略與方法(教育部,2007a)。另外,人本教育基金會(2005)在該年度校園體罰調查報告中,說明有 65.1% 的中小學生曾在校被體罰;而學生遭受體罰的兩大主因是「行為違反規定」及「學業不符合要求」,這些並非重大缺失;造成校園體罰盛行,其實源於教師輔導專業不足者眾,而甚少是出於「非不得已」者,所以嚴禁教師體罰學生。然而,依據朱玉仿、陳清溪(2006)的研究結果發現,七成的受訪民眾不贊成中小學校園零體罰政策。而台北市教師會所做的問卷中,有 76.7% 的教師不支持台北市零體罰,另外有 64.5% 的家長不支持教育部與台北市教育局零體罰的宣示(引自朱玉仿、陳清溪,2006)。顯然,大眾對「校園零體罰」的看法差異頗大。事實上,教育基本法第 8 條及第 15 條的修正,從一開始討論就爭議不斷,特別是禁止體罰通過後,容易造成基層教師管教學生,動輒得咎,無所適從,對學生輔導改採消極態

度，或是學校中出現恐嚇、勒索、偷竊等偏差行為，而教師卻無法約束學生的情形（高佳菁，2006；梁芳瑜、鐘家豪，2006）。

伍 未來發展方向

自從 1994 年以來，政府積極推動初等教育改革，投入相當可觀經費和為數不少人力，致使十多年來初等教育之學校軟硬體設施，都可看到其進步的一面，大大改善了學生學習環境，亦展現提升學生學習效果的價值。教育發展與進步是永無止境的，無論政府或教育人員不能以目前的成就為滿足，更應持續努力，讓未來教育更美好。茲提出下列未來發展方向，以供參考。

一、因應整體人口結構改變，研擬初等教育發展政策

近年來，台灣整個人口結構產生劇烈改變，婦女生育意願與生育率大幅降低，產生「少子化」現象；而外籍配偶持續增加，導致「新移民子女」人數愈來愈多；加上老年人口不斷攀升，造成勞動力減少等問題。這種人口「少子化」、「異質化」和「高齡化」的結構性改變，不僅影響到產業發展，而且也衝擊到教育發展，首當其衝的是幼兒教育和初等教育。為了避免人口結構改變，形成教育沉重負擔，政府必須採取有效對策，才能避免教育問題趨於惡化。尤其少子化現象，產生學生人數銳減、教師人數剩出，以及空餘教室利用的問題，更是當前有待克服的教育問題；此外，跨國婚姻的日漸普遍，雖然讓台灣的社會文化更趨多元，但是外籍配偶多數來

自於中下階層,其子女學習相對不利,如何提供這些孩子不同的學習需求和協助措施,亦屬初等教育重要課題。長久之計,政府必須因應整體人口結構改變,研擬初等教育發展有效政策,才有利於初等教育長遠發展。

二、建置精緻優質學習環境,擴大學生學習效果

正如前面所述,教育發展受到少子化影響相當大,其負面影響可能造成學生來源短缺、學校面臨減班廢校、師資難以新陳代謝、學校閒置空間過剩等現象;但亦可能產生正面影響,班級學生數日趨減少,有助於發展精緻化、優質化和個別化的學校教育。俗語說:「危機就是轉機」,教育行政機關和學校如果能夠掌握這一波人口結構改變的契機,規劃具前瞻性和適切性的初等教育政策,將使初等教育的發展更為卓越、更為精緻。雖然教育部已經奉行政院核定「五年精緻國民教育發展方案」,但仍須完整的配套措施,才能有助於方案目標的達成,例如:該方案提出降低班級人數和提高教師員額編制等作為,它涉及到地方財政問題,以目前地方財政陷入窘境之際,要由地方政府負擔所增加的人事經費,誠屬不可能,它需要中央政府的挹注或補助,始能達成目標。為了建置精緻優質學習環境,政府更須投入大量經費,才不會流於空談。一旦有了精緻優質學習環境,也較容易激起學生學習興趣,擴大學生學習效果。

三、強化弱勢族群教育效果,實現教育公平正義理念

弱勢族群是屬於社會中的某些成員,對自己的生活較缺乏控

制力和主宰力，教育上所指弱勢族群，包括身心障礙者、原住民、外籍配偶及其子女，以及偏遠地區學生等，他們處於經濟劣勢，文化刺激不足，深深影響到其學習效果。在一個民主成熟的社會，不應忽略弱勢族群的就學和就業機會；相反地，更應提出更多的補償措施，以克服其先天不利因素，才符合教育的公平正義。近年來，政府對於弱勢族群教育，比以往更為重視，為了提供弱勢族群學生更多教育機會，在初等教育階段，亦提出相當多的措施，包括：教育優先區計畫、外籍配偶子女教育輔導計畫、關懷弱勢弭平落差計畫、退休菁英風華再現計畫、扶持五歲弱勢幼兒及早教育計畫、中低收入家庭幼童托教補助實施計畫、原住民幼兒就讀公私立幼稚園學費補助、補助原住民國民中小學住校生膳宿費、補助弱勢學生參加國小課後照顧服務，以及攜手計畫——大專生輔導國中生課業試辦計畫等，期望能普遍照顧到弱勢學生學習的需要。這些措施對於增進弱勢族群教育效果，具有積極性作用，未來仍須擴大辦理，讓弱勢族群學生能夠真正獲益，才能實現教育公平正義理念。

四、建立初等教育績效指標，作為衡量辦學成效參考

初等教育投入相當多的經費與人力，其產生的績效應該有客觀的指標作為依據，方能使社會大眾了解初等教育績效。因此，初等教育績效指標之建構，實有其必要性。基本上，績效指標是一種數量化或者行為化的表現，它是以量化數字呈現教育系統之輸入、過程及結果的經營成效，以了解現狀，並作為未來改進之參考，目前國內適切的初等教育績效指標尚未建立，為了解國內初等教育成

效，教育行政機關宜將初等教育績效指標的建立，列入未來革新重要項目之一。由於教育績效指標建構是一項頗為複雜的工作，教育行政機關可委託學術機構進行研究，根據其研究結果舉行公聽會，作為未來確立初等教育績效指標的依據。就教育整體發展而言，要有效建構初等教育績效指標，必先確定層面，然後再從層面發展更具體指標；筆者認為要建構初等教育績效指標，行政管理、課程與教學、訓輔工作、經費及資源運用、師資及專業發展、家長參與、學生學習等層面應該是相當重要的。

五、持續辦理國民小學校務評鑑，提升學校教育品質

評鑑主要目的在於了解現狀，作為未來改進之參考。有人將評鑑視為一種身體的健康檢查，透過健康檢查，藉以了解自己的身體狀況和體能情形，如發現有異常現象，就必須進行醫生專業診斷和治療，以確保身體的健康。其實，校務評鑑何嘗不是如此，它也是透過學者專家實地訪查，了解校務實際運作情形，找出校務經營的優缺點，並提出改進建議。因此，近年來各教育行政機關積極辦理國小校務評鑑工作，原因在此。一般而言，評鑑要有助於提升教育品質，必須是定期性和持續性進行，而且評鑑結果公布之後，一定要求學校提出改進計畫，並進行追蹤評鑑，才能發揮其效果。為了提升國小教育品質，持續性辦理校務評鑑和追蹤評鑑應列入年度工作重要項目之一。此外，為擴大國民小學校務評鑑效果，最重要仍是各校能夠建立自我評鑑機制，而不是靠外部評鑑力量，所以教育行政機關應該編列專款，補助各校辦理自我評鑑。

六、鼓勵國小從事實驗與研究，促進教育發展多元化

　　教育發展與進步，以及教育品質提升，除了有賴評鑑之外，鼓勵學校從事實驗和研究，亦屬相當重要的一環。在教育基本法第13條明定：「政府及民間得視需要進行教育實驗，並應加強教育研究及評鑑工作，以提升教育品質，促進教育發展。」其目的在此。過去政府所推動的開放教育、公辦民營學校、在家自行教育等革新措施，這些不一定會成為教育主流，但是這些措施卻適合特定學生需求，提供學生另一種學習管道。在一個民主、開放社會中，一元化教育體制已經不適合時代潮流，政府有責任提供多元學習管道，讓學生能有適性發展機會。所以政府應該容許更多的學校從事教育實驗，同時也提供學校教師教育研究經費，鼓勵教師從事各種研究，幫助其教學或行政改進，才能讓初等教育發展更富創意、更為多樣及更具效能。

七、提供教師專業成長誘因，有效提升教師專業發展

　　教師是初等教育改革成敗的關鍵因素。任何教育改革措施，如果缺乏教師配合與推動，很難有成功的希望；而教師的專業知能和精神，更是決定教改成功的要素。基本上，教育改革有一部分是要解構舊有體制，一部分是要納入新做法，所以教師要有開放心胸、創新思維和持續學習態度，才能適應和接納教育改革，此乃凸顯教師專業發展在教育改革的重要性。為提升教師專業發展，提供教師專業成長誘因是很大的動力，包括有形的實質酬賞和無形的讚美鼓勵，都有其價值。另外，訂定適切的教師進修獎勵辦法也是重要

的,從制度的建立、進修機會的提供,到進修成效的評估,都需要有系統的規劃,並且能夠確實執行,才能見到成效。因此,未來初等教育革新工作,仍須持續關注教師專業發展的提升。

八、重建校園倫理文化,打造溫馨和諧校園新氣氛

近十年來的初等教育改革,雖然使校園比以往更有活力、更有朝氣;但是隨著家長和教師參與校務運作,整個校園權力運作隨之改變,各校校長權威普遍面臨到嚴重挑戰,校園氣氛也比以往不和諧,這種現象多少影響到行政業務推動、教師教學效果,以及學生學習,可說是一種教育改革後遺症。初等教育改革不可能走回頭路,因此校長的心態要改變,能夠尊重和接納各方建言,切莫獨斷獨行;而教師和家長的參與態度也要調整為正向和積極,參與是為了讓「學校更好、學生更好」,不能意氣用事,為反對而反對,否則學校氣氛將會趨於對立與衝突。只有學校行政人員、教師和家長能夠建立「相互尊重、相互體諒、相互關懷、相互協助」的價值觀,才有打造溫馨和諧校園的可能。因此,處在初等教育改革逐漸趨於穩定之際,重塑學校倫理新文化,讓學生在溫馨和諧校園環境下接受教育,是未來初等教育發展的重要課題。

陸 結 語

初等教育是一切教育的基礎,初等教育經營有績效,才足以確保爾後中等教育和高等教育有良好的品質。

　　政府自 1994 年以後，推出一連串初等教育改革項目，其中重要項目包括：九年一貫課程、教科書開放、教育優先區、校長遴選、教師遴聘、降低班級學生人數、小班教學精神計畫、教訓輔三合一、校園零體罰、落實補救教學、強化學生體適能、國民教育幼兒班、新住民子女教育、開放教育、在家自行教育、公辦民營學校等。在這些改革項目中，爭議性比較大者為九年一貫課程、教科書開放、校長遴選、教師遴聘、校園零體罰等項目，這些都涉及到學生學習及校園權力運作改變，因而影響到學校教育整體成效。

　　未來初等教育改革方向，仍須以「激發學生學習動機，促進學生有效學習」為主軸。因此，「照顧每位孩子，讓每位孩子都有學習成功的機會」應該成為改革核心理念。任何制度、行政或教學方面的改革，若無助於學生學習成功，都不具教改實際價值。是故，本文最後乃提出初等教育未來發展方向，包括：(1) 因應整體人口結構改變，研擬初等教育發展政策；(2) 建置精緻優質學習環境，擴大學生學習效果；(3) 增進弱勢族群教育機會，實現教育公平正義理念；(4) 建立初等教育績效指標，作為衡量辦學成效參考；(5) 持續辦理國民小學校務評鑑，提升學校教育品質；(6) 鼓勵國小從事實驗與研究，促進教育發展多元化；(7) 提供教師專業成長誘因，有效提升教師專業發展；(8) 重振校園倫理文化，打造溫馨和諧校園新氣氛。

參考文獻

TVBS 民意調查中心（2005）。**教育政策與九年一貫教育調查**。2006 年 11 月 15 日，取自 http://www.tvbs.com.tw/FILE_DB/DL_DB/yijung/200505 /yijung- 20050527155939.pdf

人本教育基金會（2005）。2005 年校園體罰問卷調查報告。**人本教育札記，193**，38-45。

文超順（2001）。**國民中小學校長遴選規準之研究──以宜蘭縣遴選委員會為例**。國立台北師範學院國民教育研究所碩士論文，未出版，台北市。

方進隆（1993）。**健康體能的理論與實際**。台北市：漢文。

方慧琴（2002）。**台北市實施在家自行教育之研究**。台北市立師範學院國民教育研究所碩士論文，未出版，台北市。

朱玉仿、陳清溪（2006）。2005 年台灣地區民眾對重要教育議題看法之調查。**教育研究與發展，2**（3），1-34。

羊憶蓉（1994）。**教育與國家發展──台灣經驗**。台北市：桂冠。

行政院教育改革審議委員會（1996）。**教育改革總諮議報告書**。台北市：作者。

行政院體育委員會（1998）。**國民體能檢驗實務手冊**。台北市：作者。

吳武典（2005）。台灣教育改革的經驗與分析：以九年一貫課程和多元入學方案為例。**當代教育研究，13**（1），38-68。

吳財順（2004）。**國民中小學校長遴選制度之研究──以台北縣與新竹市為例**。國立台北師範學院教育政策與管理研究所碩士論文，未出版，台北市。

吳清山（1999a）。**教育革新與發展**。台北市：師大書苑。

吳清山（1999b）。**初等教育**。台北市：五南。

吳清山（1999c）。台北市國中小實施「公辦民營」之可行性分析。**教育政策論壇**，2（1），157-179。

吳清山（2006）。台灣教育改革的檢討與策進：1994-2006年。**教育資料集刊**，32，1-22。

吳清山、林天祐（2003）。**教育小辭書**。台北市：五南。

吳清山、陳明印、劉春榮、林天祐、陳明終、黃旭鈞、梅瑤芳、謝雅惠、張雲龍、高家斌、黃珮鈞、鄭惠珠（2005）。**2004年國民教育政策與問題調查報告**。台北市：國立教育資料館。

吳裕文（1997）。當老師找學校，學校找老師──教師選聘與調動問題一籮筐。**師說**，105，32-49。

吳順火（1995）。教師法與教師。**北縣教育**，10，32-34。

吳鐵雄、李坤崇（1997）。因應教師法變革，再創和諧校園倫理。**國教之友**，48（4），3- 12。

李文章（2001）。**苗栗縣國民中小學校長遴用制度之研究**。國立新竹師範學院學校行政碩士班碩士論文，未出版，新竹市。

李正琳（2000）。**台北縣國民小學教師參與學校教評會聘任決策之研究**。國立台北師範學院國民教育研究所碩士論文，未出版，台北市。

李希揚（2000）。教育行政措施採取公辦民營之可行性探究。**中等教育**，51（6），46-63。

卓俊辰（1992）。**體適能──健身運動處方的理論與實際**。台北市：國立台灣師範大學體育學會。

金振鏞（1999）。**國民小學教師聘任制之研究**。國立嘉義師範學院國民教育研究所碩士論文，未出版，嘉義市。

周愚文（2000）。影響我國近百年教育發展的重要教育改革評述。載於中國教育學會（主編），**跨世紀教育的回顧與前瞻**（頁1-19）。台北市：揚智。

林天祐（1999）。在家自行教育的理念育策略。載於台北市立師範學院附設
　　實驗國民小學（主編），**在家自行教育的評估與省思**（頁 17-20）。台
　　北市：台北市立師範學院附設實驗國民小學。

林正常（1997）。體適能的理論基礎。載於方進隆（主編），**教師體適能指
　　導手冊**（頁 46-59）。台北市：教育部。

林明地（2002 年 1 月）。**改善國民中小學校長遴選制度的一些想法**。論文
　　發表於淡江大學主辦之「地方教育行政論壇：中小學校長儲訓、證
　　照、遴選、評鑑制度」，台北縣。

林新發（2001）。跨世紀台灣小學教育改革動向：背景、理念與評析。**國立
　　台北師範學院學報，14**，75-108。

邱淑宜（2003）。**台北市施行「開放教育」之國民小學校園空間之研究——
　　以大安區新生、龍安國小為例**。國立台灣師範大學工業教育研究所碩
　　士論文，未出版，台北市。

徐博正（2006）。**新校長遴選制度與學校領導之研究**。國立花蓮教育大學學
　　校行政碩士班論文，未出版，花蓮市。

秦夢群（1999）。學校權力的重組：中小學教評會之研究。**教育行政論壇，
　　4**，63-77。

秦夢群、曹俊德（2001）。我國義務教育公辦民營制度之可行性研究。**教育
　　與心理研究，24**，19-48。

秦夢群、賴文堅（2006）。九年一貫課程實施政策與問題之分析。**教育政策
　　論壇，9**（2），23-44。

馬信行（1997）。國民教育公辦民營的可行性之探討。**研考報導，38**，
　　44-58。

高佳菁（2006）。**校園零體罰，立院通過三讀**。2007 年 1 月 29 日，取自
　　http://news01.cdns.com.tw/20061213/news/jdxw/73350000200612121906
　　3838.htm

高承恕（1989）。台灣新興社會運動結構因素之探討。載於徐正光、宋文理
　　（主編），**台灣新興社會運動**（頁 9-19）。台北市：巨流。

高新建（2004）。落實的課程願景或美麗的課程幻影：發展以學習者為中心
　　的高品質國民中小學課程。載於高新建（主編），**課程綱要實施檢討與
　　展望（上）**（頁 41-104）。台北市：國立台灣師範大學。

高新建、吳武典（2003）。九年一貫課程的檢討和建言——發展以學習者為
　　中心的高品質中小學課程。載於國立台灣師範大學教育政策研究小組
　　策劃（主編），**教育改革的新方向——為教改開處方**（頁 81-115）。台
　　北市：心理。

張志明（2001）。「學校本位經營」之教師聘任制度。**學校行政，12**，34-42。

張明輝（1998）。美國學校教育改革的成功案例：委辦學校運動及其相關研
　　究。**教育資料集刊，23**，277-289。

張鈿富、葉連祺（2006）。2005 年台灣地區教育政策與實施成效調查。**教
　　育政策論壇，9**（1），1-21。

教育部（1995a）。**教育部 85 年度推動教育優先區計畫**。台北市：作者。

教育部（1995b）。**中華民國教育報告書——邁向 21 世紀的教育遠景**。台北
　　市：作者。

教育部（1998a）。**教育改革行動方案**。台北市：作者。

教育部（1998b）。**小班教學精神計畫**。台北市：作者。

教育部（1998c）。**建立學生輔導新體制——教學、訓導、輔導三合一整合
　　實驗方案**。台北市：作者。

教育部（1999）。**教育改革的理想與實踐**。台北市：作者。

教育部（2003a）。**國民中小學九年一貫課程綱要**。台北市：作者。

教育部（2003b）。**教育改革行動方案修正說明**。2006 年 11 月 6 日，取自
　　http://www. edu.tw/EDU_WEB/EDU_MGT/E0001/EDUION001/menu03/
　　sub02/03020201-2004.doc

教育部（2003c）。**全國教育發展會議決議處理情形表**。台北市：作者。

教育部（2004）。立法院教育及文化委員會第五屆第六會期報告。2007 年 1 月 11 日，取自 http://www.edu.tw/EDU_WEB/EDU_MGT/E0001/EDUION001/ menu01/sub04/01040011a.htm

教育部（2005）。**扶持五歲弱勢幼兒及早教育計畫**。台北市：作者。

教育部（2006）。**教育部發展新移民文化計畫**。2007 年 2 月 2 日，取自 http://epaper.edu.tw/211/main03.html

教育部（2007a）。**有效管教，引導孩子快樂學習**。2007 年 2 月 3 日，取自 http:// epaper.edu.tw/news/960131/960131a.htm

教育部（2007b）。**各級學校概況（87-95 學年度）**。2007 年 2 月 5 日，取自 http://www.edu.tw/EDU_WEB/EDU_MGT/STATISTICS/EDU7220001/ data/serial/b.xls?open

教育部（2007c）。**外籍配偶子女就讀國中小人數統計（94-95 學年度）**。2007 年 2 月 5 日，取自 http://www.edu.tw/EDU_WEB/EDU_MGT/STATISTICS/ EDU7220001/data/serial/fomas.xls?open

曹俊德（1999）。**中小學教育公辦民營可行性之研究**。國立政治大學教育研究所碩士論文，未出版，台北市。

梁芳瑜、鐘家豪（2006）。**校園零體罰，立院三讀通過，6 個月輔導期避免夫子難適應**。2007 年 2 月 5 日，取自 http://www.ettoday.com/2006/12/ 12/91-2027053.htm

梁啟源（2005）。**生產力與台灣經濟奇蹟**。2007 年 2 月 3 日，取自 http://www. npf.org.tw/PUBLICATION/SD/094/SD-C-094-023.htm

郭秀緞（2001）。中日教育改革動向之比較。**教育研究，9**，167-176。

陳伯璋（1999）。九年一貫新課程綱要修訂的背景及內涵。**教育研究資訊**，**7**（1），1-13。

陳伯璋、吳明清（2002）。中小學課程改革。載於群策會（編印），**邁向正常國家：群策會國政研討會論文集**（頁 393-411）。台北市：群策會。

陳伯璋、盧美貴（1991）。**開放教育**。台北市：師大書苑。

陳明印（1996）。我國國民小學教科書審查程序之探討。**台灣教育，551，**53-58。

陳明印（2000）。台灣地區國民中小學教科書審查制度。載於中華民國教材研究發展學會（主編），**教科書制度研討會資料集**（頁 131-157）。台北市：中華民國教材研究發展學會。

曾長庚（2001）。**國民中小學校長遴用制度之研究**。國立台中師範學院國民教育研究所碩士論文，未出版，台中市。

馮丰儀（2000）。**國民中小學校長遴選制度之研究**。國立暨南國際大學教育政策與行政研究所碩士論文，未出版，南投市。

黃三吉（1999 年 5 月）。**國民中小學校長遴選與校長評鑑**。論文發表於國立教育資料館主辦之「現代教育論壇：校長專業教育與專業發展」，台北市。

黃政傑（1998）。建立優良的教科書審定制度。**課程與教學，1（1），**1-16。

黃政傑（2000）。台灣教育改革的政策方向。**教育政策論壇，3（1），**26-49。

黃德祥（2006）。台灣新住民子女的教育與輔導新課題。**教育研究，141，**18-24。

溫騰光（2001）。新世紀國小校長培訓遴選的專業取向——以台北市為例。**學校行政，16，**34-50。

廖修寬（2006）。**國民小學校長遴選問題之調查研究——以雲林縣偏遠地區國民小學為例**。明道管理學院教學藝術研究所碩士論文，未出版，彰化縣。

劉春榮（2000）。在家自行教育的困境與展望。載於台北市立師範學院附設實驗國民小學（主編），**在家自行教育的共識與再出發**（頁 51-57）。台北市：台北市立師範學院附設實驗國民小學。

劉春榮、方慧琴（2001）。在家自行教育的核心理念與實施評價。載於台北市立師範學院附設實驗國民小學（主編），**在家自行教育成果彙編**（頁 1-12）。台北市：台北市立師範學院附設實驗國民小學。

歐用生（2003）。**課程典範再建構**。台北市：五南。

蔡寶玉（2004）。**彰化縣國民中小學校長遴選制度實施之探討**。國立嘉義大學國民教育研究所碩士論文，未出版，嘉義市。

鄧鈞文（2003）。教科書自由化及其問題分析。**課程與教學，6**（1），27-42。

鄧運林（1997）。**開放教育新論**。高雄市：復文。

鄧運林（1998）。**開放教育與教育改革**。高雄市：復文。

盧美貴、劉子鍵、方慧琴、陳勤妹（1998 年 11 月）。**學校不是小軍隊──國民小學有效實施小班教學**。論文發表於國立教育資料館主辦之「現代教育論壇：國民小學有效實施小班教學」，台北市。

蕭新煌（1989）。台灣新興社會運動分析架構。載於徐正光、宋文理（主編），**台灣新興社會運動**（頁 21-31）。台北市：巨流。

薛曉華（1996）。**台灣民間教育改革運動：國家與社會的分析**。台北市：前衛。

藍順德（2003）。教科書開放政策的演變與未來發展趨勢。**國立編譯館館刊，31**（1），3-11。

藍順德（2006）。**教科書政策與制度**。台北市：五南。

蘇進棻（2006）。九年一貫「一綱多本」教科書政策衍生問題與因應策略。**教育研究與發展，2**（3），63-92。

（本文與賴協志博士合著，曾發表於 2007 年《教育資料集刊》，第 33 輯）

中等教育改革

4

CHAPTER

壹 前 言

　　教育是國家發展的基礎，更是提高國民素質、加速社會進步的重要動力。世界先進國家無不積極從事教育革新的工作，以求增進國民的教育基本素養，提升國民的生活水準。在各級教育中，中等教育具有承先啟後的任務，其成效良窳攸關高等教育之發展，故中等教育在國家整體教育發展過程中，扮演著相當重要角色。因此，中等教育的改革成為社會關注的課題。

　　台灣中等教育的發展，在政府努力推動之下，不管是質的提升（例如：學生學習環境的改善、教師素質的提升、課程多樣化的實驗等）或量的擴充，也展現一些成果。例如：從中等教育的校數、學生數和教師數的量來看，都可以看出其發展和改變。依教育部教育統計發現（教育部統計處，無日期）：在 74 學年度，高中的校數為一百七十六所、高職為二百零一所；到了 84 學年度，高中的校數增加為二百零六所、高職為二百零三所；而 95 學年度，高中的校數增加為三百十八所、高職數則降為一百五十六所。從學生數

來看，在 74 學年度，高中的學生數為 194,757 人、高職為 421,784 人；到了 84 學年度，高中的學生數增加為 255,387 人、高職為 523,412 人；而 95 學年度，高中的校數增加為人 267,876 人、高職數降為 127,946 人。而從教師數而言，在 74 學年度，高中的教師數為 14,006 人、高職為 15,880 人；到了 84 學年度，高中的教師數增加為 21,361 人、高職為 19,660 人；而 95 學年度，高中的教師數增加為 34,581 人、高職教師數則降為 16,168 人。

從以上數據來看，二十多年來台灣中等教育的發展產生很大改變，從早期高職的蓬勃發展到目前逐漸萎縮，而普通高中的發展則超越高職。這種改變背後的原因，部分來自社會發展、產業發展、家長觀念及政府政策所形成。近十多年來，我國中等教育為配合社會發展需求和時代趨勢，從事多項革新，從入學制度的改變、完全中學和綜合中學的設立、高中職社區化的推動以及課程的調整等，主要目的在提升中等教育品質，提供學生良好學習環境，以增進學生學習效果。

基本上，中等教育應該包括中等前期教育（國民中學）、中等後期教育（高級中學和高級職業學校）。由於高中和高職係屬不同教育類型，前者屬於普通教育；後者屬於技職教育，兩者雖有關係，但要併在一起分析，恐怕不夠深入。因此，本文所論述之內容主要是以高級中學為主，但涉及高級職業學校部分亦有些著墨。

本文首先分析中等教育改革的因素，其次探討十多年來重要的中等教育改革項目，並分析其實施成效與面臨問題。最後提出中等教育未來發展之建議。

貳 中等教育改革因素的分析

任何一項教育改革的產生，都有其背景因素。國內學者（林生傳，1999；林新發，2001；張鈿富，1999；黃政傑，2000）對教育改革背景也提出一些看法，綜觀這些學者的意見，可將我國教育改革背景歸納為政治、經濟、社會與全球化等面向。茲就中等教育改革的本質，並我國中等教育改革的五項因素提出分析。

一、提升教育素質與學習能力

當前正處於全球化知識轉型的時代，科學技術與創新能力的需求與日俱增，學校必須建立多元價值的教育觀念，提供學生適性成長，自我發現，以面對多元創新變動的知識經濟社會（吳清山，1999）。因此，推動普通高中課程暫綱係為接續國民教育內容，期使課程統整與連貫，整合學科教學與領域課程，培養學生具備足夠的基本能力，協助完成自我實現，以提升整體教育素質與學習能力，因應國家社會發展之需求（教育部，2005）。由此可知，為因應全球化知識需求激增的現象，人力素質的提升是相當重要的，而普通高中課程暫行綱要的實施，則適時提升中等教育的整體素質與學生的學習能力。因此，有效提升國家教育素質與學生學習能力，成為我國近年來中等教育改革的重要推動力。

二、因應教育市場競爭與教改趨勢

因應世界貿易組織（World Trade Organization, WTO）之衝

擊，各國的教育市場必須對外開放，面臨了相當大的競爭壓力，也促使世界主要國家，諸如美國、加拿大、英國、法國、日本等國於近年來積極的推動中等教育改革（吳清山、高家斌，2005）。因此，綜合高中的推動可以有效滿足學生需求，促進學生適性發展，提升學校競爭力，以符應世界教育改革潮流（教育部，1998b）。由此可知，為因應我國加入世界貿易組織（WTO）之衝擊，及世界各國近來的教育改革浪潮，我國中等教育市場也順勢進行了新的變革，設立綜合高中便是希望融合普通教育及技職教育的理念，使學制分流與課程分化能滿足學生的需求，促進學生適性發展，以符應世界教育潮流，提升教育競爭力。因此，在因應教育市場競爭需求與教改趨勢的前提下，也直接促進了我國中等教育改革的進行。

三、整合教育資源與落實終身教育

由於公立與私立學校間、高中與高職間、城市與鄉村間，長期存在著學校設備、師資等資源不均衡之現象，嚴重影響學生受教權利，且難以達成適性教育的理想（行政院教育改革審議委員會，1996）。因此，高中職社區化的推動可調整學校經營觀念，整合學校與社區資源、文化生活及產業活動，使學校對於其所在地之社區做更進一步的開放，並成為帶動社區文化發展和學習的中心，以建構終身學習的環境（李坤崇、莊雅慈，2003）。由此可知，為有效整合我國中等教育學校之教育資源，避免產生資源分配不均而影響學校發展的情形，高中職社區化的推動正可以促進學校與社區資源的整合，使終身學習的理念得以學校為中心獲得落實。因此，政府

整合教育資源與落實終身教育的強烈動機,也加速我國近年來的中等教育改革。

四、紓解升學壓力與適性發展

隨著社會之急遽蛻變與趨於多元性之發展,現階段教育體制受到升學主義的影響,導致「考試引導教學」,每位學生必須承受沉重之課業壓力與學習上之挫折,學生核心價值偏離等(李顯榮,2005;吳清山、高家斌,2005)。因此,為根本解決教育問題,紓解學生升學壓力,推動高中多元入學方案提供學生可選擇學校,學校亦可依各校發展特色選擇學生,達到紓解國民中學學生升學壓力,多元評量學生學習成就,使學生適性發展,以培養五育並重的國民(教育部,2004a;楊思偉,2001)。由此可知,在升學導向的社會壓力下,考試成為學生入學的主要依據,此情形將會嚴重影響學生日後的發展,而高中多元入學方案的推動則可以減輕學生的升學壓力,使學生達成適性發展。因此,政府為了因應民間教改壓力與紓解學生升學壓力,乃積極促成了中等教育改革。

五、追求公平正義與教育機會均等

為因應社會大眾的教改需求,我國中等教育改革強調對多元價值的尊重,而提供適才適性的教育。為達成此目標,重視教育機會均等,維護社會公義和價值多元乃是關鍵所在。誠如《教育改革總諮議報告書》中指出:教育改革不僅要實踐社會正義,讓每個人有公平受教育的機會,更要在學習的歷程中追求卓越,讓每個人都

能充分發揮潛能，得到適性的發展（行政院教育改革審議委員會，1996）。因此，現今政府著手規劃進行的「十二年國民教育方案」便是期望能發揮社會正義，達到教育機會均等的目標，以提升國家整體教育發展（吳清山、高家斌，2005；陳伯璋、周志宏、李坤崇、吳武雄，2003）。由此可知，民主的需求與世界趨勢促使政府必須更重視公平正義與落實教育機會均等的原則，而在綜合考量國家政治、經濟、社會等面向後，政府遂決定逐步進行十二年國民教育實施之準備，以強化國家競爭力。因此，追求公平正義與落實教育機會均等的原則，亦連帶促成了政府中等教育改革的推展與落實。

參 中等教育改革的重要內涵

近十多年來，我國所推行的中等教育改革項目繁多，其改革的原則主要係依據《教育改革總諮議報告書》中提出的五項綜合建議，包括：教育鬆綁、帶好每位學生、暢通升學管道、提升教育品質，以及建立終身學習社會。並強調以教育鬆綁為核心原則，以去除長期以來的不當管制，進行實質的多元改革（行政院教育改革審議委員會，1996）。由於所進行的中等教育改革項目眾多，本文僅就社會關注較大及影響層面較大之中等教育改革項目中，選定95普通高中課程暫行綱要、設立綜合高中、高中職社區化、高中多元入學方案、十二年國民教育等大項分別探討之。

一、95 普通高中課程暫行綱要

　　我國於 2004 年時依據教育部發布的「國民中小學九年一貫課程綱要」，全面推動國民中小學九年一貫課程，此乃我國國民教育課程改革的一大步，而為進一步建置我國中小學一貫課程體系，教育部乃根據 2001 教育改革檢討會議決議，整合後期中等教育之各類型學校教育之共同核心課程（教育部，2003a；教育部，2005）。為配合國民中小學九年一貫課程之實施，與銜接大學通識教育，提升普通教育素質，教育部於 2004 年修訂「普通高級中學課程暫行綱要」，並於 95 學年度實施。由此暫行綱要內容可知，95 暫綱修訂目的係為銜接國民教育與高等教育之課程，改善現行高中課程學科數目與授課時數太多，彈性不足難以適應學生個別差異之問題。茲歸結其重要內涵包括下列幾點（教育部，2005；湯仁燕、徐藝華、古喬、曾政清，2006；張樹倫、陳琦媛，2006）。

㈠ 以「課程綱要」取代「課程標準」：95 課程暫綱，打破過去「課程標準」形式，採用「課程綱要」呈現，增加教科書編寫和教學的彈性。

㈡ 採「生活素養」、「生涯發展」及「生命價值」三層面規劃課程：95 課程暫綱在目標方面強調以提升普通教育素質、增進身心健康及養成術德兼修之現代公民為教育目的，並從「生活素養」、「生涯發展」及「生命價值」三層面著手。

㈢ 強調學校本位課程精神，落實選修課程下放：95 課程暫綱，特別重視課程鬆綁，並授權學校全權規劃選修課程。

㈣ 銜接大學教育及九年一貫課程：95 課程暫綱，一方面顧及大學教育的需求；另一方面參考九年一貫之七大領域為主體的課程規劃，並規劃「彈性學習節數」，供學校自主發展特色課程。

㈤ 「科目與學分數」部分強調「延後分化」及「科目減併」：95 課程暫綱課程修訂的兩大原則，一為「加強通識教育，順應大學延後分化趨勢，採高一、高二課程不分化之原則」；另一是「配合國民中小學九年一貫課程以領域劃分精神，採科目刪減」。

㈥ 採用學習領域概念，但仍採分科教學：95 課程暫綱，沿襲九年一貫課程之精神，強調學習領域之建立，將必修科目合併為綜合活動、語文、社會、數學、自然、健康與體育、生活及藝術八大領域。但顧及高中學科師資培育、課程教學及知識理解之需求，仍沿用分科教學，而不採取領域教學。

㈦ 強調後期中等教育課程之相互配合：95 課程暫綱，採後期中等教育共同核心課程，以選取高中、高職、綜合中學共有之部分內容為原則。強調與各類後期中等教育課程之相互配合，讓不同類型課程間可相互統整。

二、設立綜合高中

發展綜合高中是世界中等教育發展之改革趨勢，而且對我國後期中等教育發展有相當大的影響，其教育成效攸關我國後期中等教育改革的成敗（黃政傑主編，2001）。我國綜合高中自 85 學年度開始試辦，並於 1999 年 7 月 14 日修正公布之《高級中學法》中，正式明訂綜合高中為我國高級中等學校的辦理類型之一，至

今，辦理學校數及參與綜合高中課程的學生人數在教育部積極推展下節節升高，預計至 95 學年度時，普通高中、高職及綜合高中的新生比將調整為 1:1:1，可見綜合高中已發展成為我國後期中等教育的主流（教育部技職司，2001）。

關於綜合高中的意涵，可由 1994 年 6 月召開的第七次全國教育會議（教育部，1994）內容得知，會中明白指出，面對 21 世紀高科技時代來臨之前，我國後期中等教育應增設「綜合高中」以因應部分性向、興趣分化較為遲緩學生的需要；同時也可滿足部分性向、興趣分化較早確定之學生，能有機會兼跨學術性向和職業性向，加廣選修學習強化通識教育的需求，以達成學生適性教育發展之目標，和順應世界中等教育發展之改革潮流與趨勢（教育部，1995）。另一方面，依據教育部（1998a）所訂定《綜合高中試辦要點》的說明，綜合高中是指同時設置學術學程和職業學程的高級中等學校，藉由統整、試探和分化的輔導歷程，輔導學生自由選課，提供學生專精學術導向課程（普通高中課程）或職業導向課程（職業高中課程）或兼跨兩種課程的機會，以達成適性發展之目標。

依據上述意涵，統整綜合高中實施內涵的相關論述（教育部，1998b；何金針，2003；汪寶明、鄭茂堅，2004；秦玲美、胡平夷，2004；莊耿惠，2001；楊瑞明，2002），歸結綜合高中的重要內涵包括以下幾項。

㈠延遲分化，採「高一統整、試探；高二試探、分化；高三分化、專精」的課程規劃，配合學校的性向輔導。

㈡ 尊重學生選擇，將學習選擇權留給學生，學生得依個人意願及
性向選擇各種導向學程。

㈢ 多元選修，為滿足學生的不同需求，課程設計首重課程的多樣
性與彈性，學生可依據自己的需求或興趣，選擇合適的課程，
找到屬於個人的生涯目標。

㈣ 適性教學，學校可設計多元適性的科目及學程提供學生選擇，
並開放跨校選修，使學生充分使用學校所提供的資源，以增進
學習效能。

㈤ 升學與就業兼顧，在課程設計上，強化普通基本能力的學習與
職業技藝能力的訓練，學生在就學期間，可依自己的性向、興
趣，跨修學術課程和職業課程，滿足其在升學與就業上的不同
需求。

㈥ 強調進路與輔導，在課程設計上，重視生涯教育與選課輔導，
以協助學生規劃自己的生涯，及指導其選課。

由此可知，綜合高中倡導學制分流與課程分化的制度，是一課
程綜合、學生綜合、師資綜合、設施綜合、進路綜合之中等教育學
制，兼具民主、彈性、統整與試探的功能，符合教育機會均等及配
合學生生涯發展的需求，期使每一個學生均受到照顧，提供學生適
性教育的機會，是我國後期中等教育發展的重要關鍵。

三、高中職社區化

為因應知識經濟時代來臨與產業升級的人力需求，教育部於
90 學年度推動「高中職社區合作專案實施要點」，結合「建構多

元適性的學校教育環境」、「為十二年國教奠基」等三大目標，希望營造學校成為適性學習的環境，以推展教育多元化、社區化及終身教育的理念，發揮教育資源效能（邱玉蟾，2002；教育部，2003b）。依據此實施要點，高中職社區化的主要內容包括下列幾點。

㈠ 提高國中畢業生及社區民眾就讀社區內高中、高職的機會，降低教育成本、增進教育效能。

㈡ 增進高中、高職課程與社區需要和社區特色結合，提高其實用性與生活化。

㈢ 整合社區資源，發揮學校特色，達成學校社區化、社區學校化的理想。

㈣ 均衡發展公、私立及城、鄉高級中等學校教育，提升教育品質與績效，為延長國民教育奠定基礎。

依據教育部（2003b）所訂定的高中職社區化的主要推動策略，包括：鼓勵學生就近入學、鼓勵學校進行區域合作，提供多元適性之中等教育課程、鼓勵優秀國中畢業生升讀社區高中，促進各地區中等教育均衡發展。而統整高中職社區化實施內涵的相關論述（田振榮、鄭聰興、宋修德、楊瑞明，2003；邱玉蟾，2003；李坤崇、莊雅慈，2003；湯志民，2003；鄭英耀、羅文基、吳參鏡、蔡正雄，2003），可將其重要內涵歸納如下。

㈠ 社區合作專案：區分為課程區域合作、社區資源整合、社區招生整合等三個部分。課程區域合作係指開放跨校選課、網路選課，或與社區內之大學開設進階性課程。社區資源整合係指建

立學校社區資訊網、圖書館際合作、師資合聘或交流。社區
招生整合係指共同研訂配合高中職社區化之多元入學管道或策
略、共同辦理招生事務、學校特色說明等。

㈡改善教學設施：係為均衡公私立學校的教育資源，透過獎助私
立學校補助公立學校措施，促進學校提高競爭力，提升社區中
等教育之品質。改善教學項目包括：學科教學實驗室、圖書館
圖書資料及設備、專科教室、體育及衛生保健設施，及其他執
行高中職社區化相關計畫之教學設施。

㈢就近入學獎學金：提高社區適性學習環境之建構程度，逐步擴
大社區招生名額，以建立學生就近入學機制，並輔以就近入學
獎學金制度，提供學生就近入學之誘因，促使社區優秀的國中
畢業生能就讀社區高中職，以提升學校學生素質，均衡各地區
中等教育發展。

由上可知，高中職社區化方案主要係為強化學校與社區的互動
關係，建構社區內後期中等教育之適性學習系統，以社區化、均衡
化、均質化的方向，促進學校之社區合作，均衡城鄉的教育資源，
營造高品質的教育環境，以建構適性發展的中等教育。

四、高中多元入學方案

「高級中等學校多元入學方案」是近年來我國中等教育入學制
度改革中，一個重要的制度改革。相較於以往高中職的入學聯招方
式，「高級中等學校多元入學方案」與「國中基本學力測驗」攸關
每年三十萬名左右國中畢業生升學高中職及五專之權益，此篩選制

度所產生的影響之鉅，牽涉層面之廣，已成為當前國內最大的教育問題（教育部，2004a）。高中多元入學方案旨在評量國民中學學生基本學力表現及其發展潛能，其主要目標係結合社區資源發展學校特色，引導學生就近升學，消除入學考試之不利影響，讓學生適性發展，達成教學的正常化，進而充分發展學生的潛能。實施方式包括：甄選入學、申請入學與登記分發三種管道，三種招生方式均以國民中學學生基本學力測驗分數作為採計依據（李顯榮，2005；陳俐吟，2004；教育部，2004a；陳怡靖、陳密桃、黃毅志，2006）。茲將高中多元入學方案實施方式說明如下。

(一) 推薦甄選入學

提供各類資賦優異學生、具有特殊才能或性向的學生入學，各高中自訂條件，包括：國中在校成績或特殊表現，得採筆試、口試、聽力測驗、實做或術科測驗等，亦得採二階段甄試辦理原則作為甄試方式。

(二) 申請入學

提供對有特色之學校或科別具有興趣之學生就近入學鄰近高中職或直升入學，以落實高中職社區化。申請條件由各高中自訂，各校所訂條件如在校成績、資賦優異鑑定合格、各區、全國或國際比賽成績等，得採口試、成果發表、作品評選、筆試等作為測驗方式。

(三) 登記分發入學

　　提供學生非經由前述二項升學管道者，由電腦選擇當年度二次國民中學學生基本學力測驗分數之較優成績為分發依據，並由學生選擇登記分發區，依其志願分發入學。

　　依據上述意涵，統整高級中學多元入學方案實施內涵的相關論述（王聖銘，2006；李顯榮，2005；陳國偉，2002；許泰益，2003；陳怡靖，2004；教育部，2004a），歸結高級中學多元入學方案的重要內涵包括如下幾項。

㈠ 高中入學方式走向多元評量，有助於培養學生基本能力、多元智能及促進五育均衡發展。

㈡ 兼顧菁英學生與一般學生，促使學生快樂學習、健康成長與適性發展。

㈢ 落實「考招分離」制度；發揮學校自主選才、學生自主選校功能。

㈣ 強化高中職與國中雙方教育夥伴關係，促進上下游學校之教育發展。

㈤ 多元入學的主軸「國中基本學力測驗」是我國教育史上規模最大、考生最多、涵蓋範圍最廣的標準化測驗。

　　由此可知，高中多元入學方案之實施，國中畢業生將能經由多元入學管道進入高中、高職及五專就讀，且經由考招分離制度的推動，不但學生選擇學校的彈性增大，學校亦可依各校發展特色選擇學生，達到紓解國民中學學生升學壓力，多元評量學生學習成就，使學生適性發展，以培養五育並重的國民。

五、十二年國民教育

鑑於我國高中職已逐漸邁向普及化的程度，國民教育發展已有相當穩定的成果，因此，行政院遂宣示於 2007 年起逐步推動十二年國民教育方案，並於 2009 年全面實施十二年國民教育，此項宣示將促使我國國民教育發展邁向嶄新的階段（教育部，2007a）。由於十二年國民教育政策的規劃與執行，不僅攸關教育素質，而且亦是學制一大突破，必須相當謹慎，不宜貿然行事（吳清山、高家斌，2005）。因此，現階段教育部將就十二年國民教育的學區劃分及明星學校存廢等問題進行商討與研究，了解政策實施可能遭遇的問題，以使我國十二年國民教育政策，能更具可行性與價值性。而統整十二年國民教育實施內涵的相關論述（吳清山等人，2003；吳清山、高家斌，2005；陳伯璋等人，2003；楊思偉等人，2003；教育部，2004b；蔡培村等人，2003），可將其重要內涵歸納如下。

㈠ 定位非強迫、普及入學、低學費的特性，奠定十二年國民教育基礎。

㈡ 配合 95 普通高中課程暫行綱要實施，鼓勵教師第二專長進修。

㈢ 研訂十二年課程綱要，加強後期中等教育課程的橫向統整與縱向連貫。

㈣ 採取競爭與合作基調，肯定明星學校存在，落實推動高中職社區化。

㈤ 配合高中多元入學方案，縮短城鄉教育資源落差，發展均衡化與優質化高中職教育。

㈥因應綜合高中發展趨勢,推動學生適性學習與輔導,使其適性
發展。

㈦持續建構適性學習社區,整合社區教育資源,鼓勵學生就近入
學。

㈧編列特定教育經費,專款推動十二年國民教育。

由上可知,十二年國民教育政策的實施內涵涉及了定位、學區
劃分、入學方式、經費需求、師資結構、課程內涵與教學資源等方
面的規劃,影響層面相當廣泛。我國推動十二年國民教育,旨在提
升國民素質及國家競爭力、舒緩升學壓力並導引國中正常教學、照
顧弱勢學生以促進教育機會均等為規劃目標。為達成此目標,係於
1987 年開始進行十二年國民教育之評估與規劃,依據循序漸進的
原則,至今已陸續推動許多前置方案與配套措施,包括:試辦綜合
高中、辦理高中職多元入學方案、推動高中職社區化方案等,希望
為我國實施十二年國民教育奠定基礎。

肆 中等教育改革實施成效與問題檢討

隨著全球化、市場化與少子化的衝擊與變遷,各個教育階段的
教育功能、教學方向、課程調整等方面,都發生了整體性的變化。
面對 21 世紀教育改革的呼聲及因應社會的快速變遷,我國中等教
育發展亦產生了重要變革,根據 2001 年「教育改革之檢討改進會
議」的結論指出:我國後期中等教育將著重於延後分化,強調適性
學習,並以學校為本位發展多元彈性學程,以符合學生適性發展之

需求。依此教育改革方向，政府近年來積極修訂高中職新課綱，使學校課程多元化發展，並持續推動辦理綜合高中、高中職多元入學及高中職社區化等改革方案，期望為十二年國民教育奠定扎實的根基（田振榮等人，2003）。然而，改革的過程中難免遭逢許多施行上的瓶頸與問題，有待檢討與修正，以便展望未來，規劃出更適合的發展方向。本文將針對上述所整理之五大改革項目，包括：95普通高中課程暫行綱要、綜合高中、高中職社區化方案、高中多元入學方案、十二年國民教育等，逐項探討其實施成效與問題，茲說明如下。

一、95普通高中課程暫行綱要

從1994年8月31日教育部所發布的「普通高級中學課程暫行綱要」（以下簡稱95暫綱）之內涵可知，高中新課程綱要之實施係為銜接九年一貫課程與大學通識教育，提升課程彈性，使學生適性發展。其實施期程雖自95學年起逐年實施，但自公布暫綱同時，教育部亦積極推動相關配套措施。茲將「普通高級中學課程暫行綱要」之實施成效與問題檢討分述如下。

(一) 實施成效

為因應95學年度開始實施的「普通高級中學課程暫行綱要」，教育部與學校分別執行了若干配套措施，以提升95暫綱的實施成效，茲分別說明如下（教育部，2005；張樹倫、陳琦媛，2006；湯仁燕、徐藝華、古翯、曾政清，2006；蘇清守，2006）。就教育

部而言,包括:(1) 成立「普通高級中學課程推動工作小組」,分別針對師資、教材、設備、法規、升學、督導評鑑、資源網站等相關工作進行準備;(2) 設立課程與教學中心資源網站與二十二個學科中心學校教學資源網站,協助課程推廣、教師在職進修及蒐集課程暫綱的實施經驗,以作為 98 學年度新課程綱要修訂之參考;(3) 結合高中職社區化四十五個適性學習社區,成立八個分區輔導團,透過分區夥伴學習群,結合區內學校共同推動教師專業成長,並協同各學科中心規劃辦理各學科課程進階研習活動;(4) 成立「普通高級中學課程暫行綱要課務發展工作圈」,協助學校就現場之相關因應措施進行分析探討,並就學校推動 95 暫綱可能面臨之問題,規劃相關具體做法與實務操作範例,提供學校參考運用,以增進 95 暫綱實施成效。就學校而言:(1) 成立課程發展委員會,結合教師與社區資源,發展學校本位課程,並規劃全校總體課程計畫;(2) 彈性調配師資人力,包括外聘兼任老師、社區跨校合聘師資、鼓勵教師進修第二專長;(3) 參與規劃教師成長與課程研習機制,共同辦理研習會與推廣活動,並推動全體教師參與課程綱要相關研習活動。

(二) 問題檢討

95 暫綱實施至今,為高中課程發展帶來了新的變革,同時在執行面亦產生了若干問題,有待解決,茲綜合吳武雄(2003)、陳伯璋、歐用生、林永豐、吳沛璇(2005)、教育部(2005)、湯仁燕等人(2006)、潘慧玲(2005)、蘇清守(2006)及吳清山

（2006）之相關論述，將 95 暫綱實施問題說明如下：(1) 課程繁重壓縮學生自主發展空間：95 暫綱要求畢業學分最低需有一百六十個，亦即每星期有三十幾堂課，學生每天修課數太多，無法降低學習壓力；(2) 選修制度無法落實：由於考試因素，學校選修課多被挪用，且選修課程時間安排不易，加上學校空間、教師專長與數量之不足，使選修制度的執行面臨困難；(3) 領域課程與分科教學的結合出現衝突：95 暫綱係採學習領域概念，並以分科教學實施新課程，兩者結合不易，致使教學難以發揮成效；(4) 課程無法銜接：現行國中學生的課程採用「國民中小學九年一貫課程綱要」，學習較為淺顯的領域課程，而「普通高級中學課程標準」則屬較為艱深的分科課程，使高中學生面臨課程無法銜接問題。

二、綜合高中

教育部自 85 學年度起試辦綜合高中，採學年學分制，修業年限以三年為原則，最低為二年，最高為五年，且畢業須修滿一百六十學分以上。此學制為我國高級中等教育帶來新的變革，茲將政府推動綜合高中試辦之實施成效與問題檢討分述如下。

(一) 實施成效

為調整現行高中學制，因應 e 世代的需求，政府大力推動辦理綜合高中，其實施成效可由量與質的方面來說明（汪寶明、鄭茂堅，2004；戴明國、馮莉雅、邱俊宏，2006；蘇清守，2006）。從量的方面來看，綜合高中自 85 學年度開始試辦，在學校數、班級

數與學生數方面均逐年快速成長，其中學校數已由十八校，增至
93 學年度的一百六十二校，成長率約為九倍，占高級中學學校數
的比率為 52%。班級數由一百四十班增加到 2,529 班，占高中班級
數的比率為 25%。學生數自 6,568 人逐年成長，至 93 學年度為止
已達 103,937 人，占高中學生數的比率為 25%。同時，全校辦理綜
合高中的校數自 85 學年度的八校，增至 93 學年度的三十六校，
成長率亦達 4.5 倍。從質的方面來說，綜合高中提供學生多元適性
學習機會，落實彈性自主選課機制，建立學生個人學習檔案，輔導
學生適性發展，使學生能學習到多元而彈性的教育內容。另外，綜
合高中的推動，能促進高中職社區化的發展，有效銜接其他相關教
育政策之運作，協助學校社區化。

(二) 問題檢討

　　綜合高中自 85 學年度起實施至今，每年辦理輔導訪視與評鑑
工作，以了解各辦理學校課程實施情形、成效，以及遭遇到的困
難與問題。然而，缺乏整體有效的評估，使其所產生的問題影響
了學校辦學效能（教育部技職司，2001）。為對我國綜合高中辦理
成效有進一步的了解，並探討其影響因素，茲彙整綜合高中的相
關研究（汪寶明、鄭茂堅，2004；何金針，2003；呂昆娣，2004；
秦夢群，2006；秦玲美、胡平夷，2004；教育部技職司，2003；
曾國鴻、何榮亮、陳沅、楊宏仁、鄭金謀，2004；鄭聰興、林懷
民、宋若光，2003；蘇清守，2006），將綜合高中的實施問題說明

如下：(1) 綜合高中推動政策與定位不明，理念落實困難；(2) 社會大眾對於綜合高中之認知不清，家長升學觀念引導；(3) 學校師資轉型困難、人力調配不均，影響學生選課自由；(4) 綜合高中課程與教材缺乏彈性規劃及教學設備短缺，影響教學效能；(5) 學校未能落實高一不分流及依意願分類編班；(6) 課程規劃未能整合，仍以升學導向為主；(7) 學校課程發展委員會的家長代表及學者代表比例仍低；(8) 生涯規劃課程缺乏專業教師給予學生輔導；(9) 法令規定未能適時調整，致學校產生學籍管理、組織員額、活動空間及經費不足等問題，造成學校執行困難。

三、高中職社區化方案

　　教育部自 90 學年度推動高中職社區化方案以來，便積極促進學校與社區的合作與互助，希望藉由資源共享的方式，達到城鄉教育資源均衡，充分提供適性學習環境，提升高中職教育品質的目標。此方案之實施為我國高級中等教育帶來多元化的發展，落實終身教育的理念，朝向學習型社會邁進。茲將政府推動高中職社區化方案之實施成效與問題檢討分述如下。

(一) 實施成效

　　高中職社區化方案係於 90 學年度開始推動，採自願辦理為原則，推動重點包括：社區合作專案、改善教學設施、就近入學獎助等三方面。茲參考相關論述（江耀淇，2003；張銘華，2004；陳

茂霖，2005；陳清誥、陳信正，2006；蘇清守，2006），將高中職社區化方案之實施成效說明如下：(1) 促使高中職學校認知社區角色定位與社區互動的重要性，增進社區交流與學習互動；(2) 增加高中升學進路，幫助學生自我適性探討；(3) 平衡教育資源，縮小校際間差距；(4) 減低教育主管機關經費編列，使資源有效運用；(5) 高中職社區化政策受到教師與家長頗高支持，認為能提供學生多元學習環境，使學校與社區之間建立良好的互動關係，值得繼續推動；(6) 維持各校社區學生 21% 至 30% 的入學比率，並繼續提供績優學生每人每學期一萬元之獎學金，協助於高中職社區化的推動；(7) 高中職社區化的推動，為十二年國教的實施奠定基礎。

(二) 問題檢討

為了進一步了解政府推動高中職社區化方案所衍生的問題與困境，茲綜合相關論述（江耀淇，2003；李坤崇、莊雅慈，2003；吳俊賢，2004；徐文忠，2005；黃桂芳、蕭吉男，2003；湯志民，2003；秦夢群，2006；蘇清守，2006；韓繼成，2007），將高中職社區化的實施問題說明如下：(1) 高中職社區化中程計畫的政策目標不夠明確，內容繁多不易明瞭；(2) 社會大眾普遍對於目前高中職社區化實施目的之認同度、社區資源共享之符合度及跨校選課之滿意度等情形未臻理想，尚須加以宣導改善；(3) 學校未以整體社區來進行總體需求規劃，使教學設施改善情形不彰；(4) 校內教師支持度不足，使課程區域合作未能完全推行；(5) 學校社區內的學校類型不同，學生來源也不同，使招生方式難以整合；(6) 學

校本位心態，使社區資源整合不易；(7) 就近入學獎學金之理念與執行過程備受質疑，成效大打折扣；(8) 學校經費不足，且經費運用缺乏效率。

四、高中職多元入學方案

　　高級中等學校多元入學方案與國中基本學力測驗攸關每年三十萬名左右國中畢業生升學高中職及五專之權益，相較於以往高中職聯招，其變化之鉅，牽涉層面之廣，衍生問題之多，引發爭議之大，已成為當前國內最大的教育問題。茲將政府推動高中職多元入學方案之實施成效與問題檢討分述如下。

(一) 實施成效

　　「高中職多元入學方案」是台灣近年來教育改革實踐中一個重要的制度改革。入學篩選制度的改變，涉及制度的公平性，也影響整個學校組織的運作方式。根據「95 年度高中職社區化民意調查之結論」發現：高中職社區化民意調查自 92 至 94 年度進行接受度之調查，92 年度平均接受度為 72.4%，93 年度大幅躍升至 76.52%，94 年度則緩升為 77.38%。94 年度不同屬性的受訪者對高中職社區化之接受度除國中家長微降外，其他受訪者並無顯著差異（高中職社區化網站，無日期）。由此可知，社會大眾對高中職社區化接受度有逐年提高趨勢。茲歸納陳國偉（2002）、吳倖瑱（2003）、李東實（2003）、許泰益（2003）、蔡喬育（2004）、李顯榮（2005）、王聖銘（2006）、秦夢群（2006）及蘇清守（2006）

等人之論述，將高中職多元入學方案之實施成效說明如下：(1) 學校教師與家長對於多元入學方案引導學生適性發展的做法持肯定態度；(2) 基本學力測驗的測驗日期、命題範圍與成績計算方式均逐漸獲得社會大眾的認同；(3) 學校教育人員認為高中職多元入學方案能促進高中職朝向社區化發展；(4) 印製國中畢業生多元進路宣導手冊，辦理高中職多元入學方案宣導說明會，提供學生、家長及教師了解方案內容及多元進路升學輔導事宜；(5) 改進國民中學學生基本學力測驗，2006 年國民中學學生基本學力測驗加考寫作測驗，以提升學生語文程度；(6) 2005 年國民中學學生基本學力測驗第一次測驗於 5 月 28 日及 29 日舉行，共計 322,328 人報名，第二次測驗於 7 月 9 日及 10 日舉行，共計 192,312 人報名，兩次測驗均圓滿完成。國中基本學力測驗已成為高中職多元入學方案升學管道的重要參考依據。

(二) 問題檢討

「高中職多元入學方案」係於 90 學年度開始實施，將高中職升學制度由單一標準的聯合招生考試，改為申請入學、甄選入學及登記分發等三種升學管道。其目標係希望廣拓升學廣道，落實多元智能、多元選才精神；發展學校特色，增加學生選擇權利，維持教學正常化，使高級中等學校多元入學招生制度呈現多元風貌與多元功能。茲綜合歸納柯智焰（2002）、陳俐吟（2004）、吳清山（2006）、王聖銘（2006）及秦夢群（2006）之論述，將高中職多元入學方案之實施問題說明如下：(1) 多元入學方案的宣傳效果不

彰，使學校教職員、學生與家長對多元入學方案不夠了解；(2) 多元入學方案無法有效降低學生校外補習，反而增加家長負擔；(3)高中職多元入學方案之招生規定過於嚴格，致使學校自主選才空間狹小，難以發展學校特色；(4) 高中職多元入學方案實施至今仍無法有效紓解國中學生升學壓力，顯已偏離方案的初始精神和立意；(5)明星高中的價值觀尚未明顯淡化，學生就讀社區高中的意願並未明顯提高；(6) 國中基本學力測驗重要性逐年增加，且其成績作為高級中等學校多元入學方式之唯一指標，儼然成為升學的唯一依據，本意全然變質；(7) 高中多元入學方案內容年年變更，政策穩定性不足，使社會大眾感到複雜難懂；(8) 基本學力測驗組距之公布與否，使教育部陷入兩難抉擇，若可能造成高中排行、凸顯城鄉差距，不公布將使得考生選填志願無所依據，可能造成高分落榜；(9) 招生方式與執行技術未能明確配合，且招生時程過長，影響學生學習。

五、十二年國民教育

　　高中教育是國民教育之延伸，也是銜接大學教育的重要教育階段，世界各國為強化國家競爭力，乃紛紛延長國家義務教育年限。檢視我國目前高級中等教育已經相當普及，全面將高級中等教育階段劃歸入國民教育的範疇，時機上已經漸趨成熟。政府亦積極朝向十二年國民教育的方向邁進，透過綜合高中的推廣，提供學生多樣性的選擇，同時結合高中多元入學方案與高中職社區化政策的推動，建造優質學習型社區。另外，編訂高級中學課程綱要和綜合高中課程綱要，微調九年一貫課程和後期中等教育核心課程與之配

合，建立十二年一貫課程體系，期使十二年國民教育的雛型更趨完整。茲將政府推動十二年國民教育方案之實施情形與問題檢討分述如下。

(一) 實施情形

近年來，為因應世界各國的教育發展潮流，政府自 2003 年以後更加積極投入十二年國民教育的規劃工作，期望能發揮社會正義，促進國家教育發展，強化國家競爭力。為了進一步了解十二年國民教育的推展進度，茲將十二年國民教育的規劃與工作情形，說明如下（吳清山、高家斌，2005；教育部，2007a；黃增榮、王保進，2006；蘇清守，2006）：就規劃面而言：(1) 完成十二年國教相關研究計畫包括「推動十二年國民教育辦理模式」、「十二年國民教育之教學資源及課程」、「十二年國民教育經費需求推估」、「實施十二年國民教育理論基礎比較」；(2) 召開十二年國教相關會議，包括「研商規劃十二年國民教育相關事宜」、「十二年國民教育問題及可行策略評析研究計畫相關事宜」、「推動十二年國民教育規劃情形」簡報會議、「推動十二年國民教育相關研究整合事宜會議」、「十二年國民教育相關研究整合核心諮詢小組會議」，以彙整十二年國民教育之推動共識；(3) 設立專責單位推動十二年國民教育，包括「推動十二年國民教育工作圈」、「推動十二年國民教育先期工作小組」、「推動十二年國民教育指導委員會」及「推動十二年國民教育行政工作小組」，加緊進行相關工作；(4) 擬定推動十二年國教之關係層面有下列十五項：「① 政策目標；② 定義；③ 性

質；④ 教育資源調整；⑤ 學校型態調整；⑥ 學區劃分；⑦ 入學方式；⑧ 考試方式；⑨ 學生能力銜接；⑩ 課程規劃；⑪ 師資培育；⑫ 學費政策；⑬ 經費預算；⑭ 教育法規的研修；⑮ 教育行政權限調整。教育部正就上開各層面進行縝密之規劃研議。

　　就執行面而言：(1) 自 2003 年開始推動十二年國民教育前置準備措施，包括：大學提供名額受理高中推薦學生入學招生方案、高中職社區化中程計畫、產學攜手試辦計畫、高職重點產業類科就業方案、研發整合「教育優先區計畫」暨相關業務 GIS 系統第三階段採購計畫、台灣學生學習成就評量資料庫、國立高中職校老舊危險校舍改建及教育資源不足新興工程計畫、優質高中輔助計畫、獎勵優秀國中畢業生就讀適性學習社區高中職獎學金實施要點、加強輔助經濟弱勢私立高中職學生學費補助計畫、中小學一貫課程體系參考指引、研訂高級中等學校法；(2)「十二年國民基本教育實施計畫」計有十二項子計畫，包括補助私立高中職學生學費——縮短公私立學費負擔之差距、高中職優質化、高中職社區化、調整高中職入學方式、建置十二年一貫課程體系、建立質差學校退場機制、結合技職教育與產業發展、推動大學支持高中職社區化、精進高中職師資人力發展、學生生涯規劃與輔導、鼓勵家長參與教育、修訂相關教育法規等。

(二) 問題檢討

　　推動十二年國民教育是先進國家教育發展的趨勢，亦是我國當前中等教育改革之盛事，檢視政府於 2003 年以前多為研議與規

劃階段,而於 2003 年之後才開始進行十二年國民教育前置措施之推動,並宣示於 2007 至 2009 年之間推動各項配套措施,最終在 2009 年 8 月全面實施十二年國民教育。是以此重大教育政策之實施,確實存在極多有待規劃解決的問題,亦牽動了整體中等教育發展之成敗,須謹慎考量所可能面臨的問題,同心協力逐一解決,才能使十二年國民教育發揮其功效。茲將十二年國民教育之實施所面臨的問題說明如下(吳清山、高家斌,2005;黃增榮、王保進,2006;蘇清守,2006):(1) 缺乏法律定位,使十二年國民教育的內涵與特性有待釐清;(2) 政府經費補助不足,使公私立學校教育資源落差問題嚴重;(3) 學校素質差異過大,使都會與城鄉地區學生升學機會不均等;(4) 學區劃分意見歧異,明星學校存廢問題嚴重難有共識;(5) 課程架構統整不易,缺乏橫向課程連貫與縱向課程銜接的十二年一貫課程體系;(6) 師資人力缺乏規劃,教師進修與師資培育系統無法有效整合;(7) 政府財政拮据,十二年國民教育經費估算與籌措不易。

伍 中等教育未來改革的建議

　　十多年來的中等教育發展,培育不少國家人才,具有其功能。在一個快速變遷和科技高度發達的社會,教育發展的目標和策略應有所調整,才能符應時代的需求。因此,為使中等教育展現其功能,必須在原有改革基礎下,繼續不斷地革新。茲就目前我國中等

教育改革的缺失，以及有效發展優質中等教育，提出下列改革建議，以供參考。

一、發布中等教育政策白皮書，作為未來改革依據

政策白皮書具有多重功能，一是宣示政府施政重點；二是引導政府施政策略；三是落實政府編列預算依據。所以不管是中央政府機關或地方政府機關都會提出各種政策白皮書，過去教育部曾提出各種教育政策白皮書，例如：大學教育政策白皮書、媒體素養教育政策白皮書、海洋教育政策白皮書、創造力教育政策白皮書、藝術教育政策白皮書等，對教育發展均具有一定的影響力。因此，為使社會大眾了解政府對中等教育未來施政重點，並展現政府對中等教育的重視，教育部實有必要邀請專家學者和實務工作者組成「中等教育政策白皮書研擬小組」，根據小組所提意見修正後發布中等教育政策白皮書。該份政策白皮書之主要內容，應包括中等教育在國家發展的重要性、中等教育政策形成過程、當前中等教育發展的困境、中等教育發展的重要策略及中等教育未來發展方向。

二、持續辦理中等教育評鑑，促進學校持續改進

評鑑最主要目的在於了解學校辦學成效和缺失，以幫助學校不斷改進，進行提升學校辦學品質。過去教育部對高中教育和技職教育也能定期辦理評鑑，有助於學校發展和改進。但因為評鑑時間過短（有時只有半天時間）和評鑑委員間彼此缺乏共識，導致評鑑未能發揮其實際效果。為了落實中等教育評鑑工作，委員的專業知能

和專業倫理,是評鑑成敗的關鍵,所以應慎選評鑑委員,並要求每位評鑑委員參加評鑑講習,以及要求簽署利益迴避保證書。同時,為使評鑑不會流於「為評鑑而評鑑」,應確實做好追蹤評鑑,有效掌握各校經過評鑑後實際改進情形。此外,教育行政機關也應就中等教育評鑑的目標、時間、程序、方法、人員、資料處理和結果公布等方面,評鑑完後進行後設評鑑,使每一年的評鑑工作都能比前一年更有品質。

三、調查 95 高中課程暫行綱要實施成效,作為未來改進參考

95 高中課程暫行綱要已從 2006 年起開始實施,至今已將近一年,有必要針對這一年來的實施情形進行檢討,藉以了解是否達到原來預定的目標,以及找出需要改進之處,並採取有效對策加以解決。因此,建議教育行政機關組成訪視小組,至各校實地訪視,蒐集各校對 95 暫綱實施成效的看法。此外,教育行政機關亦可委託師資培育機構辦理「95 高中課程暫行綱要實施成效研討會」或「95 高中課程暫行綱要實施成果發表會」,邀集學者專家、學校教育人員和家長代表參與研討。當然,為進行有系統和客觀研究,建議教育行政機關委託學者進行「95 高中課程暫綱實施成效檢討」專案研究,更深入探究 95 高中課程暫綱實施成效檢討與改進相關議題。

四、強化綜合高中辦學品質,做好學生權益把關工作

綜合高中之推動,對現有中等教育後期之學制,確可提供更

多元之選擇機會，對學生之性向輔導與能力發展，應是更為適性有利的。而對整體技職教育體系來說，延後分化將有利於加強技職學生之通識教育與基本能力，有利於因應未來產業人力素質提升之發展需要。綜合高中基本精神在於「多元、彈性、人本」，特別重視「提供多元課程」、「強化適性輔導」、「落實選修機制」等措施，鼓勵學校發揮辦學特色。綜合高中自85學年度開始辦理至今，根據教育部（2007b），95學年度第一學期的統計，就讀綜合高中的學生已達11萬8,915人，顯然綜合高中的影響力有增無減。由於部分綜合高中並未認真辦理，徒具綜合高中之名，卻無綜合高中之實，影響到學生學習成效甚鉅。為了學生學習權益，綜合高中應定期接受評鑑，辦學不力者，應加強輔導，限期改善；若改善無效者，不應繼續辦理綜合高中。

五、繼續推動高中職社區化方案，營造適性學習社區

高中職社區化方案實施迄今，已有六年之久，在社區資源共享、改善教學設施、就近入學獎助等三方面亦收到一些成效。基本上，高中職社區化透過適性學習社區的營造，有助提升高中職教育品質，較易吸引學生依其性向就近入學，對於實施十二年國民教育形成一股很大助力。

雖然高中職社區化方案到97學年度才結束，教育部除了檢討過去所實施成效之外，未來二至三年之推動，不應為推動十二年國教而停頓下來。尤其在政府準備推動十二年國教之際，更應積極推動高中職社區化方案，以投入更多經費，拉拔一些屬於社區型高中

職，讓它們有機會邁向卓越優質，一旦開始實施十二年國教，也較容易吸引學生前來就讀。

六、改進高中職多元入學方案，發揮多元取才功能

「高中職多元入學方案」實施迄今，已有六年時間，從過去的聯合招生考試，改為目前的申請入學及登記分發等升學管道，在發揮多元選才精神是有其效果；唯在紓解學生升學壓力和減輕學生學業負擔，並未達顯著效果，顯然高中職多元入學方案，仍有改進空間。基本上，為使高中職多元入學方案能夠達到符合學校及學生需要的入學制度，持續宣導讓家長、學校相關人員和學生了解多元入學方案的目的和價值，有其必要。高中職多元入學方案的關鍵在於國中基本學力測驗，所以提升測驗題目的品質，必須持續檢討改進。此外，在 2007 年起國中基測加考寫作測驗（即作文），涉及到人工閱卷的客觀性，必須事先研擬寫作閱卷人員閱卷規準及辦理閱卷人員講習，以確保閱卷公平性，以維護考生權益。

七、妥善規劃十二年國教方案，減少未來推動之阻力

實施十二年國民基本教育的成敗，關鍵因素在於入學方式、學區劃分、經費、師資和高中職素質落差等方面。其中經費因素，因行政院已經答應要全力支持，問題可能不大；至於師資方面，目前中等師資培育數量仍算充裕，只要強化在職進修，亦無多大困難。較大阻力在於高中職素質落差太大，尤其城鄉和公私立高中職之間更是嚴重，家長不可能讓孩子被迫就讀素質較差的高中職，所以提

升各公私立高中素質，應該是一個迫切課題。只要所有公私立高中都走向優質化，入學方式和學區劃分將來都不會成為問題。

在所有公私立高中職無法成為優質高中職之前，要全力推動，學區劃分顯然是一項重要議題，因為它影響到孩子學習權。所以研議學區劃分及審議機制，必須廣徵社會各界意見，尋求共識後提出，才不會遭遇阻力。未來學區劃分是否以現行高中職十五個登記分發區為依據；或者一個縣市為學區；或者一個縣市有兩至三個學區，都需要慎重研議。基本上，應先提出學區劃分原則，原則確定之後，再進行技術考量和模擬作業，經過模擬後檢討利弊得失，加以修正，才能定案，將來實際執行的阻力會大大減少。

八、縮短城鄉中等教育品質落差，提供每位學生優質學習 環境

台灣各地區高中職受到地理環境、人口分布和資源投入的影響，城鄉之間具有顯著落差，這種落差凸顯在由升學率與英語學測表現的數據分布，高中畢業生的（公立大學）升學率以教育資源較為充足的都會區（包括直轄市及其他五市）35.6% 為最高，其次是北區各縣（26.8%），而花東二縣（15.2%）則為最低。英語學測分數也有類似的分布情形，都市化程度較高的地區（台北、基隆、桃園、中投、台南、高雄），其平均分數較都市化程度較低的地區（宜蘭、嘉義、雲林、屏東、花蓮、台東、離島）為高（胡勝正，2006）。

為縮短中等教育城鄉教育差距，政府應提供「積極性差別待

遇」之補償性輔助，讓弱勢學生具有公平受教育的機會。因此，建議政府編列專款補助資源不足之高中職，充實這些高中職的資訊及圖書設備，以及經濟扶助弱勢學生之就讀費用，強化弱勢學生更多學習機會，才能有效縮短中等教育之城鄉教育差距。

陸 結 語

　　近十多年來，我國中等教育從事多項改革，對於中等教育發展亦產生一定的影響力，使得中等教育發展逐漸邁向「多元」、「彈性」和「適性」，是具有其可取之處。唯在改革過程中，缺乏長遠性、系統性和整體性的規劃，使得各項改革（如：高中職多元入學方案、高中職社區化、綜合高中、95課程暫行綱要、十二年國教規劃等）並未發揮預期功能，頗受批評，顯然在改革的定位、目標、方式和內容，仍有諸多須檢討改進之處。

　　為使我國中等教育改革更具其效果，本文特別提出八項建議，以供參考，這八項建議分別為：(1) 發布中等教育政策白皮書，作為未來改革依據；(2) 持續辦理中等教育評鑑，促進學校持續改進；(3) 調查95高中課程暫行綱要實施成效，作為未來改進參考；(4) 強化綜合高中辦學品質，做好學生權益把關工作；(5) 繼續推動高中職社區化方案，營造適性學習社區；(6) 改進高中職多元入學方案，發揮多元取才功能；(7) 妥善規劃十二年國教方案，減少未來推動之阻力；(8) 縮短城鄉中等教育品質落差，提供每位學生優質學習環境。

參考文獻

王聖銘（2006）。**我國高中職多元入學政策制定合理性之研究**。國立台灣師
　　範大學教育研究所博士論文，未出版，台北市。

田振榮、鄭聰興、宋修德、楊瑞明（2003）。從高中職社區化談台灣後期中
　　等教育的發展。**教育研究，107**，82-89。

行政院教育改革審議委員會（1996）。**行政院教育改革審議委員會總諮議報
　　告書**。台北市：作者。

江耀淇（2003）。**高中職社區化實施問題與改進之研究**。國立彰化師範大學
　　商業教育研究所碩士論文，未出版，彰化縣。

汪寶明、鄭茂堅（2004）。綜合高中試辦成效之檢討與改進方案。**內湖高工
　　學報，15**，39-49。

何金針（2003）。我國試辦綜合高中之現況與未來發展之研究。**國立空中大
　　學社會科學學報，11**，85-115。

呂昆娣（2004）。**我國綜合高中課程規劃與實施現況之研究**。國立政治大學
　　中等學校教師在職進修班碩士論文，未出版，台北市。

李坤崇、莊雅慈（2003）。高中職社區化就學社區規劃的省思：由就學社區
　　到適性學習社區。**教育研究月刊，107**，48-66。

李顯榮（2005）。**高中職多元入學方案之教育政策執行評估研究——以台北
　　縣北部地區國中為例**。淡江大學教育政策與領導研究所碩士論文，未
　　出版，台北縣。

李東實（2003）。**高中高職多元入學方案之調查研究**。國立高雄師範大學教
　　育研究所碩士論文，未出版，高雄市。

邱玉蟾（2002）。高中職社區化之推動與發展。**教育資料集刊**，27，127-155。

邱玉蟾（2003）。高中職社區化的關鍵性議題。**教育研究**，107，36-47。

林生傳（1999）。台灣教育改革的新趨勢：探索與評析。**教育研究**，7，1-17。

林新發（2001）。跨世紀台灣小學教育改革動向：背景、理念與評析。**國立台北師範學院學報**，14，75-108。

吳武雄（2003）。高中職課程修訂與展望。**教育研究**，115，5-10。

吳清山（1999）。**教育革新與發展**。台北市：師大書苑。

吳清山、林天祐、高新建、張輝政、高家斌、張素偵（2003）。**十二年國民教育之教學資源及課程研究專案研究報告**。教育部委託專案研究。

吳清山、高家斌（2005）。十二年國民教育政策發展的回顧與展望。**教育資料與研究**，63，53-66。

吳清山（2006）。台灣教育改革的檢討與策進：1994-2006 年。**教育資料集刊**，32，1-22。

吳偉瑱（2003）。**高中職多元入學方案執行成效與困境之評析研究**。國立成功大學教育研究所碩士論文，未出版，台南市。

吳俊賢（2004）。**國立高級中等學校教師對高中職社區化政策態度之研究——以中部地區為例**。東海大學公共事務研究所碩士論文，未出版，台中縣。

柯智焰（2002）。**高中高職多元入學方案實施問題之調查研究——以高雄區為例**。國立高雄師範大學學校行政碩士論文，未出版，高雄市。

胡勝正（2006）。**縮短城鄉差距——均衡國家資源分配**。總統府月會報告，9 月 28 日

秦夢群（2006）。我國中等教育政策之檢討與策進。**教育資料集刊**，31，91-123。

秦玲美、胡平夷（2004）。我國綜合高中實施七年之回顧及問題探討。**士林高商學報**，2，36-53。

徐文忠（2005）。**高中職社區化就近入學實施成效之研究——以中二區為例**。國立彰化師範大學工業教育研究所碩士論文，未出版，彰化市。

高中職社區化網站（無日期）。**95 年度高中職社區化民意調查之結論與建議**。2007 年 5 月 3 日，取自 http://140.122.120.203/comm/index-1.htm

教育部（1994）。**第七次全國教育會議實錄**。台北市：作者。

教育部（1995）。**中華民國教育報告書——邁向 21 世紀的教育遠景**。台北市：作者。

教育部（1998a）。**綜合高中試辦要點**。台北市：作者。

教育部（1998b）。**認識綜合高中**。台北市：作者。

教育部（2003a）。**國民中小學九年一貫課程綱要**。台北市：作者。

教育部（2003b）。**高中職社區化中程計畫**（未出版）。

教育部（2004a）。**高中及高職多元入學方案**。台北市：作者。

教育部（2004b）。**十二年國教公共論壇**（未出版）。

教育部（2005）。**普通高級中學課程暫行綱要實務工作手冊**。台北市：作者。

教育部（2007a）。台灣推動十二年國民基本教育文件——國民的權利，國家的義務。**教育資料集刊**，33，295-300。

教育部（2007b）。**教育部新聞稿：教育部公布 95 年度綜合高中諮詢輔導專案實地訪視成績**。2007 年 5 月 3 日，取自 http://page.phsh.tyc.edu.tw/com/board/data/95 年度綜合高中諮詢輔導專案實地訪視成績公告新聞稿_960424.doc

教育部技職司（2000）。**辦理第一屆綜合高中評鑑工作期末報告**。國立台灣師範大學教育研究中心專題研究成果報告 0165 號。

教育部技職司（2001）。**綜合高中試辦成效之檢討及發展改進方案**。台北市：作者。

教育部技職司（2003）。**綜合高中之檢討改進與未來發展**。台北市：作者。

教育部統計處（無日期）。**主要統計表**。2007年5月3日，取自 http://www.edu.tw/EDU_WEB/EDU_MGT/STATISTICS/EDU7220001/service/sts4-3.htm

許泰益（2003）。**我國高級中學多元入學方案政策規劃與執行及研究**。國立台灣師範大學教育研究所博士論文，未出版，台北市。

莊耿惠（2001）。**綜合高中實施現況之分析**。國立政治大學教育研究所碩士論文，未出版，台北市。

陳伯璋、周志宏、李坤崇、吳武雄（2003）。**實施十二年國民教育理論基礎比較研究專案研究報告**。教育部委託專案研究。

陳俐吟（2004）。高中多元入學方案之政策執行分析。**初等教育學刊**，18，183-203。

陳怡靖（2004）。**台灣地區高中多元入學與教育階層化關連性之研究**。國立高雄師範大學教育研究所博士論文，未出版，高雄市。

陳怡清、陳密桃、黃毅志（2006）。台灣地區高中多元入學與教育機會的關聯性之實微研究。**教育與心理研究**，29（3），443-459。

陳伯璋、歐用生、林永豐、吳沛璇（2005）。**我國普通高中課程綱要發展之基礎研究**。教育部委託專案報告，研究單位：淡江大學教育學院。

陳清誥、陳信正（2006）。高中職社區化93學年度成效評估研究。**南港高工學報**，24，187-209。

陳國偉（2002）。**我國高級中等學校多元入學方案之研究**。國立中山大學教育研究所碩士論文，未出版，高雄市。

陳茂霖（2005）。**高雄市私立高中職教育人員對於高中職社區化政策之意見調查研究**。國立中山大學高階公共政策研究所碩士論文，未出版，高雄市。

黃政傑（2000）。台灣教育改革的政策方向。**教育政策論壇**，3（1），26-53。

黃政傑主編（2001）。**各國教育改革動向**。台北：師大書苑。

黃桂芳、蕭吉男（2003）。高中職社區化之施行困境與可行性探討。**技術及職業教育**，75，43-48。

黃增榮、王保進（2006）。十二年國教「學區劃分」之探討。**研習資訊**，23（1），37-48。

張鈿富（1999）。台灣地區高級中等教育發展均等性之分析。**教育政策論壇**，2（2），38-67。

張樹倫、陳琦媛（2006）。高中課程暫行綱要修訂的經過、特色與建議。**課程與教學**，9（1），1-18。

張銘華（2004）。**高中職社區化政策與實施之研究——以台北區為例**。國立政治大學學校行政碩士論文，未出版，台北市。

曾國鴻、何榮亮、陳沅、楊宏仁、鄭金謀（2004）。以教師觀點探究綜合高中的問題及其解決對策。**教育研究資訊**，12（6），85-111。

湯志民（2003）。高中職社區化及未來推展芻議。**教育研究**，107，90-103。

湯仁燕、徐藝華、古喬、曾政清（2006）。為高中課程暫行綱要上路整裝。**師友**，469，8-34。

楊思偉（2001）。高中職多元入學方案的再檢示。**師友**，404，5-9。

楊思偉、施明發、黃棋楓、黃文振、許照庸、陳雯萍（2003）。**推動十二年國民教育辦理模式之研究專案研究報告**。教育部委託專案研究。

楊瑞明（2002）。**台灣綜合高中未來發展之研究**。佛光人文社會學院未來學研究所碩士論文，未出版，宜蘭縣。

潘慧玲、王如哲、葉興華、張炳煊、黃武雄、黃清鏞（2005）。**我國普通高中課程綱要發展之基礎研究──普通高中課程必選修之研究成果報告**，教育部委託專案報告。台北市：國立台灣師範大學教育研究中心。

蔡培村、陳麗珠、鍾蔚起、曾勘仁、許明欽、凌新福、黃佳凌（2003）。**十二年國民教育經費需求推估之研究專案研究報告**。教育部委託專案研究。

蔡喬育（2004）。**高中職多元入學方案對學校組織影響之研究──組織社會學的觀點**。東海大學教育研究所碩士論文，未出版，台中縣。

戴明國、馮莉雅、邱俊宏（2006）。家長對綜合高中滿意度之調查研究。**中等教育，57**（1），78-95。

韓繼成（2007）。高中職社區化之探究。**學校行政，47**，284-298。

鍾瑞國、李振明（2004）。綜合高中學生生涯規劃與輔導之探討。**師說，180**，40-43。

鄭英耀、羅文基、吳參鏡、蔡正雄（2003）。我國高中職「適性學習社區」推動模式之研究。**教育研究，107**，67-81。

鄭聰興、林懷民、宋若光（2003）。綜合高中現況發展與問題探討。**大安高工學報，14**，110-124。

蘇清守（2006）。高中教育。載於國立教育資料館（主編），**中華民國教育年報**（94）（頁124-169）。台北市：國立教育資料館。

（本文與高家斌博士合著，曾發表於 2007 年《教育資料集刊》，第 33 輯）

大學教育改革

CHAPTER

壹 前 言

　　大學教育辦學績效之良窳，攸關國家競爭力。一個國家具有卓越的大學教育，才能展現該國的競爭力。因此，世界主要先進國家（如：美國、英國、德國、法國、日本、澳洲……等）對大學教育均投入大量的經費，以提升大學教育品質。

　　我國自 1990 年代以後，大學教育呈現蓬勃發展，不僅學校數大量增加，學生人數也加速擴增。根據教育部（2007）教育統計，在 83 學年度大學的校數為五十八所（含獨立學院）、大學部學生人數為 302,093 人；到了 95 學年度大學的校數增加為一百四十七所、大學部學生人數增加為 966,591 人。這十二年來，大學校數增加了 2.5 倍，而大學部學生亦增加了 3.2 倍，此項資料明顯看出我國大學教育之數量增加過於迅速。隨著大學數量的擴增及學生人數持續增加，2007 年錄取率更高達九成五，再創歷史新高（謝蕙蓮，2007）。大學教育已經從菁英教育走入普及教育，大學品質的提升，已經成為大學教育發展的重要課題。

　　自從 1994 年大學法修正公布以來，政府積極從事各項大學教育改革。例如：1998 年教育改革行動方案特別將「追求高等教育卓越發展」（包括加強提升大學水準之配套措施，發展各具特色之高等學府等五項）列入教改項目之一（教育部，1998）。2001 年發布《大學教育政策白皮書》，作為推動大學教育施政及各大學規劃本身校務發展之依據，達成追求大學教育卓越化目標（教育部，2001a）。此外，行政院於 2004 年提出五年五百億元的「發展國際一流大學計畫」，後改為「發展國際一流大學及頂尖研究中心計畫」，希望五年內打造國內至少一所大學進入世界前一百大；2004 年 12 月教育部訂頒「獎勵大學教學卓越計畫」，並編列十億元經費，以鼓勵大學提升教學品質並發展國內教學卓越大學典範。2005 年 12 月成立「財團法人高等教育評鑑中心基金會」，負責國內大學評鑑工作，亦屬高等教育重要創舉。

　　綜觀十多年來大學教育改革，可說如火如荼進行，對大學品質的提升具有一定的助益；但因大學數量發展過於快速，也衍生不少問題，值得加以探究。因此，本文首先說明大學教育改革背景；其次分析大學教育改革的重要內涵；接著檢討大學教育改革的成效，最後提出大學教育改革的策略，以供參考。

貳　大學教育改革的背景分析

　　世界各國對大學教育的目標雖有不同的界定方式，但整體而言，大學教育在各國的學校教育體系中都是列屬於最高的階段，

居於學制金字塔的頂端，故各國政府對其大學教育的發展通常都給予極大的關注，對大學教育的改革亦極為重視（楊瑩，1998）；在 2003 年 9 月所召開之「全國教育發展會議」中，更將「全面促進大學的教育品質及效能，提升國際競爭力」列為三大中心議題之一，由此顯見大學教育改革對國家教育發展之重要性與影響力。

任何一項改革的產生，都有其背景因素，我國大學教育的變遷也同時涉及政治、經濟、社會、全球化、科技創新等複雜因素的相互作用（吳清山、賴協志，2007），本文試就人口少子化與高齡化、政治民主化與自由化、知識經濟化與產業化以及競爭全球化與科技化等四方面，探究我國大學教育改革的背景因素。

一、人口少子化與高齡化

近年來人口生育率日益降低，根據內政部（無日期）人口統計，1981 年生育率為 2.46，到了 1991 年降至 1.72，到 2005 年更降為 1.12；至於出生人口，在 1981 年為 375,537 人，到 1996 年降為 303,837 人，到 2005 年更降至 192,887 人，不到十年光景，出生人口降了十一萬人，對於社會、經濟和教育發展，都會帶來相當大衝擊，首當其衝的是學前教育和國民教育，未來將會擴大至高中教育和大學教育。此外，就以十八歲適逢就讀大學年齡之來看，在 1996 年十八歲人口為 399,720 人，到 2006 年已經降為 339,694 人，十年之間少了六萬人。從這些數據來看，未來大學教育將產生「供過於求」的局勢，屆時將使大學教育面臨生存危機。

再者，根據「老人福利法」對於「老人」的定義，是為年滿六十五歲之人；由於數十年來的醫藥進步、衛生健康改善與經濟成長，台灣人口的結構已面臨到相當程度的改變，根據內政部（無日期）人口統計，台灣的老年人口占總人口之比例逐年上升，1981年老年人口數僅占總人口的 4.4%，到 1993 年老年人口比例已升高到 7.1%，達到聯合國世界衛生組織所訂的高齡化社會指標（意即老年人口總數達全國總人口數的 7% 以上），到 2006 年老年人口比例更已高達 10%。因應高齡化社會所產生的產業轉型及高齡人口終身學習等需求，使得在職教育與回流教育逐漸受重視，也促使大學在生存競爭的環境中，必須提供更多元化的教育類型。從少子化與高齡化來看，台灣的人口結構已由正三角形轉為倒三角型，學生人數減少、教師需求銳減、學校被迫轉型等現象，對於正規體制學校的經營勢必造成不小的衝擊，當建立終身學習的社會已成必然趨勢時，大學的型態亦須朝多元化方向調整擴充，才能有效因應各種變遷的挑戰與衝擊。

二、政治民主化與自由化

台灣在 1987 年解嚴後，民間各部門逐漸掙脫政府管制，興起一股尋求更多自由、民主與自主空間的潮流，大學校園也搭上這班民主列車，積極爭取校園內各項自主權力；1994 年大學法修正公布，揭示尊重學術自由及大學自主的理念，對國內大學教育的發展，更產生深遠的影響（錢婉瑜，2005）。民主與開放既是社會的發展趨勢，政府也必須逐步讓各校享有充分的自主權，包括課程和

教學內容的自主以及人事、財務的自主等等；而在一個民主開放的社會中，不能再期望有一個「大有為」的政府來對一切的成敗負責。一所大學，尤其是私立學校，其經營者要自行承擔成績不良的責任與後果（馬哲儒，1996）。

再者，過去在戒嚴時期與強調發展的同時，所實施的大學聯招政策較為僵化且具濃厚國家政治色彩；解嚴後社會走向開放，民主政治與意識漸次成型，政經業已達開發中國家之水平，多元文化思潮衝擊大眾社會觀念，因此，多元入學管道乃因應社會需求而得實現（錢婉瑜，2005）。自由與多元既是社會的發展趨勢，為了滿足受教育者各種不同的求學意願與需求，高等教育不論在學制上或教育內容上也必須走向多元化；而政府管制的目的在於維護教育的品質，其用意不錯，但管制的後果是將一些辦學成效不佳的學校保護在一個最低的標準之上，使其不致由於市場供求的機制而遭淘汰的命運（馬哲儒，1996）。

從民主化與自由化來看，台灣社會企圖掙脫威權，社會各界與教育機構對教育政策鬆綁的呼聲也日益升高，這股急欲爭取主導權的浪潮，直接影響教育體制的運作，在新舊制度轉換的過程中，大學必須調整制度與規範，才能因應各種危機與挑戰，各級政府也才有可能放手，讓有意成為世界一流的學校達到其目標。

三、知識經濟化與產業化

21 世紀是以經濟發展為主軸的世紀，大學已成為各國知識創新與人力資源的競技場，大學競爭力即為國家競爭力之重要指標

（教育部，2001a）。工業經濟依賴資本、勞力及機器；而知識經濟的主要資源是知識之創新與運用。知識經濟時代需要之人才，應具備跨領域之知識及研究創新的能力。大學為人才培育及學術研究之機構，面對知識經濟時代的挑戰，針對新的課程、教學方法、學習風格、學術領域及研究方法等各方面，都應做妥適的因應及調整（林基源，2001）。

再者，近十年來全球高等教育的潮流在轉變，以往強調理論為主的菁英式高等教育，開始轉向與實務結合的產學合作模式，教授及學生不再侷限在學術的象牙塔中，轉而向外尋找與企業合作研發的機會，讓學問落實在實際應用上。產學合作，已經不是單一國家或區域的特殊狀況，而是全球高等教育的大趨勢，更是台灣產業能否轉型的重要關鍵（教育部，無日期a）。

從經濟化與產業化來看，知識成為生產中的有力角色，也是國家追求經濟成長與競爭力的主要財富；為了提高競爭力，肩負高等人力培育的大學，應該與僱用高級人力的產業界密切合作，從人才培育、研究發展以及資源共享等三方面進行，才能使兩造的效能發揮到極致。

四、競爭全球化與科技化

所謂「全球化」是指全球經濟、政治，以及文化活動的相互連結，是一種不受距離限制的行為和生活方式。聯合國早於「1999年人力發展報告」中便已強調「科技化」與「全球化」是未來社會

發展的兩大趨勢；世界銀行也於 1999 年所公布的「1999 ／ 2000 年世界發展報告」中指出「在地化」與「全球化」將是形塑 21 世紀經濟的兩股力量（薛曉華、周志宏，2005）。2001 年 1 月 1 日，台灣以「台、澎、金、馬個別關稅領域」的名義正式加入世界貿易組織，高等教育在 WTO 架構下，必須採取開放的教育服務業，規範教育必須更具彈性，必須鬆綁以及自由化，此種規範對我國高等教育發展產生衝擊，尤其我國高等教育市場近年來已趨於飽和狀態，又須面對國外大學及大陸大學的競爭與挑戰，將會使我國高等教育經營更為艱鉅。

再者，全世界科技的進步，尤其是資訊科技的進步非常快，在今後的時代中將會更快，科技的進步對生產事業的影響是高度的自動化，對學術性和實用性的研究工作的影響也是高度的資訊化。因應科技時代網路化、數位化、虛擬化的新社會，為使畢業生能有更優質的就業能力，學生在校的學習方式、學習特性與學習成效均應有別於傳統，大學在課程規劃、教師教學、教學設備、學習環境等各方面，也應有所調整與因應。

從全球化與科技化來看，全球網絡化的關鍵因素除了經濟外，莫過於科技的進展；科技全球化促進了互動，提高了國際性、區域性與學術社群的聚合，卻也加速了非英語系國家及科技落後國家的邊緣化（薛曉華、周志宏，2005）。台灣地區大學面臨全球的競爭衝擊與科技的創新挑戰，唯有致力於提高國際化與降低數位落差才是生存之道。

參 大學教育改革的重要內涵

　　為因應人口少子化與高齡化、政治民主化與自由化、資源稀釋化與績效化、知識經濟化與產業化以及競爭全球化與科技化等背景因素交互作用所衍生的各種問題，近年來高等教育改革已成為教育施政重點之一，教育當局也提出許多高等教育改革的相關文件，例如：《大學教育政策白皮書》（教育部，2001a）、《大學教育的現況與前瞻》（教育部，2001b）、「發展國際一流大學及頂尖研究中心計畫」（教育部，2005a）、「獎勵大學教學卓越計畫」（教育部，2006）等。

　　綜觀近十年來台灣地區大學教育之發展，主要延續自 1994 年「410 教改遊行」以來的「廣設高中大學」訴求，並以 1996 年《教育改革總諮議報告書》所提出之「暢通升學管道」等政策，作為一連串高等教育機會擴充的重要依據所在（陳德華，2005）。台灣在1994 年以後的大學教育改革項目甚多，本文謹就改革影響層面較大之重要議題及其內涵概述如下。

一、實施多元入學制度

　　台灣地區長久以來在傳統聯招一元化的單一標準下，文憑掛帥、升學主義氾濫、教學不正常，學生飽嘗升學壓力之苦；「考試領導教學」是我國入學制度產生的現象，升學主義所衍生的種種教育現象，更是教育極為嚴重的問題（鄭秋霞，2001）。以往，大學聯招雖歷經種種變革，然皆屬於技術性問題改進，基本架構無任

何改變；1995 年教育部提出《中華民國教育報告書》即以「紓解升學壓力」和「教育自由化」為主軸；1996 年行政院教育改革審議委員會發布「教育改革總諮議報告書」，提出「打開『新試窗』：暢通升學管道」，並揭櫫五大方向，強調推動多元入學制度。在教育改革的要求下，教育的選才方式有革命性的變化，透過「大學多元入學方案」的實施，當局希望能藉此緩和學生升學壓力，並引導學校教學正常化。

所謂「多元入學」為多年來大學入學改革的整合方案，入學方式包含「考試分發入學制」和「甄選入學制」，前者用以替代傳統大學聯考的入學管道，後者則用以統稱「推薦甄選入學制」及「申請入學制」兩種管道，此二者都是採兩階段作業，第一階段利用學科能力測驗成績作為篩選學生進入第二階段之用，由大學校系自訂檢定、採計或參酌學科能力測驗成績之方式，第二階段作業則為大學校系自辦的甄試或審查（黃政傑，2001）。1992 年 5 月大學入學考試中心提出「我國大學入學制度改革建議書——大學多元入學方案」，並於 1994 年度試辦「大學推薦甄選」，成效良好，1997 年教育部復推出「申請入學制」，大學聯招自此已非「唯一」大學入學管道；大學招生策進會又於 1999 年 6 月 21 日通過，自 2002 年度起實施「大學多元入學新方案」，在台灣地區實施四十八年的大學聯考，終於走入歷史、畫下句點。

大學多元入學不僅考量國內既有入學制度所形成的特殊歷史及社會背景，更應擷取外國高等教育相關制度以為借鑑，兼顧理想與現實來漸進推動改革（鄭秋霞，2001）。大學入學管道從單一聯

招朝向多元，篩選方式由一試定終身的紙筆測驗朝向多樣化的評量，校系由被動的接受分發改為主動的選擇學生；升學輔導不應只侷限於學業的表現，對學生情緒抒發、道德的培養、社會的適應能力都是教育的一大挑戰。

二、推動國立大學法人化

自 1970 年以來，世界各國政府面臨共同的挑戰就是：必須處理的公共事務日漸增多，可用之經濟資源卻日益緊縮。台灣地區因應政府再造風潮與大學組織之變革，也亟欲推動國立大學行政法人化政策，期以法人化方式實現大學自主（柯維欣，2004）。

2001 年 7 月教育部公布《大學教育政策白皮書》，內容除討論當前大學教育發展現況外，並針對重大問題進行分析，從而提出改進之發展策略，其中在大學運作機制法治化的部分，白皮書提出國立大學法人化的構想：「我國國立大學自行承擔包括財務在內之校務責任日趨明顯，而私立大學接受政府補助之比例也不斷升高，公私立大學之運作差異正在減少中，因此，我國國立大學應考慮仿照英、美、德、法等國大學之模式，走向法人化」（教育部，2001b）。

所謂的「大學法人」是希望在「學術自由」與「大學自治」前提下，兼顧「效率」與「彈性」，提供另一種更有彈性、更自主、更有利追求卓越之選擇，讓大學能夠發展為具公法性質之法人（教育部，2005 年 10 月 6 日）。一旦實施國立大學法人化後，現行國立大學與行政法人國立大學在法律地位、學校與教育部之關係、董事會之設置、校長產生之方式、教師待遇、單位設置、職員任用、

經費補助、經費運用、採購及財產等經營管理與行政運作各方面，都會產生結構性的巨大改變，在享受權利的同時，亦應承擔校務經營成敗的責任，教育部將依照大學運作績效予以補助（羅華美，2003）。

台灣國立大學法人化的問題，早在 1986 年台大發起的大學改革運動中便已被提起，當時主張國立大學法人化的主要目的是保障學術自由與大學自主；隔年開始即有立法委員提案將此規定納入大學法修正草案中，成為爭議與討論的焦點。直到 1996 年於《教育改革總諮議報告書》中，大學法人化的議題再度被提出，教育部也委託學者進行「大學運作與學術自由、大學自治之研究計畫」，蒐集世界各主要國家有關大學法人化的資料，同時也蒐集各界對大學法修法及大學法人化之意見（柯維新，2004）；然而，正因此議題牽涉層面太廣、衍生問題太多、情況太複雜，以至於此議案雖然經過多年的立法委員協商並多次提請立法院審查，結果直到 2007 年7 月止，「行政法人法」草案與大學法修正草案中的「行政法人國立大學」等條款，仍舊遲遲無法通過。

三、辦理二階段校長遴選

教育是百年事業，高等教育是引領國家發展的重要基礎之一，而大學的校長更是重要的領航者，除了要擁有雄厚的學術知識，也要有過人的觀察力與洞悉力，才能放遠視野來建構大學良好的發展藍圖，為國家培育中高階的社會人才。

隨著大學自主與學術自由的風氣日益高漲，大學校長之產生方

式也隨之變革，台灣的大學校長遴選制度發展，到 1994 年大學法修正通過止，經歷「官派」、「普選」、「二階段遴選」等三種大學校長遴選方式。其中公立學校採取兩階段進行，第一階段由學校成立校長遴選委員會，辦理校長遴選工作；第二階段則是各校提報校長候選人二至三人到教育部，由教育部組織校長遴選委員會進行遴選，同時也在第二項中規定大學遴選委員會相關的組成人員，這可說是大學校長遴選發展的重大轉捩點；至於私立大學方面，1994年大學法修訂前後，私校校長雖均仍由董事會報請教育部核准後聘任之，唯不同點在於依 1994 年修訂之大學法及其施行細則之規定，私立大學董事會在提請教育部核准人選之前，應先組成遴選委員會，由董事會遴選報請教育部核准聘任之（錢婉瑜，2005）。

　　到了 2005 年 12 月總統修正公布「大學法」全文四十二條，其中大學校長遴選又進行修正，主要規定如下：(1) 新任公立大學校長之產生，應於現任校長任期屆滿十個月前，由學校組成校長遴選委員會，經公開徵求程序遴選出校長後，由教育部或各該所屬地方政府聘任之；(2) 委員會各類成員之比例與產生方式如下：① 學校校務會議推選之學校代表占全體委員總額 2/5；② 學校推薦校友代表及社會公正人士占全體委員總額 2/5；③ 其餘委員由教育部或各該所屬地方政府遴派之代表擔任之；(3) 公立大學校長遴選委員會之組織、運作及其他應遵行事項之辦法，國立者，由教育部定之；直轄市立、縣（市）立者，由各該所屬地方政府定之。至於私立大學校長由董事會組織遴選委員會遴選，經董事會圈選，報請教育部核准聘任之。針對國立大學校長之遴選，教育部於 2006 年另

訂定「國立大學校長遴選委員會組織及運作辦法」，就遴選委員的各項細節提出進一步規範，包含遴選委員之資格、組織、任務等。

公立大學校院校長之產生方式由過去官派改為具有校園民主基礎之遴選制，無形中改變了教育部與各公立大學之間的互動生態；而私立校院的校長人選以往由董事會獨攬，改變為必須有學校教師意見之容納，也使私校管理者與經營者產生互相合作之基礎。

四、促進大學整併

自從民國 60 年代以降，為因應高等教育量的急速擴張及質的多元化發展，大學整併工作成為各國重組高等教育結構的重要措施，透過實施與推動整併計畫，期使最少投資發揮最大經濟規模效益，以全面提升教育品質、追求大學的卓越發展。

台灣地區原有與新設的高等教育學府數量雖已不少，但部分學校規模過小，教育投資使用效益偏低，不但不符合經濟規模，也影響到整體教育的成效；而高等教育日趨開放與普及，為因應我國進入 WTO，國外大學得挾其優勢來台設校，國內大學校院可能面臨招生不足的競爭壓力，因此，教育部特訂定「國立大學校院區域資源整合發展計畫」，作為推動國立大學校院整併之依據，在配合地方或區域發展的需求下，學校可進行校際合作、策略聯盟或鼓勵同區域或性質可以互補的國立大學校院合併，以達到資源整合的目的（教育部，2002）。

依據前揭計畫所提出之校際合作、策略聯盟與學校合併方式，教育部選定十餘所大學，列入校務發展計畫中積極規劃辦理，

其中校際整合均係大學自主例行辦理之事項，至於策略聯盟則有
台灣大學與國立台北師範學院研提「互為協力機構策略聯盟構想
書」；就學校合併而言，研議合併之學校包括「嘉義師院與嘉義技
術學院」、「台灣師大與台灣科技大學」、「台北市立師院與台北市
立體院」、「花蓮師院與東華大學」、「高雄師大與高雄應用科大」、
「屏東師院、屏東科大與屏東商業技術學院」、「勤益技術學院、台
中技術學院與台中護專」等校院。除了嘉義師院與嘉義技術學院
於 2000 年 2 月整併成為嘉義大學外，其餘各校之合併均已延宕多
年，至今仍在研議中。

五、彈性調整學雜費

　　台灣近十年來大學教育在量的成長有相當成果，然而面對大學
校院的快速擴充，凸顯出教育資源分配的緊縮問題，在資源有限的
情況下，學校為滿足經費需求，往往須採取提高學費之方式來籌措
資金，因此，大學教育的快速擴充、教育資源緊縮與學費調漲三者
之間，具有環環相扣之緊密關聯（陳蓮櫻，2004）。

　　台灣地區大學學費政策偏向國家管制型徵收取向，亦即收取
較低的學費；然隨著高等教育擴張，導致教育經費緊縮，政府為解
決國家財政困境，逐步賦予各大學校院訂定學費之自主權，例如：
1996 年實施「國立大學校務基金制度」，以及 1999 年實施「大學
學雜費彈性方案」等。

　　所謂「學雜費彈性方案」係指教育部不再統一規定大學學雜
費收費標準，而由各校以實際經常性運作之教育成本作為學雜費徵

收之指標，各校可自訂學雜費徵收的項目及標準，但所訂標準必須根據實際用於與學生教學、訓輔、研究有關之經常性支出成本決定（不含推廣教育及建教合作）。在公立大學方面，各校學雜費收入不得高出教育部所定基本運作所需經費中，學校應自行負擔之部分（不含空中大學），且每年調幅以不超過 10% 為原則；在私立大學方面，為使辦學績優之學校有較大自主性，故彈性之依據一為校務運作之績效，二為各校「行政管理」、「教學研究訓輔」及「學生獎助學金（不含政府補助者）」等三項支出之總額與學雜費收入之比值而定（教育部，1999）。

針對彈性學雜費方案，教育部另訂有相關配套措施，包含健全大學財務監督體系、提供更完整的大學運作資訊、建立更完善之學生就學補助措施——輔導各校建立學生就學補助制度，以及加強執行之追蹤等，期能藉此逐漸弭平爭議，與社會大眾達成共識。

六、辦理大學評鑑

「教育改革總諮議報告書」提出以「建立高等教育評鑑制度」為「改革高等教育」之中程目標；於 2001 年 12 月 16 日召開之「2001 年教育改革之檢討與改進會議」中，亦將「大學追求卓越、提升大學水準」為重要議題之一，其中「提高大學經營管理績效」與「推動大學教學評鑑制度，有效提高教育品質」更是各界關注之關鍵課題（行政院教育改革審議委員會，1996）。教育部近年來雖積極推動多元化的大學評鑑制度；然而，《大學教育政策白皮書》亦指出，由於缺乏專業評鑑機構以定期辦理各類評鑑、評鑑人才資

料庫不足、國內各大學缺乏評鑑相關經驗,使得評鑑工作窒礙難行。如何倡導與推動各校的自我評鑑機制,是極重要的課題(教育部,2001a)。

我國大學評鑑之發展,最早可溯及 1975 年由教育部辦理之學門評鑑起,至今已有三十餘年之久,對於大學教育品質之提升已略見成效。教育部從事大規模的大學評鑑,始於 1997 年 7 月首次試辦全面性之大學綜合評鑑工作;而後,教育部於 2004 年啟動台灣有史以來最大規模的大學校務評鑑計畫;次年,教育部再啟動科技大學評鑑;接著,財團法人高等教育評鑑中心基金會於 2005 年 12 月成立,並於 2006 年啟動台灣有史以來第一次系所評鑑(吳清山、王令宜,2006)。

目前大學主要評鑑機構為財團法人高等教育評鑑中心基金會和社團法人台灣評鑑協會。前者係由教育部和一百四十三所大專校院所捐資於 2005 年 12 月成立,是屬於公設財團法人,主要任務在執行國內大學校院評鑑工作;後者係由國內學術界、企業界從事相關事務人士於 2003 年 8 月共同組成,以發展及推廣評鑑知識與技術並提供評鑑服務為宗旨,接受教育部委託進行大學校院評鑑工作。國內另一個與評鑑機構類似的認證團體——中華工程教育學會(Institute of Engineering Education Taiwan, IEET)於 2003 年成立,並於 2004 年起,每年辦理「工程及科技教育認證」。由於有這些機構辦理大學評鑑及認證工作,大學評鑑逐漸上軌道,整體評鑑水準也大大提升。

七、推動一流大學與頂尖研究

　　進入 21 世紀以全球競爭及知識經濟掛帥的時代，政府面臨的是加入 WTO 後，台灣的大學如何與國際社會競爭呢？另一方面，高等教育在量的方面加速擴充，導致整體品質形象均有下降的現象，政府在財政緊縮的壓力下，只好端出具有資源誘因的「卓越政策」（薛曉華、周志宏，2005）。

　　教育部依據「教育改革行動方案」擬具「大學學術追求卓越計畫」，經行政院核定後定於 2000 年至 2003 年實施，由教育部與國科會聯手擬定「發展國際一流大學及頂尖研究中心計畫」，並共同分攤總金額達一百三十億元的經費補助款（教育部，2003）。這筆專案經費補助研究型大學設置重點系所，或以領域為導向的跨校研究中心，以每三年為一週期，評估各大學重點系所和研究中心整體績效，第一年依學校整體績效選定三至五系所給予補助，第二年以評估值落後的 25% 為淘汰及逐年遞減標準，第三年期望能躋進亞洲前十大，其目標為五年內至少十個重點系所或跨校研究中心排名亞洲第一名，十年內至少一所大學居全世界大學排名前一百名（教育部，2005a）。

　　除了培養世界級的一流大學外，這項計畫也包括成立跨校、跨領域的大型研究中心，選擇社會所需要、能發展特色且具國際競爭力的重點領域，作為優先辦理的項目；此外，教育部也積極推動各項追求卓越整合型計畫，希望可以更有系統地規範高等教育的健全發展，結合整體的合作力量，創造出更優質的高教環境。

八、辦理教學卓越計畫

近來國內大學教育資源分配普遍「重研究；輕教學」的現象，對多數大學校院學生之教學品質提升缺乏相對應之關注，此種現象實不利於大學教育的發展。教學品質的重視及提升，仍應從整體結構面問題檢討分析並提出改進之道，如教師教學專業水準有待提升，學生主動學習意願普遍低落致整體教學成效不佳，大學課程的規劃及教學成果的應確實檢核，而隨著大學學生數的增加，大學教學系統中教學助理制度亦應強化並提升應有之功能（教育部，2006）。

有鑑於此，教育部於 2004 年起規劃「獎勵大學教學卓越計畫」，於 2005 年度編列十億元經費，於 2006 年爭取專案經費擴增為五十億元，希望透過競爭性的獎勵機制，導正大學普遍輕忽教學品質的觀念，獎勵大學提升教學品質，逐步建立教學績效指標及典範，引領各校朝教學卓越發展，並發展國內教學卓越大學之典範（教育部，2005b）。

所謂「教學卓越計畫」，其計畫策略包含以下三點：(1) 鼓勵大學重視教學；強化大學對「教學核心價值」認知及導引大學在教學制度面做整體的調整及改善；以達教師教學專業水準的提升、完善健全的課程規劃、學生學習意願的強化、學習成效的輔導、改進；水準的提升、教學評鑑制度的建立以及學校提升教學品質相關制度面的建制等五項目標。(2) 藉由專案經費的獎勵機制，國內大學獲本項經費補助者得以確實改善提升教學品質及成效。(3) 發展國內

教學卓越大學之典範，帶動大學注重教學品質的風氣，並逐漸發展出教學卓越之具體指標。

九、辦理通識教育評鑑

台灣高等教育史上，通識教育作為大學教育改革的理想，一直是大學教育工作者致力的方向。教育部自從 1984 年開始推動各大學通識教育，迄今已有二十多年的歷史，但由於各校通識教育課程缺乏完整規劃、師資素質參差不齊、加上學生又將「課程」視為「營養學分」，導致通識教育始終無法發揮其應有的功能。

1995 年 5 月大法官會議解釋「部定大學共同必修科目」為違憲後，各大學的通識教育獲得較大的推展空間。教育部為了解通識教育實施成效，並作為改進參考，特別於 1998 年委託「中華民國通識教育學會」辦理第一次大學通識教育評鑑。後來教育部為求改進及深化大學校院的通識教育課程，於 2002 年成立「通識教育委員會」，對各大學校院通識教育實施現況及其所面臨的問題，進行深入而全面的了解與檢討。

為實地了解各校辦理通識教育之成效，通識教育委員會特聘請專家學者組成通識教育評鑑小組，分別於 2004 年對成功大學、中山大學、台灣大學、交通大學、清華大學、中央大學及陽明大學等七所以研究為導向之大學的通識教育進行評鑑，並提出評鑑報告（教育部，2004）；到了 93 學年度適逢師範學院改大，教育部又決定決定針對台灣、彰化、高雄等三所國立師範大學和台北、新竹、台中、屏東、花蓮等五所國立師範學院，以及台北市立師範學院等

九所學校進行通識教育評鑑，並提出評鑑報告（教育部，2005c）。

十、推動產學合作

　　產學合作係指企業界與學校相互合作，一方面落實學術界先導性與實用性研究，一方面鼓勵企業積極參與學術界應用研究，培植企業研究潛力及人才。教育部從 2002 年開始推動產學合作計畫，積極地讓研發的腳步跨出校園，落實在產業應用上，這個政策就是高等教育大轉型趨勢下的重要產物，教育部並於 2006 年依據大學法規定訂定「大專校院產學合作實施辦法」，明訂大學校院辦理產學合作，應以促進知識之累積與擴散作為目標，發揮教育、訓練、研究、服務之功能，並裨益國家教育與經濟。

　　國內產學合作方式大約分為三大類：(1) 一般性贊助（包括捐贈研究經費、設備、設置講座等）；(2) 合作性贊助（包括契約性研究、設備移轉、聯合研究中心等）；(3) 知識／技術移轉（包括專利申請、育成中心、科學園區、衍生公司等）。這三種方式都出現在國內的產學合作例子上，也獲得社會各界重視。

　　基本上，產學合作並不限於教育部，經濟部和國科會亦積極參與產學合作的推動。但因教育部掌管國內高等教育發展政策，故在產學合作所擔負責任更重。教育部為推動產學合作，特別成立區域產學合作中心，負責重點研究，如表 5-1 所示。

十一、協助大學推動國際化

　　提高全民教育品質，推廣高等教育至國際化水準，是提升國家

表 5-1　區域產學合作中心及負責重點研究領域表

區域產學合作中心	重點研究領域
國立台灣科技大學	1. 電力電子 2. 光機電整合 3. 通訊 4. 纖維高分子
國立台北科技大學	1. 製造與機電科技 2. 能源與資源 3. 4C 整合科技
國立雲林科技大學	1. 環境與安全技術服務 2. 機械產業技術服務 3. 電力電子技術與再生能源科技
國立高雄應用科技大學	1. 電子通訊 2. 微機電精密機械
國立高雄第一科技大學	1. 模具產業 2. 運籌管理
國立屏東科技大學	1. 熱帶花卉及高經濟作物 2. 動物基因轉殖及疫苗研發技術 3. 農業廢棄物轉換技術 4. 食品生技產業技術

資料來源：教育部（無日期 a）。

競爭力的重要方式之一；然而，「大學教育國際化程度不足」卻是
台灣地區近年來大學教育發展所面臨的重要問題之一。不論在國際
交流、國外學者來訪、與國外大學簽約合作、辦理國際研討會、選
派教育研究人員出國研修等各方面，台灣大學國際化的程度，都還

停留在學術輸入的階段；而經費不足、制度僵化、國際化深度不夠等原因，更使台灣的學術水準距離世界水準仍相去甚遠（教育部，2001a）。

有鑑於此，教育部特於 1998 年舉辦北、中、南三區的「高等及技職教育國際化研討會」，邀請美國康乃爾大學國際教育學術合作專家 Jerry Wilcox 專題演講，並邀請全國各公私立大學校院行政主管及國際學術合作事務負責人共同參與討論，研商具體可行的步驟，此舉對於國際化議題具有宣示性效用。至 2001 年教育部在《大學教育政策白皮書》中再度強調大學教育國際化之重要，並揭示了厚植學術實力、積極招收國際學生以及開放國際競爭等發展策略；教育部亦將「加強國際學術交流、拓展學術外交空間」列為年度施政方針之一，有關國際化項目的比重也隨之與日俱增（教育部，2003）。

在具體的國際化計畫方面，2002 年提出「提升大學國際競爭力重點發展計畫」視為教育部具體措施之發韌，計畫目的為協助國內大學與國外學術機構建立實質的合作關係，計畫內容則分為推動提升大學國際競爭力計畫、提升高等教育學生之外語能力措施及加強外語環境等三部分；同年教育部又提出《挑戰 2008——國家發展重點計畫：「國際創新研發基地計畫——大學國際化」》，包含教學國際化、招收國際留學生、鼓勵本國學生留學、參加國際評鑑、與國外大學聯合開設學程或雙聯學制及與國外著名教育機構交換教授或研究人員等（謝幸蓉，2007）。

十二、強化遠距教學

　　所謂「遠距教學」是指師生透過通訊網路、電腦網路、視訊頻道等傳輸媒體，以互動方式進行之教學。台灣大學校院積極推動遠距教學，始於吳京部長任內，當時為縮短公私立大學的差距，替實施「選系為主、選校為輔」的政策鋪路，讓大學校院學生可跨校選修部分課程，藉由公私立大學學生相互選課的方式，私立學校可共享公立大學的師資與教學品質，大大降低教育成本；而跨越學校別與地理別之限，使學生知識獲得和學習更為方便，也更有效率。教育部於 1997 年開始推動遠距教學，並建立遠距教學「主／收播學校及課程」資料，主播學校計有台灣大學等三十六所學校，收播學校計有文化大學等五十八所學校，課程計有生涯輔導等九十四科（林天祐主編，2005）。

　　隨著網路科技快速發展，大學校院數位學習環境及經驗漸趨成熟，為滿足國民多元學習管道需求，提供全民學習及在職人士繼續進修的機會，教育部遂於 2005 年修訂「專科以上學校遠距教學作業規範」（2006 年修訂為「大學遠距教學實施辦法」），除放寬數位學習的學分數採認，並在認證作業機制下，開放特定領域試辦數位學習碩士在職專班。除此之外，教育部於 2006 年正式發布實施「數位學習碩士在職專班試辦申請及審核作業要點」及「數位學習認證作業申請須知」，首次開放特定領域試辦以數位學習方式修習碩士在職專班學位，並且同步實施數位學習課程及教材認證，為國內數位學習的推動邁入新的里程碑。

　　教育部為強化遠距教學、增進學術交流並提升行政效率，特建置「教育部遠距教學交流暨認證網」網站（網址為：http://ace.moe.edu.tw/b06.php），提供所有大學校院遠距課程備查、認證及交流作業的單一入口，簡化相關申請作業的流程，各校可利用該網站以線上作業方式，辦理課程備查申請、教材及課程認證申請、數位學習碩士在職專班試辦申請等，也可查詢到所送申請案的審查作業進度，並提供社會大眾各大專校院遠距課程及數位碩士專班的相關訊息。

肆 大學教育改革實施檢討

　　大學教育發展受到各種政治、經濟、社會和文化因素影響，其改革過程是相當複雜，而改革成效亦非一蹴可幾，仍須循序漸進，逐步落實，才能慢慢看到成效。Fullan（2001）指出：「變革是一種歷程，而非藍圖」，任何的改革方案，即使事前規劃投入再多的人力與心力，在改革的過程中都難免遭逢許多施行上的瓶頸與困難，有待檢討與修正，以便展望未來，規劃出更適合的發展方向。針對上述十二項改革議題，本文將逐項探討其實施成效與問題，茲說明如下。

一、實施多元入學制度

　　大學多元入學制度的實施，象徵「一試定終身」的大學聯合招生制度正式走入歷史，可說是我國大學教育史的一件大事。鄭秋霞

（2001）探討台灣地區大學入學制度之變革發現：(1) 大學入學考試具有社會化功能；(2) 大學入學制度之變遷具時代意義；(3) 文憑及升學主義仍難從根剔除；(4) 校系門檻如定太高有特殊天分之資優生將被摒棄於大學之門外；(5) 考科零分照例分發，顯見學生通才不足。

　　大學多元入學制度實施初期，雖然符合「多元智能」及「把每個學生帶上來」的理念上，亦可讓學生學習更加多元；但就「教學正常化」及「紓解升學壓力」效果仍屬有限。黃政傑（2001）指出大學多元入學方案所面臨的問題，包含多次考試機會帶來多次負擔、增加財力和人力負擔、考試分發入學名額仍過高、考甄作業影響高中教學與學習的正常化、面試與口試未盡公平客觀等問題。

　　而楊朝祥（2002）亦指出：許多民調顯示，有極高比例的家長、學生反映，多元入學方案實施後，升學壓力不減反增，且公平性也受到質疑，因而紛紛建議廢除多元入學方案，恢復聯考。然而聯考真的比多元入學方案公平嗎？

　　由於受到傳統升學主義及家長過度追逐明星大學，即使實施大學多元入學制度，還是很難減緩學生升學壓力。所以要透過大學多元入學制度減緩學生升學壓力，仍須家長觀念配合，才可能達成。隨著社會走向開放和多元，未來大學入學考試實不太可能恢復聯考，但仍須技術層面加以改善，使其更加公平客觀。

二、推動國立大學法人化

　　國立大學法人化主要目的在於讓國立大學成為完全權利能力主體的法律效果，不論在人事、經費和財務方面，都具有對外的獨

立性和自主性。其實，早在 1994 年立法院審議大學法時，國立大學公法人化之呼聲即不斷，然因國內對公法人之概念不清、法令未臻完備，包括公法人化的國立大學與督導之教育部發生紛爭時如何救濟，學校之人事權與財政權如何自主等問題無法獲致解決，加以欠缺公法人實施之經驗，妥協的結果，僅在大學法中宣示：大學應受學術自由之保障，並在法律規定範圍內享有自治權（楊朝祥，2001）。雖然教育部後來亦不斷提出在大學法增訂「國立大學法人化」相關條文，及在「2001 年教育改革之檢討與改進會議」、「大學校長會議」討論「國立大學法人化議題」，藉以取得共識，但因民意代表、學者專家及部分大學校院對國立大學法人化仍有疑慮及相關配套措施不足，故十多年來教育部所要推動的「國立大學法人化」政策，始終無法如願。

基本上，國立大學法人化政策受到反對的理由，依林騰鷂（2003）的觀點主要有下列三方面：(1) 國立大學法人化虛空民主憲政；(2) 消耗立法行政成本不符改革原則；(3) 尚不成熟的法制不適移植國內。此外，國立大學法人化政策可能增加各校自籌經費比重，以及要花費相當多人力和時間修訂相關法規，這些也都是各大學反對的原因之一。然而國立大學法人化後，對於學術自由的保障，以及在人事、財政、校務決策等方面運作上的彈性，的確有其實質的意義，未來國立大學法人化政策如何有效推動，仍有賴政府、大學和社會各界集思廣益，以尋求最好的做法，才會減少推動的阻力。

三、辦理二階段校長遴選

在 2005 年以前，我國大學校長遴選的過程大致可分為「遴選委員會組成」、「遴選作業與流程」以及「決選」等三階段，各階段所著重的事務不盡相同，但每個環節都足以影響校長遴選的結果，此三階段分別說明如下（錢婉瑜，2005）。

(一) 遴選委員會之組成

大學法雖將大學校長遴選之權限，歸於遴選委員會，但實際上遴選委員會之章程、辦法規劃、校內行使同意權等相關規定，仍須由校務會議通過方得實施，由此可知遴選委員會是一種代議制之組織，結合大學校園內民意之來源，進行校長候選人之篩選與審定。

(二) 遴選作業與流程

遴選委員會進行作業之前，相關委員必須先就會議規範、作業、審查候選人資料方式，以及候選人訪談等事項達成共識，以利遴選過程之進行。目前各大學校長遴選的過程通常包含公告徵才、召開校長遴選座談會、進行候選人資格審查與訪談等。

(三) 決　選

遴選委員會決定校長複選名單後，須報請校務會議或全體教師投票行使同意權，並將推薦名單送請教育部（公立大學）或董事會

（私立大學），進行最後圈選作業，校長人選確定並經布達後，遴選委員的任務就圓滿達成。

大學校長遴選制度雖然改變過去教育部指派的做法，使大學本身更有參與校長遴選的機會，提升大學自治能力的條件，是有其實質價值；但因教育部本身對大學校長遴選具有相當大的影響力，以及相關配套措施不足，大學校長遴選制度仍存在一些缺失。黃昆巖（1999）曾提出大學校長遴選問題如下：(1) 大學校長之崇高地位與形象受損；(2) 惡質選風污染校園；(3) 教育部威權與大學校園自治之衝突；(4) 大學成為派系競爭與院際對立的舞台；(5) 遴選委員會人員組成之爭議。因而教育部乃積極修正大學法，以期改正這些缺失。2005 年 12 月總統修正公布「大學法」新的大學校長遴選制度，由於實施時間尚短，其成效尚難以評估，但因教育部影響力減弱，就大學自治權的彰顯，是有其意義；至於是否造成大學派系紛爭和惡質選風污染校園情事等，以及真正落實超然獨立之遴選精神，仍須實施一段時間後才能論斷。

四、促進大學整併

近年來由於高等教育量之過度擴張，經營成本之急遽上漲，國內外競爭之日趨激烈，而教育資源卻相對的緊縮，使得高等教育面臨前所未有的嚴厲挑戰，加以國內新生兒出生率的快速下降，高等教育之需求數復已近飽和，令大學校院經營的前景更是雪上加霜。為改善經營效益，改進教學、研究品質以提升其競爭力，大學校院整併遂成為校務經營發展之有效策略。

　　然而，大學整併固有其崇高的積極意義，卻是一項極其複雜的工程，必須有其充分的合理性，在設定明確的理念與目標之後，尚須透過有效的溝通、共識的建立、妥善的規劃才能達成。形式的合併容易，實質的融合困難，如何減少彼此的摩擦、強化交流與合作並融合為一，是合併成功與否的關鍵。教育部推動國立大學整併計畫多年，至今除了嘉義師院與嘉義技術學院於 2000 年 2 月整併成為嘉義大學外，其餘各校之合併均已延宕多年，至今仍在研議中。歸納大學校院整併之阻力與難題，大致可分為以下四點（教育部，2002）。

(一) 整併目標與理念之歧異

　　參與整併的學校對整併所抱持的理念彼此可能互異，對整併後的期待也有所不同，即使在同一機構之中，不同的成員對合併的期待也可能有所差異。大學的整併事實不可能符應所有人的期待，但整併之後如果與期望落差太遠，則可能造成不良後果，因此設定目標提出構想後，在整併之前設定階段，逐步進行溝通、交流和合作以尋求共識是需要的。

(二) 形式之合併容易，實質之融合困難

　　大學整併的最主要目標是提升教學研究的品質，增強整體的競爭力，因此教師彼此之間的融合才是最重要的，也是決定合併是否成功的關鍵所在，但不同學校，有不同的文化和傳統，彼此原來的水準與制度也不同，如何讓教師能夠打破藩籬真正融合，是整個過

程中最困難的部分。事實上，合併案最大的阻力往往是來自二校的教師，校友其次。

㈢ 整併後的結果不一定帶來競爭力的提升

整併之後，學校規模變大，實力增強，大家期待一加一等於二甚至一加一大於二的效果能夠顯現。但事實確是不一定的，規模愈大，經營效益可能愈好，但也可能變得大而無當、不易管理、失去效率。如在整併之後尚須花費相當的力量在於彼此之間的協調溝通，弭平彼此之間的衝突和摩擦，則將因內耗反而損其實力，對提升競爭力自鮮有助益。

㈣ 整併除了理性的思考也有情緒性的因素

大學的整併固然具有崇高理想，但參與合併的相關人員卻未必都是理性的，許多情緒性的因素絕對不能忽視，而這些情緒性的因素也往往是大學整併的阻力與難題，例如：為了新的校名，就有可能引發許許多多情緒性的爭論。

五、彈性調整學雜費

學雜費調整是一個相當敏感的教育議題，因為它涉及到家長負擔、學校經營及教育品質等複雜的問題。因此，每逢各大學提出大學將調漲學費的同時，反對的聲浪也隨之而起，儘管政府提出說明，社會大眾仍對教育部調漲學費之政策充滿質疑，「反高學費行

動聯盟」等團體的抗爭訴求,多年來仍為媒體大幅報導的焦點(陳蓮櫻,2004)。所以政府對學雜費的調整都持謹慎小心的態度。

基本上,教育部所訂的大學校院學雜費調整方案規定,必須先行檢視學校經營及辦學成效,自我審議符合「財務指標」、「助學指標」及「辦學綜合指標」要求後,經由「資訊公開程序」及「審議公開程序」完成校內審議,於調幅上限內訂定學雜費調整案,備齊各審議表格與文件送教育部複核。這種做法是相當客觀的,可以減少各校任意調整學雜費的弊端。

大學校院調漲學雜費方案,面臨到各大學校院要求調漲和民間團體反對調整的雙重壓力下,教育部依然堅持調漲原則,調幅都在 5% 以下,家長大都能夠接受。此外,教育部審議 96 學年度學雜費調漲時,因部分大專校院近三年因校務或財務有疏失,情節重大,遭致調降 1% 學雜費。所以,目前大專校院學雜費彈性調漲政策,已經收到一些效果。

六、辦理大學評鑑

大學自主雖是近年大學教育改革的方向,但大學持續改進和確保大學教育品質,仍然需要有效的監督,而推動大學多元評鑑乃是監督的重要機制。

我國辦理大學評鑑,已經有三十多年歷史,但正式有辦理大學評鑑的法源依據,始自 1994 年大學法修正公布第 4 條第 2 項規定:「各大學之發展方向及重點,由各校依國家需要及學校特色自行規劃,報經教育部核備後實施,並由教育部評鑑之。」自此以

後，教育部即積極辦理大學評鑑相關工作，例如：1997 年 7 月首次試辦全面性之大學綜合評鑑工作，除了新設校院及改制未滿三年之學校得自行決定是否參與外，其他各校，包括軍警校院均納入此次評鑑，總計參與受評之學校達六十二校。2004 年 7 月啟動，進行七十六所大學校院評鑑。2006 年首度辦理系所評鑑，第一年以師範教育為主的公立大學與藝術及體育領域。

整體而言，我國大學評鑑之發展，就承辦單位而言，過去大多由教育部主導，目前已逐漸轉變為由專責評鑑機構辦理；就評鑑對象與內容而言，過去大都偏重整體校務，目前已逐漸加強對各學術專業領域分別辦理。而評鑑結果處理，除科技大學評鑑外，已經慢慢走向認可制精神，以確保學校及系所辦學品質，並強化學校及系所自我改進能力。

綜觀十多年來的大學評鑑，對大學品質的改進，的確有一些助益，而各大學對評鑑工作也愈來愈重視，足見大學評鑑的必要性與價值性，然而我國實施大學評鑑的時間，與英美國家相比，其評鑑的成效仍有一段距離。因此，大學評鑑機制的建立、指標的研發和品質保證制定，仍有待努力。

七、推動一流大學與頂尖研究

大學追求品質與卓越，是各國大學最重要努力方向，而各國大學更是卯足全力，以進入世界百大和國際一流大學為目標。教育部為協助各校發展成國際一流大學，特別與國科會聯手擬定「發展國際一流大學及頂尖研究中心計畫」，這項計畫推出也面臨到不同

爭議,最主要爭議為:(1) 大學追求卓越原本是指大學及其成員有計畫且有目標地長期追求學術上的表現或成就,其中包含教學卓越與研究卓越,但卓越計畫的補助誘因,已使各大學「重研究、輕教學」的現象更趨嚴重;(2) 在追求知識經濟的過程中,高科技學門獲得前所未有的青睞,人文與通識課程在其中的消長亦是不容忽視的,從卓越計畫的補助可看出「重科技、輕人文」的現象,這更不利於人文社會學科的發展;(3) 行政院以五年五百億的巨額經費補助,企圖增進台灣在世界大學排名的表現;然而世界大學排名的評比指標卻莫衷一是,目前跨國性大學排名系統除了有《亞洲週刊》(*Asia week*)推出的亞洲及太平洋地區大學排名,中國大陸交通大學也在 2003 年首度推出世界大學排名,英國《泰晤士報高等教育增刊》(*Times Higher Education Supplement*)於 2004 年發展世界大學排名,以排名學術指標作為衡量大學品質的唯一依據是否有失偏頗?而他國的評鑑指標又能否反映國內社會與學生之需求呢?(4) 重點大學政策固可運用有限資源做到焦點集中、重點突破的目標,發揮塑造學術領航員的功能,不過這也有可能出現副作用,例如:區分等級或忽視重點學校,將造成「貧者愈貧、富者愈富」的現象;再者所謂世界一流學府的建設,不可侷限於研究型大學發展政策的實施,同時也要兼顧非研究型大學的卓越發展(湯家偉,2005;薛曉華、周志宏,2005)。

雖然「發展國際一流大學及頂尖研究中心計畫」有一些爭議,但是實施以來,對各研究型大學學術研究提升的確產生效果,尤其從 2007 年度的六場成果發表會來看,充分展現出各校教學和研究

的成果，包括參與國際合作，且有相當多成果並發表多篇頂尖論文
在國際期刊。當然，該項計畫也遭到質疑各大學涉嫌挪用蓋宿舍、
修校門，不符頂尖計畫，預算科目跟實際執行的科目根本不符等情
事，實應避免，而教育部亦應扮好監督角色，使經費確實花在刀口
上。

八、辦理教學卓越計畫

　　大學是培育人才的園地，故教學是大學教育最重要的功能之
一。過去大學有「重研究、輕教學」的不當現象，應透過適當的政
策加以調整。為鼓勵大學追求教學卓越，並提供學生優質學習環
境，教育部 2004 年 12 月特訂頒「獎勵大學教學卓越計畫」並於
2005 年度編列十億元經費，由各校提出計畫爭取，2005 年度「獎
勵大學教學卓越計畫」經審核擇定十三所學校獲該計畫之經費補
助，2006 年度之獎勵大學教學卓越計畫，又增加為五十億元。

　　從 2007 年 3 月一般大學教學卓越計畫成果聯展的二十八所參
展學校，以及技專校院 2006 年度「獎勵大學教學卓越計畫」聯合
成果發表會，除有助分享各校之執行經驗及成果，並提供作為各校
追求教學卓越觀念、策略及做法之參考外；亦可看出「教學卓越計
畫」對各校教學品質的提升，尤其教材上網率及教師教學評鑑等方
面，的確具有相當大的效益。

　　教學卓越計畫係屬重點補助，應專款專用，以及使用透明化，
但各校仍有挪用現象，實宜改進；此外，透過教學卓越計畫，仍難
以有效淘汰不適任教師，所以建立教學成效評鑑機制仍須努力。

九、辦理通識教育評鑑

　　教育部為了解通識教育實施成效，並為改進參考，特於 1998 年委託「中華民國通識教育學會」辦理第一次大學通識教育評鑑。後來教育部為改進及深化通識教育，辦理多次通識教育評鑑。綜觀通識教育評鑑報告內容可以看出國內大學通識教育已慢慢步入軌道，成效也比以前進步（教育部，2004；教育部，2005c）。

　　雖然透過通識教育評鑑，可使各校更加重視通識教育的實施，但是從評鑑報告中也可看出通識教育實施的一些問題，例如：通識教育課程定位不夠明確，無法有效區隔與基礎教育科目之差異；通識教育課程缺少足夠深度，推出通識課程五花八門，導致通識教育課程韻味全失；通識教育的課程開設，不是基於通識教育的內涵，而是為了教師配課需求；通識教育課程缺乏有效行政支援，造成人力、資源、經費和設施都有明顯不足現象；通識教育師資素質程度參差不齊等。

十、推動產學合作

　　教育部推動產學合作不遺餘力，的確有其成效。根據教育部 2006 年度技專校院產學合作指導委員會第一次會議資料指出：2005 年度共計推動 2,041 件產學合作案，產學合作案之金額達 10 億 4,321 萬元，成功推動一百七十七件技術移轉，並申請六百十七件專利，與業界前來顧問諮詢件數五百三十九件。從這些資料可以看出產學合作的成果。復根據紀家雄（2004）的研究發現：產學

合作對學術界、產業界和政府均有效益，但仍有一些問題存在，例如：我國產學合作運作機制和英美德等國比較仍有不足之處、全體樣本對產學合作範圍了解程度高，但對運作機制的組成與運作方式則了解不足、全體樣本對產學合作中心的運作成效滿意度偏低、產學合作了解程度有區域性差異。

此外，李秋緯（2003）在「我國產學合作的影響因素之實證研究」研究亦發現產學合作之障礙因素來自於下列各項：(1) 學校屬性與「企業文化與學術文化的差異」的產學合作障礙有關聯性；(2) 大學教授職等與「企業文化與學術文化的差異」的產學合作障礙有關聯性；(3) 公司營業額的大小與「大學計畫主持人整合與管理能力的缺乏」的產學合作障礙有相關性；(4) 公司員工人數的多寡與「大學計畫主持人整合與管理能力的缺乏」、「大學缺乏跨領域整合之技術人才」的產學合作障礙有相關性。是故，未來產學合作要發揮其更大效果，上述的障礙必須設法排除，才容易見效。

十一、協助大學推動國際化

隨著知識經濟的發展與國際交流互動頻繁，台灣目前正快速向國際化社會邁進，為掌握世界的脈動，讓大學教育與國際緊密接軌，以及培育具有國際觀人才，並能積極參與國際化的業務，大學國際化已經成為當前大學教育改革重要課題之一。為了有效推動大學國際化，教育部曾在 2003 年「全國教育發展會議」討論「建構大學國際化環境，促進國際交流合作」相關議題，以利建構大學國際化政策；此外，為了凸顯大學國際化的重要性，在 2004 年大

學校務綜合評鑑和「發展國際一流大學及頂尖研究中心計畫」亦將「國際化」列入評鑑項目之一。這些做法可以看出教育部有意透過政策引導大學重視國際化。

教育部亦自 2005 年起持續辦理的大學校院國際化調查，內容包含全外語授課之學程 / 系、設立輔導外國學生之專責單位、國際學術交流現況、辦理外語能力檢定等項目，以了解各校國際化實施狀況。從教育部及各大學推動國際化的程度來看，無論師生國際交流、採用英語授課、邀請外籍教授來訪、辦理國際學術會議、國際學生招生、建置校園國際化環境等方面，都比以往更為熱絡。

雖然大學國際化有一些成效，但因受限於經費、人力、法令等因素，以及教育部及各大學欠缺國際化管控機制，學校未能精準掌握全校國際交流之數據資料；加上各校之間之國際化腳步參差不齊。所以國內大學要真正國際化程度，仍有一段長遠的路要走。

十二、推動遠距教學

遠距教學打破時空限制，提供學生另一種學習管道。遠距教學在教育部的支持之下，近來已成為各大學校院重點發展的一個項目。隨著資訊科技和網路科技的高度發展，以及基於學生學習的便利性，國內許多大學校院陸續採用網路授課，讓學生只要透過網路就能同步上課，即使學生不到學校，也可利用網路享受學校教育資源，各校亦紛紛建立數位學習網。

大學校院同步及非同步網路線上教學至今已發展多年，目前實施校數有六十多校、學分課程數超過五百門、修課人數近四萬人

次，透過數位學習修習國內在職專班、推廣教育及國外學校課程的人數也逐年增加（教育部，無日期 b）。

　　雖然遠距教學有其便利性，但由於缺乏面對面接觸，師生互動不足，無法完全掌握學習者的學習狀況，而且教師受限於教學媒體，難以展現教師的教學藝術與創意；此外，部分學校之資訊設備無法大幅更新，導致遠距教學效果受到影響。因此，如何有效確保遠距教學品質，仍是未來努力的重要課題之一。

伍 我國大學教育改革策略之建議

　　我國大學教育在少子化、國際化和過量化的衝擊下，各大學將面臨存亡關鍵。為了有效因應未來的挑戰及突破經營困境，大學經營必須朝向績效化、精緻化和優質化的方向，並展現高度品質和特色，學校才能在危機中立於不敗之地。茲提出我國大學教育改革策略的建議，以供參考。

一、落實大學系所評鑑工作，確保大學教育品質

　　教育部與一百四十三所大專校院捐資成立的「財團法人高等教育評鑑中心基金會」於 2005 年 12 月 26 日，負責國內大學評鑑工作。根據財團法人高等教育評鑑中心基金會（2006）之「95 年度大學校院系所評鑑實施計畫」，未來五年內國內大學校院評鑑採系所評鑑方式進行，而不是採校務評鑑方式。至於系所評鑑目的乃是針對各大學系所之教育品質進行判斷與認可，以利各大學系所能

夠自我改進，並確保教育品質。目前系所評鑑採認可制精神進行評鑑，已經邁入第二年，各大學反應良好，認為有助提升系所教學和學生學習品質。為使大學系所評鑑確實能夠發揮其功能，下列四項工作的進行有其必要。

㈠ 各校系所應確實做好自我評鑑工作，以利自我改進和提供實地訪評委員參考之用。

㈡ 評鑑委員於實地評鑑時，應確實遵守評鑑程序，並依評鑑程序進行，而且評鑑委員要能確實遵守評鑑專業倫理規範，所撰寫的評鑑報告應確實做到專業公正客觀，才具有公信力。

㈢ 評鑑之後，要求各大學系所針對訪評報告所提出的缺失和建議事項，確實檢討並提出改進時程及改進做法，以供爾後追蹤評鑑之用。

㈣ 經評鑑欠佳系所，要求減少招生名額或依法停止招生，以建立系所退場機制。

二、建立大學績效責任制度，提高大學辦學成效

　　大學彼此競爭愈來愈激烈，自我改進與辦學成效愈來愈重要。所以，國外大學紛紛採取績效責任制，運用內部和外部績效責任機制，以提升組織績效。根據 Woodhouse（2007）指出內部績效責任機制必須產出內部的資料數據及檢討報告，並將其用於診斷需要改進之處、如何改進，及確保有獲得改進；而外部的績效責任機制，由外在的機構審視各大學所產出的各項績效，並給予評估，往往會牽涉到公開的報告，或是經費的分配等議題。不管內部或外部

績效責任制，皆有助於改善品質和提高績效，所以建立大學績效責任制度，有助於學校長遠發展。基本上，大學所承擔績效責任，不只是政府、社會、市場而已，而且還包括學生、教職員和機構本身的績效責任。所以大學要推動績效責任，下列做法是必要的。

㈠ 訂定「大學推動績效責任辦法」，作為大學推動績效責任依據。

㈡ 鼓勵大學成立「推動績效責任小組」，強化大學機構本身、教職員和學生績效責任觀念，以及規劃大學績效責任工作事項，以利推動大學績效責任。

㈢ 要求各大學出版和公布績效責任報告或年度報告，以利各社會大眾了解學校辦學成效。

㈣ 建立大學績效獎懲制度，辦學績效經考評為績優者，提供經費獎助；經考評為成效欠佳者，除令其改善外，亦考慮減少招生名額。

三、繼續推動大學整併工作，促進大學健全發展

國內大學過量化的發展，導致大學教育品質的低落，而且也讓大學教育發展陷入危機之中，對學生學習和學校長遠發展產生相當不利影響。因此，大學整併工作，成為大學教育改革重要課題，但實施以來，並未達顯著成效。截至目前大學合併成功者，只有在 2000 年 2 月嘉義師院與嘉義技術學院整併成為嘉義大學，國立體育學院與國立台灣體育學院整併成為國立台灣體育大學，其他研議合併之學校者，不是破局（例如：台灣師大與台灣科技大學、花蓮師院與東華大學、清華大學與交通大學等），就是毫無進展（例

如：台北市立師院與台北市立體院；屏東教育大學、屏東科大與屏東商業技術學院；勤益技術學院、台中技術學院與台中護專等）。顯然國內大學整併工作並不如大陸和英美國家的順利，但是處在人口少子化的趨勢，大學再不有效整併，也勢必面臨退場命運，所以大學整併工作，勢在必行，茲提下列做法，以供參考。

(一) 提供高額整併經費作為整併基金，挹注其改善學校體質，提升競爭力。

(二) 教育部主動參與各校整併之相關會議，並說明整併必要性與利基，以及化解教職員疑慮。

(三) 大學整併，應不限於公立，私立學校亦應加鼓勵，未來宜考慮訂定「大學整併辦法」或「大學整併法」，以作為整併依據。

(四) 蒐集大陸和歐美國家大學整併成功案例，作為國內實施參考。

四、賡續推動大學卓越計畫，激勵大學邁向頂尖

　　大學追求研究與教學卓越是確保大學永續經營的關鍵，也才能提供國家和社會更多貢獻。教育部於 2004 年推動「發展國際一流大學及頂尖研究中心計畫」和「獎勵大學教學卓越計畫」，對提升研究與教學卓越具有積極意義。其實中國大陸、韓國和日本都不惜挹注大量經費，以利大學追求卓越。例如：中國大陸自 1990 年代初，就開始推動的「211 工程」，在 1995 到 1998 年投資六十一所大學一百三十多億人民幣；1998 年後，又推動「985 工程」，三年內，投資三十四所大學 282.7 億人民幣。南韓於 2002 年則以每年二千億元（相當五十八億新台幣）推動「21 世紀智慧韓國頭

腦計畫」（BK21）、日本於 2002 年實施「21 世紀大學卓越計畫」
（COE）等，主要目的在於提供獎助誘因，協助各大學追求世界一
流大學。可見追求國際一流大學已成為大學發展趨勢，茲提出下列
三項建議，以供參考。

㈠「發展國際一流大學及頂尖研究中心計畫」和「獎勵大學教學
　　卓越計畫」宜繼續推動，不宜終止。

㈡執行「發展國際一流大學及頂尖研究中心計畫」和「獎勵大學
　　教學卓越計畫」之學校，應每年向社會大眾展現執行成果。

㈢定期進行「發展國際一流大學及頂尖研究中心計畫」和「獎勵
　　大學教學卓越計畫」評鑑工作，表現優異者繼續獎助；表現未
　　達一定成效者終止獎助。

五、強化大學產學合作，厚植大學與產業競爭力

　　我國重視產學合作，始自 1991 年行政院國家科學委員會發
布「產學合作研究計畫作業要點」，該要點旨在鼓勵國內公私立大
學校院或依國科會規定受補助單位提出產學合作。到了 2001 年以
後，教育部為使大學能與特色產業結合，建立互助互惠之產學合作
系統，乃贊助各大學成立「教育部區域產業合作中心」，對產學合
作發揮實質效果。2005 年修正公布「大學法」第 38 條明定：「大
學為發揮教育、訓練、研究、服務之功能，得與政府機關、事業機
關、民間團體、學術研究機構等辦理產學合作；其實施辦法，由教
育部定之。」教育部據此乃於 2006 年發布「大專校院產學合作實
施辦法」，作為產學合作推動依據。基本上，產學合作必須對產學

雙方都能認清互相合作的效益，才能持續不斷的辦下去，也才可達到雙贏的共同目標。國內大學產學合作已經奠定良好基礎，未來應在此一基礎上，繼續檢討與改善，才能強化其效果。因此，強化大學產學合作，仍是未來高等教育重要改革課題之一。茲提出下列三項做法，以供參考。

㈠ 定期辦理大學產學合作績效評量，以了解各校實施產學合作辦理成效，並促進各大學檢視自身特色與條件，提升產學合作效益。

㈡ 將產學合作成果，列入大學評鑑重要項目之一。

㈢ 辦理產學合作成果發表會，並表揚產學合作績效卓著學校。

六、革新大學通識教育課程，培養學生健全人格

通識教育是一種通才教育；亦是一種全人教育，主要目的在培養學生具有獨立思考、對不同的學科有所認識，以致能將不同的知識融會貫通，最終目的是培養出完整的個體。教育部自從 1984 年開始推動各大學通識教育，迄今已有二十多年的歷史，但實施效果亦屬相當有限，其中原因在於通識教育定位、課程內涵、師資素質、行政支持、學生重視程度等原因。未來大學通識教育要發揮其功能，課程結構、師資和評鑑，仍屬重要的一環，茲提下列做法，以供參考。

㈠ 通識教育課程改革，一定要有效區隔與基礎教育必修科目的關係，切勿將基礎必須科目（如：國家發展、憲法、立國精神或其他類似之課程；歷史、中國文學、英美文學等課程）作為通

識教育課程一部分，才能展現通識教育的特色和功能。

㈡通識教育課程宜由學養豐富教師擔任，不宜由過於資淺教師擔
　任；此外，亦不宜將通識教育課程作為教師配課之用，必須由
　學有專精教師擔任授課。

㈢定期辦理通識教育評鑑，並督促大學依據評鑑結果提出具體改
　進做法。

七、進行大學適當分類，鼓勵大學多元化方向發展

　　在英美國家，各大學為發展其特色和展現其功能，都有屬於不
同類型學校。例如：美國加州大學（University of California）和加
州州立大學（California State University）就屬於兩種不同類型，
前者屬於研究型大學；後者屬於教學型大學；但是國內並無此分
類。因此，中央研究院第二十六次院士會議建議在政府五年五百億
經費政策的挹注之下，鼓勵各大學朝向研究型、教學型、專業型與
社區型等方向來規劃與發展，讓每所大學明確自我定位，繼而追求
自我卓越（中央研究院，2004）。由於國內大學分類尚未成形，仍
屬討論階段。隨著大學教育發展及定位，未來大學分類仍有其必要
性，茲提下列三項做法，以供未來改革參考。

㈠透過經費補助引導，鼓勵各大學發展其特色，以利未來大學分
　類。

㈡進行大學分類專案研究，確立適切大學分類指標（學校規模、
　學生人數及學校特色等）及型態（如：研究型、教學研究型、
　教學型、專業型四種類型等）。

㊂ 政府亦應依各類型大學之領域特色，給予適當比例的經費補
助。

八、鼓勵大學積極推動國際化，強化國際競爭能力

值此全球化時代來臨，大學走向國際化是一個必然趨勢。環
顧國內大學教育發展，唯有提升我國大學國際競爭力、培育優秀且
具國際視野之人才，才是提升國家競爭力與創造力之根本之道。正
如楊國賜（2006）所言：國際化是高等教育改革未來方向之一，
各國將會尋求高等教育的國際合作，以因應當前及未來人類發展需
求。為有效推動大學國際化，茲提出下列做法，以供參考。

㊀ 建立大學推動國際化獎勵機制及經費補助辦法，激勵各大學積
極推動國際化工作。

㊁ 專款補助各大學招收國際學生及本國師生參與國際學術交流活
動。

㊂ 鼓勵各大學設立國際學院，採用英語授課，以吸引國際學生前
來就讀。

㊃ 鼓勵各大學辦理國際學術活動，邀請國際學者前來參與學術研
討。

㊄ 營造優良外語環境，提升本國學生外語能力。

九、漸進推動國立大學法人化，強化大學經營效能

為利於大學經營更具獨立與效率，行政院教育改革審議委員
會（1996）於《教育改革總諮議報告書》，特別對大學教育之運作

提出大學公法人化之建議。而教育部為因應我國加入世貿組織之衝擊,於 2000 年 4 月重新籌組「大學法草案工作小組」並回應國立大學法人化之強烈籲求,亦研擬國立大學法人化相關條文。但因國立大學之行政法人化,勢必調整修正現有國立大學的人事、財政、採購與校產管理制度,其所牽動的法制調整工程與所耗費的行政成本不小,加上各大學仍有疑慮,迄今「國立大學法人化」仍未能在「大學法」修正通過(教育部,2005 年 10 月 6 日)。鄰國日本於 2003 年 7 月完成「國立大學法人化」,2004 年 4 月開始實施,因只有短短三年,成效尚難以評估,但對學校經營自主與彈性,以及績效責任,是有其價值;但由於經費自籌比重高、學校因應法人須自訂相關法規內耗人力等因素,亦受到批評。所以國立大學法人化的推動,不宜躁進,仍須循序漸進。茲就國立大學法人的做法,提出下列三項做法,以供參考。

㈠ 參酌日本推動國立大學法人化經驗,作為我國擬定國立大學法人化政策之參考。

㈡ 委託學者專家組成「國立大學法人化政策影響評估」研究,再評估其利弊得失及政策可能產生的衝擊面。

㈢ 未來大學法修正時,仍應將「國立大學法人化」相關條文列入,以取得法源依據,才會減少推動阻力。

陸 結 語

大學教育是推動國家賡續發展,提升國家競爭力的源頭活水。

提升大學教育品質，促進大學追求卓越，正是當前大學教育發展重要課題。政府近十幾年對於大學教育改革不遺餘力，投入龐大經費與人力，也發布《大學教育政策白皮書》，指引大學教育政策，幫助大學發展其特色，並建立一流大學為追求目標。

　　然而隨著人口少子化和國際化衝擊，大學面臨經營壓力愈來愈大，導致大學教育改革必須加快腳步，否則大學將陷入危機。因此，本文提出九項大學教育改革策略建議：(1) 落實大學系所評鑑工作，確保大學教育品質；(2) 建立大學績效責任制度，提高大學辦學成效；(3) 繼續推動大學整併工作，促進大學健全發展；(4) 賡續推動大學卓越計畫，激勵大學邁向頂尖；(5) 強化大學產學合作，厚植大學與產業競爭力；(6) 革新大學通識教育課程，培養學生健全人格；(7) 進行大學適當分類，鼓勵大學多元化發展；(8) 建立大學國際化誘因機制，強化國際競爭能力；(9) 漸進推動國立大學法人化，強化大學經營效能。

參考文獻

中央研究院（2004）。**中央研究院第二十六次院士會議紀錄**。台北市：作者。

內政部（無日期）。**內政統計資訊服務網**。2007 年 4 月 5 日，取自 http://www.moi.gov.tw/stat/index.asp

行政院教育改革審議委員會（1996）。**教育改革總諮議報告書**。台北市：作者。

吳清山、王令宜（2006 年 11 月）。**台灣地區的大學評鑑：回顧與展望**。論文發表於國立政治大學主辦之「2006 海峽兩岸教育發展與改革學術研討會」，台北市。

吳清山、賴協志（2007）。台灣初等教育改革的省思：1994-2007。**教育資料集刊，33**，1-27。

李秋緯（2003）。**我國產學合作的影響因素之實證研究**。國立政治大學科技管理研究所碩士論文，未出版，台北市。

林天祐（主編）（2005）。**教育改革與教育政策——教育家的話 II**。台北市：國立教育資料館。

林基源（2001）。高等教育對知識經濟應有的體認與預應。**國家政策論壇，1（5）**，146-152。

林騰鷂（2003 年 3 月 11 日）。國立大學行政法人化不適移植台灣。3 月 11 日，**中央日報**，9 版。

紀家雄（2004）。**教育部技專校院產學合作運作機制現況與改革之研究**。暨南國際大學教育政策與行政學系碩士論文，未出版，南投縣。

柯維欣（2004）。**我國國立大學行政法人化政策之研究**。暨南國際大學教育政策與行政學系碩士論文，未出版，南投縣。

馬哲儒（1996）。**展望 21 世紀的高等教育**。2007 年 7 月 28 日，取自 http://www. sinica.edu.tw/info/edu-reform/farea8/j16/14.html。

財團法人高等教育評鑑中心基金會（2006）。**95 年度大學校院系所評鑑實施計畫**。台北市：作者。

教育部（1998）。**教育改革行動方案**。台北市：作者。

教育部（1999）。**彈性調整學雜費方案**。台北市：作者。

教育部（2001a）。**大學教育政策白皮書**。台北市：作者。

教育部（2001b）。**大學教育的現況與前瞻**。台北市：作者。

教育部（2002）。**國立大學整併現況的檢討與未來展望專案報告**。台北市：作者。

教育部（2003）。**全國教育發展會議實施計畫**。台北市：作者。

教育部（2004）。「**大學通識教育評鑑先導計畫**」評鑑報告。台北市：作者。

教育部（2005a）。**發展國際一流大學及頂尖研究中心計畫**。2007 年 7 月 29 日，取自 http://epaper.edu.tw/138/storyimp.htm

教育部（2005b）。**獎勵大學教學卓越計畫規劃背景及 94 年度辦理情形說明**。2007 年 7 月 29 日，取自 http://www.edu.tw/EDU_WEB/EDU_MGT/HIGH/EDU 5128001/teaching%20excellent%20description.doc

教育部（2005c）。**大學通識教育評鑑先導計畫（第二期）評鑑報告**。台北市：作者。

教育部（2005 年 10 月 6 日）。國立大學法人化，迎接學校組織彈性時代的來臨。**教育部電子報**，174。2007 年 8 月 2 日，取自 http://epaper.edu.tw/174/ mainstory3.html#1

教育部（2006）。**教育部獎勵大學教學卓越計畫：95 年度計畫作業手冊**。
台北市：作者。

教育部（2007）。**中華民國教育統計**。台北市：作者。

教育部（無日期 a）。**教育部產學合作資訊網**。2007 年 7 月 30 日，取自
http://www.iaci.lhu.edu.tw/

教育部（無日期 b）。**教育部遠距教學交流暨認證網**。2007 年 7 月 30 日，
取自 http://ace.moe.edu.tw/b06.php

陳德華（2005）。台灣高等教育的回顧與前瞻。**國民教育**，46（2），13-
31。

陳蓮櫻（2004）。**台灣地區大學學費制定及相關因素之研究**。暨南國際大學
教育政策與行政學系碩士論文，未出版，南投縣

湯家偉（2005）。**台灣地區大學排名指標建構之研究**。國立政治大學教育研
究所碩士論文，未出版，台北市。

黃昆巖（1999）。國內大學校長遴選之方式及問題。載於黃俊傑（主編），
大學理念與校長遴選（頁 321-334）。台北市：中華民國通識教育學
會。

黃政傑（2001）。**大學教育改革**。台北市：師大書苑。

楊朝祥（2001）。為公立大學公法人化催生。**國政研究報告**，教文（專）
090-034 號。

楊朝祥（2002）。多元入學制度之檢討與再出發。**國政研究報告**，教文
（研）091-030 號。

楊國賜（2006）。新世紀高等教育改革規劃與改革動向。**教育資料集刊**，
31，157-180。

楊瑩（1998）。高等教育改革。**教育資料集刊**，23，125-147。

鄭秋霞（2001）。**從教育改革談台灣地區大學入學制度之變革**（1994 迄今）。南華大學公共行政與政策研究所碩士論文，未出版，嘉義縣。

錢婉瑜（2005）。**國立大學校長遴選制度之研究──以三所不同類型國立大學為例**。國立台北教育大學教育政策與管理研究所碩士論文，未出版，台北縣。

薛曉華、周志宏（2005）。因應全球化的教育政策與法制調整──以高等教育為範圍之檢討。**法政學報**，18，147-192。

謝幸蓉（2007）。**大學國際化指標建構之研究**。台北市立教育大學教育行政與評鑑研究所碩士論文，未出版，台北市。

謝蕙蓮（2007 年 7 月 20 日）。大學錄取率可能再飆高。**聯合晚報**。2007年 7 月 25 日，取自 http://udn.com/NEWS/NATIONAL/NAT4/3947181.shtml

羅華美（2003）。公立大學公法人化相關芻議之探討──制度主義之分析。**台灣經濟研究**，26（12），127-133。

Woodhouse, D. (2007, June). *Models of accountability*. 論文發表於財團法人高等教育評鑑中心基金會主辦之「2007 年高等教育績效責任國際學術研討會」，台北市。

Fullan, M. G. (2001). *The meaning of educational change*. New York: Teacher College, Columbia University.

（本文與王令宜老師合撰，曾發表於 2007 年《教育資料集刊》，第 34 輯）

高等技職教育改革

6

CHAPTER

壹 前 言

　　技術及職業教育為教育體系重要的一環，其主要目標在培育技術人力，以促進國家經濟建設發展。因此，有效落實技術及職業教育課程，提升技術及職業教育品質，強化技術及職業教育體質，乃成為技術及職業教育改革重要課題。

　　基本上，我國技術及職業教育可分為三級：高級中等職業學校、專科學校和科技大學（含技術學院）。這三級各有其教育目標，依「職業學校法」規定，高級中等職業學校以教授青年職業智能，培養職業道德，養成健全之基層技術人員為宗旨；復依「專科學校法」規定，專科學校以教授應用科學與技術，養成實用專業人才為宗旨；至於科技大學及技術學院之教育目標，雖然法並無明確規定，但仍可歸納其教育目標在培育高級實用專業技術人才為宗旨。

　　我國高等技術及職業教育體系建立，始自 1974 年成立「國立台灣工業技術學院」，當時設立目的在因應經濟與工業迅速發展之需，以培養高級工程技術及管理人才為目標，技術職業教育體系正

式建立一貫完整體制。爾後，我國高等技術及職業教育日漸受到重視，發展愈來愈蓬勃，在 85 學年度只有十所技術學院，到了 86 學年度增加到五所科技大學、十五所技術學院，至 96 學年度更增加到三十七所科技大學，四十一所技術學院，茲將近十多年來高等技職教育學校數量列表，如表 6-1 所示。

由表可知，我國高等技職教育自 1997 年（即 86 學年度）以後可說發展極為快速，專科學校升格為技術學院，而技術學院也紛紛升格為科技大學，這種升格現象，是否有助提升高等技職教育品質？是否有助培育優秀高等專業人才？社會大眾仍是有所質疑。

不可否認地，近十多年來政府致力高等技職教育改革，除於 2000 年發布《技職教育白皮書》外，也積極從事入學方案、課程與教學、設備充實、師資提升、產學合作、學生就業能力等多方面

表 6-1　近十多年來高等技職教育數量

學年度	合計	科技大學	技術學院	學年度	合計	科技大學	技術學院
79	1	0	1	89	62	11	51
80	3	0	3	90	67	12	55
83	6	0	6	91	71	15	56
84	7	0	7	92	73	20	53
85	10	0	10	93	75	29	46
86	20	5	15	94	75	29	46
87	26	6	20	95	78	35	42
88	47	7	40	96	78	37	41

資料來源：教育部全球資訊網（無日期）。大專校院校數統計。2008 年 1 月 17 日取自：http://140.111.34.69/EDU_WEB/EDU_MGT/STATISTICS/EDU7220001/overview/ brief-htm/index.htm?open

改革，呈現一些成效，但也遭遇一些問題，導致高等技職教育功能始終無法有效發揮，的確有必要加以探究。

　　本文所論及的高等技職教育，主要是以科技大學和技術學院為主，但亦有部分內容亦涉及專科學校。為理解台灣高等技職教育之近十年來改革情形，本文首先分析高等技職教育改革背景；其次說明高等技職教育改革之內涵與做法；接著探討高等技職教育改革之實施成效及問題，最後提出高等技職教育未來革新方向。

貳 高等技職教育改革的背景分析

　　教育是國家發展的重要根基，更是提高國民素質、強化國家競爭力的利器。1990 年代以後，世界各國均積極從事各項教育革新的活動，以強化教育品質。我國高等技職教育體系係於 70 年代設立台灣工業技術學院，建立職業學校、專科學校、技術學院之一貫體制（江文雄、王義智，2004；簡明忠，2002；簡惠閔，2006），開啟我國教育之雙軌體系。近年來，因應 1990 年代開始出現重工業與 2000 年代之半導體、生物科技等高科技產業興起，符應此一產業轉變，科技大學與技術學院之大量出現，以暢通學生之升學與進修管道。因此，高等技職教育之發展係符應產業背景之需求，高等技職教育改革係回應產業訴求。對於教育改革之背景分析，學者（林生傳，1999；林新發，2001；黃政傑，2000；張鈿富，1999）多將其歸納為政治、經濟、社會與全球化等面向予以探究，為深入了解高等技職教育改革本質，以及貼近我國教育改革現況，本文從

下列五方面分析之。

一、高等教育政策鬆綁帶動市場化之競爭機制

　　我國高等技職教育政策逐漸鬆綁，係自 1995 年開始。依行政院教育改革審議委員會（1996）發布《教育改革總諮議報告書》內容觀之，特別強調解除不當的教育管制，減少政治勢力的節制，中央教育行政權之下放與約束，促使高等教育市場機能強化，民間興學之獎勵，社會觀念之鬆綁等方面（莊勝義，2007），此促使教育部自 85 學年度起開始輔導專科學校改制為技術學院，技術學院改名為科技大學（教育部技職司，2003），大量技專校院改制，高等技職教育機構大量擴張之結果，產生教育經費排擠作用，各技專院校均發現政府補助經費逐年減少之情形，且政府將財務自主權下放至各大專校院（李宗黎，2000；教育部，2001；湯堯、成群豪，2004；薛曉華、周志宏，2007；戴曉霞，2000），促使高等技職教育機構走向市場化經營。此外，高教機構面臨少子化之衝擊、學生市場與招生型態轉變、生源減少，有的學校面臨招生不足，甚至是大量缺額之現象，各校無不積極爭取資源與學生（林大森，2006；徐澤志，2003；湯堯、成群豪，2004；張建邦，2002）。大專校院面臨政府經費下降之資源減少、少子化帶來之市場緊縮、大專校院數量過多之激烈競爭等重重挑戰。我國技專校院已完全走向市場化，如何妥善運用學校資源以增加經費收入、發揮學校專長與特色以提高學校知名度，都成為大專校院經營與發展之方向，亦是促使近年來高等技職教育改革之重要推動力。

二、課程、教學與產企業需求脫勾促進課程與教學革新

技職教育之宗旨係為產業接軌，科系與課程與產業結構應具相互連結之性質，關聯國家培育技術人力之項目與比重，也間接影響經濟走向與政策制定（林大森，2006；教育部技職司，2000）。然而，國內研究顯示：技職教育內涵與實務脫節，教育政策於人力規劃層面缺乏嚴謹基礎（張清溪、吳惠林，1996；謝小芩、張晉芬、黃淑玲，1996）、課程內涵與實務脫節，偏重知識性教授而忽視實務技能之訓練（林大森，2006；林淑珍，2005）。以往教育與人力培育接軌方面出現脫節現象，未來應積極調整課程架構與教學內容，培養產企業界所需之專業人才，推動各式課程改革、學生至企業見實與實習、各類就業訓練課程（谷家恆，2004；翁文彬，2004；張亞雯，2004），學校充分與企業界合作，讓學生所學與企業所需接軌。由此可知，為有效培育「就業市場需求之人力」，技專校院之課程與教學均應予以調整因應之，以符應產企業之潮流與需求，提升畢業生之就業競爭力，此一趨勢亦直接促進我國高等技職教育改革的進行。

三、知識經濟時代提高研發與新知識之需求

知識經濟時代，知識累積、創造、研發、管理與應用成為企業競爭力之主要來源。企業面臨新知識與技術升級之需求，發現大專校院擁有豐富之研發能量與資源，為求持續發展與永續經營，中小企業勢必要加強與大學互動，與大學研發資源做有效的整合（吳

豐祥，2003；林俞佐、何明泉，2004；周燦德，2004a；張峰源，2003；陳重光，2004；Business-Higher Education Forum, 2001），方能促進產業升級、提升競爭力。然而，技專校院原是為培育具實務技術之實用人才，為使技專校院學生能學以致用，強化其實務技術能力，各技專校院均積極與產企業產學合作，進行研究發展，透過產學合作與產學聯盟之各項策略與機制，加強學校與產企業間之雙向交流，學校協助產業技術升級與發展；提升學界研發水準，且透過實務案例之參與，進而強化學生實務課程之訓練。學校與企業合作可得到企業投入之研發經費，並提高學校知名度。在知識經濟時代對於研究發展工作之高度需求，引導我國高等技職教育之改革走向。

四、紓解升學壓力與協助學生適性發展

我國教育體制長期受到升學主義的影響，導致「考試引導教學」之教育現況，每位學生必須承受沉重之課業壓力與學習上之挫折，致使學生學習之核心價值偏離（李顯榮，2005；吳清山、高家斌，2007）。因應社會日趨多元化之發展、Gardner 多元智能觀點以及技專校院培育技術與實用人力之目標，推動技職校院多元入學方案，採取聯合登記分發、聯合甄選、推薦甄選、技優保甄等多元入學管道。技職校院入學有統一入學測驗之聯合考試，但透過多元入學管道，採取考試與招生分離之制度，使得學生可依志趣選擇學校，學校亦可依各校發展特色選擇學生，多元評量學生學習成就，使學生得以適性發展，學校亦可落實培育實際與技術人才之目

標。由此可知，在升學導向的社會壓力下，考試成為學生入學的主要依據，此情形將會嚴重影響學生日後的發展，而技專校院多元入學方案的推動可減輕學生的升學壓力，使學生得以適性發展。因此，為因應民間教改壓力與紓解學生升學壓力，且切合高等技職教育之目標，此一發展走向積極促成高等技職教育改革。

五、回應教育績效責任之要求

高等技職教育負有培育我國高級技術實用人才之功能與使命，其教育品質之良窳對國家發展有直接之影響。然而，技專校院數量之急遽增加，產生定位不明與資源排擠之效應，學校必須確保優質之教育品質，方能保有競爭力與永續經營。我國目前缺乏一進退場機制與品質保證機制作為政府管制工具（王保進、郭玟杏，2005），使得我國高教品質令人質疑。因此，「教育績效責任」之要求成為近年來高等教育之主要議題（薛曉華、周志宏，2007；蕭錫錡，2006），回應此一績效責任與教育品質之要求，政府以各式技專校院教育評鑑來了解與控管學校各式作為之品質與績效。有效提升國家教育素質與教育品質與績效責任之要求，成為我國近年來高等技職教育改革的重要推動力。

參 高等技職教育改革的重要內涵與做法

我國技職教育之發展與產業走向息息相關，60 年代後期，政府廣開高職教育以因應就業人力之需求，並普遍興辦五年制專科學

校與職校學生進修之二年制專科學校，培育實用專業管理與技術人
才；70 年代初期，為培育就業市場所需之高級領導、管理規劃人
才，成立第一所技術學院（江文雄、王義智，2004；教育部技職
司，2004a；楊朝祥，1998）。時至今日，為回應社會大眾對高等
技職教育之要求與知識經濟時代高素質人力之需求，政府積極致力
於高等技職教育改革，茲就近年來（1996-2007）高等技職校院教
育改革之重要內涵與做法分析如下。

一、推動技職校院改名改制

自 85 學年度起，教育部為暢通技職學生升學機會，提出開拓
技職第二教育國道政策，推動鼓勵績優專科學校改制技術學院並附
設專科部、績優技術學院改名科技大學，及輔導大學校院增設二年
制技術院系等措施，國內高等技職教育校數始有大幅度的擴增。
教育部開始輔導高等技職學校轉型，1996 年有十所技術學院零所
科技大學。1997 年出現國立台灣科技大學等五所科大、明新技術
學院等十五所技術學院，其後 1999 與 2000 年更是專科轉型高峰
期，直至 2001 年已達五十五所技術學院、十二所科技大學（教育
部技職司，2005b）；96 學年度更已有三十五所科技大學；四十二
所技術學院（教育部技職司，2008）。1997 年至 2001 年短短五年
間，技術學院數成長近四倍，科技大學成長近二倍。85 學年度開
始專科學校得依「專科學校法第 3 條之 1 款」改制技術學院，九年
來已有六十八所專科學校改制技術學院（林大森，2006），進一步

有三十餘所技術學院改名科技大學。技職校院改名與改制之主要做法與程序,如下所述。

(一) 改名科大辦理依據與審查方向

　　教育部辦理技術學院改名科技大學,係依據「技術學院改名科技大學審核作業規定」、大學及分部設立標準及技專校院增減調整所系科班及招生名額審查原則規定辦理。依規定成立技職校院變更審議委員會,辦理技術學院改名科技大學之審核作業。審查作業分為初審及複審二階段,初審階段依各校所提書面申請資料,初步審議各項標準化之指標是否符合改名科技大學之基本條件,經初審符合基本條件之學校,由審議委員赴學校實地訪視,了解學校資源、實際辦學成效及改名之規劃構想,技職校院變更審議委員會根據實地訪視結果,召開複審會議擇優建議核准改名科技大學。

(二) 改制技術學院辦理依據與審查方向

　　專科學校改制技術學院係依據「專科學校改制技術學院並設專科部審核作業規定」,考量辦學績效、校務行政、師資、設備、校舍及校地等現況進行初審與複審等二階段審查。

二、辦理各就業學程與推行技專校院系科本位課程

　　高等技職教育不同於一般高等教育以理論教學為主,特別重視學生動手做之實務能力,除理論與學術方面之原理原則之教導外,更強調應用性之實務操作 (張天津,2004;湯堯、成群豪,2004;

楊朝祥，2004），以往技職體系以訓練中、基層技術人力為主，知識經濟時代則強調知識活化與應用之整合性能力，以符職場所需（徐明珠，2004a）。目前教育部正積極推動各技專校院之教學與課程革新，強化學生專業技能之養成，以落實技專校院務實致用之教學目標，包括：「最後一哩計畫」、各式就業學程、系科本位課程等，茲說明如下。

(一) 辦理最後一哩計畫，協助學生與產業接軌

目前技專校院畢業生之就業率偏低、僅38%（教育部技職司，2004b）。為培養學生「畢業立即就業」之能力，「最後一哩計畫」於2004年開始實施，此為技專校院學生在畢業前與業界需求接軌之課程規劃，學校課程納入產業建議，並彈性開放業界人員擔任教師，採產學合作雙講師制度為原則，並透過具公信力之機構進行專業認證，透過各種課程規劃，讓學生擁有立即進入職場之能力（谷家恆，2004；教育部技職司，2004a；簡惠閔，2006）。透過課程規劃與雙講師制之設計，並結合企業單位合作培育人力，透過該機制大幅減少業界自行訓練新鮮人所耗費之人力、物質，亦提高學生就業率。

(二) 實施就業學程，增加學生職場競爭力

為提升準畢業生就業技能與專業知能，增加職場競爭力，行政院勞委會職訓局辦理「就業（專精）學程」，以促進產學研訓合

作培育人才,解決區域性產業界短期人才需求。該學程之目的旨在引導不易就業科系學生及早認識職場現實,發展整合性專長,提升其謀職就業率。而該課程之實施階段為五年制專科學校之四、五年級;二年制技術學院之一、二年級;二年制專科學校之二年級;大學與四年制技術學院之三、四年級。至於辦理特點為:(1) 邀請相關產業界代表企業或人力資源專家共同規劃課程,並應引進業界培訓資源,如:邀聘業界專家擔任實務講師或產學共同開設專案課程或安排學生至業界進行教案實習等;(2) 引進國外大學資源(如師資、課程或採認學分)以增加學生國際競爭力(行政院勞委會職業訓練局,2004)。

技專校院許多學校參與職訓局就業學程之計畫補助,協助學生與業界接軌,符合業界對人才的期待,亦激發學生在面臨就業之際的強烈學習動機,進一步發揮人才價值,達到適人適所、適才適用的最高目的。

㈢ 推動系科本位課程,鼓勵產業界與學校共同規劃課程

教育部自 2002 年起開始推動技專校院系科本位課程(教育部技職司,2004a),代替以往教師本位的課程發展機制,以縮短或解決技專校院所培育人才與業界所需人才之間,在質與量上之落差,均衡人才供需。

透過產業發展、地區特性、畢業生就業發展及學校自身優劣勢分析,確定系科畢業生就業之區域或全國的產業定位。透過工作能

力分析及將其轉換為專業智能分析，具體訂定系科學生所應具備之核心專業能力、職場所需能力及通識能力，並依未來就業模組規劃科系課程，以職業所需能力區分課程類型（中華技術學院，2005；周燦德，2004b；張仁家，2005）。系科本位課程強調學校依業界用人需求與產業趨勢，調整使系科課程，以確立系科之產業定位，發展特色課程，強化學生就業知能（行政院，2005），提升系科就業率，落實技職教育「務實致用」之教育目標。

三、推展技專校院產學合作研究

為使技專校院學生能學以致用，強化其實務技術能力。各技專校院均積極與產企業產學合作，進行研究發展，目前技專院校由教師帶著學生做專題實務，解決中小企業之問題，並增加師生之實務能力（杜正勝，2004a；徐明珠，2004a）。透過產學結盟之方式，縮短學校教學與產業需求之落差，加強人才培育（吳佳迪，2002；翁文彬，2004；張峰源，2004）。近年來政府推展產學合作研究發展，包括：產學合作中心、技術研發中心、產業園區計畫、教師赴公民營機構實務研習等活動。

㈠ 產學合作中心

2001 年教育部成立跨部會「技專校院產學合作指導委員會」，研訂技專校院產學合作推動政策及策略；2002 年評選成立六所「教育部區域產學合作中心」，以作為區域產官學研資源整合與業

務媒合之窗口，及各類產學合作案件之交流運作平台（教育部技職司，2005a），促進技專校院與產業界交流及共同合作研究。

　　教育部成立之六所區域產學合作中心分布於台灣各地區，根據區域內學校之特色與資源，各有負責之專業領域，如：台灣科技大學之區域產學合作中心之專業領域為電力電子、光機電整合、通訊、纖維高分子；屏東科技大學之區域產學合作中心之專業領域為農業廢棄物轉換技術、熱帶花卉及高經濟作物、動物基因轉殖及疫苗研發技術、食品生物技術產業，各地區域產學合作中心因應區域產業特色及需求，各有其特色領域，並藉由各區域產學合作中心之學校作為窗口，發揮研發專長，統整區域資源與技術後盾，積極帶領學校與企業合作研發，共同推動各地區之產業發展（教育部，2002；湯堯、成群豪，2004）。區域產學合作中心除積極投入產學合作之研發外，教育部於2003年更調整其定位為行政事務（區域產學資源之調查與建檔）、學校與產業界之媒合、溝通協調、籌組研發團隊、顧問諮詢、共同實驗室之維護與教育訓練，作為各類產學合作案件交流運作之平台。

(二) 技術研發中心

　　技術研發中心成立乃為積極鼓勵各技專院校積極投入產學合作研發，累積產學合作技術與經驗，促使學校資源充分運用，提升學校研發能力與水準，以成為產業研發升級的有力後盾，積極提供產業技術研發支援。教育部於92年度及93年度各評選成立十五

個技術研發中心（教育部技職司，2005a），依據各校已具基礎的研發實力，透過評選機制，設立技術研發中心，繼續深化技術研發成果，厚植產學研發能量。

(三) 產業園區計畫

產學合作研究發展策略以產業園區方式來運作，強調技專校院與企業由於地理位置接近，串連成一個高智力密集區，企業、大學與研究機構集中，構成「產學研」一體化之理想。教育部於 2005 年開始推動產業園區計畫，推動技專校院全面認養鄰近之工業區、科學園區等各式產業園區（陳希舜，2005）。由技專校院全面認養工業區，學校得依其專業領域，以專題製作之策略，主動配合產企研究界需求，提出專題研發或製作之計畫，以改善傳統產業之發展問題，並結合師生教學與服務，以填補學校培育人才與產業人才需求之落差。

(四) 教師赴公民營機構實務研習

為協助教師具有最新業界實務訊息與經驗，教育部推動技專校院教師至公民營機構進行實務研習。自教育部與各技專校院偕同國內三十餘家公民營企業合作規劃於每年辦理工業類、商業暨管理類、農業暨生物科技類 6 至 8 月份、醫護暨人文科學類等四大領域三十二班次之研習課程（侯世光、黃進和，2007），教師得以透過至企業實務學習，了解業界最新動態與人才需求狀況。

四、實施技專校院多元入學方案與考招分離制度

由於技專校院學制眾多，包括：五專、二專、四技、二技等，傳統之統一入學測驗，以單一大考分數決定學生就學學校與科系，此一做法並不符合技專校院培養技術與實用人力之目標。因此，教育部自 1999 年開始實施多元入學方案（教育部技職司，2003），促使我國高等技職教育入學管道走向多元評量，提供學生多元入學途徑之選擇，有助於培養學生基本能力、多元智慧，並落實「考招分離」制度，以發揮學校自主選才、學生自主選校功能（李顯榮，2005；教育部技職司，2004a；教育部技職司，2003；陳怡靖，2004）。目前技專校院多元入學方案主要可分為推薦甄選入學、申請入學與登記分發入學等三種主要管道（推薦甄選暨技優甄保作業參考手冊，2006；教育部技職司，2003），其做法茲說明如下。

(一) 推薦甄選入學

透過各高職學校推薦適合之學生，成立推薦委員會遴選學生推薦至技專校院就讀。技專校院成立聯合甄選委員會，訂定推薦甄選與技優保甄之方式與程序，後再由各技專校院成立甄選委員會訂定推薦條件、甄選標準、甄選作業方式與程序等，採取公正、公平、公開方式辦理甄選，以符合自主選才之原則。

(二) 申請入學

提供對有特色之學校或科系具有興趣或學習潛力之學生直升

入學。申請條件由各技專校院自訂，各校所訂條件，包括：在校成
績、優異表現或國際、全國或各區比賽成績等，各校應自行組成甄
選委員會進行招生事宜。

㈢ 登記分發入學

　　一般登記分發入學大多以聯合招生委員會之方式進行，依據學
生統一入學測驗之成績作為分發入學之依據，各校得視實際需要針
對相關科目採計、加權計分或設定最低標準，後由電腦作業，依其
填列之就讀志願分發入學。

五、辦理技專校院評鑑

　　為提升技專校院的教育品質，我國技職體系對於學校評鑑亦
極為重視。自 1975 年實施工業專科學校評鑑開始，後於 1999 年
發布「技專校院評鑑實施原則」，並於 2001 年 5 月 1 日修訂，以
茲依循，至今各級技專校院依學校類型逐年實施整體評鑑。評鑑結
果除以書面提供受評學校據以改進外，並作為教育部相關決策之參
考，包括：對私校獎補助款、增調系科班、招生名額多寡等，同時
也公布於技職司相關網站供社會大眾查詢，使一般社會大眾能了解
學校辦學成果，並給予學校適度壓力，以提升辦學品質。目前技專
校院校數達九十三所，因校數眾多得依序分年辦理科技大學評鑑、
改制已滿兩年之私立技術學院評鑑，其餘以滿兩年之公私立技術學
院評鑑、專科學校評鑑等，每校每四年輪評一次（侯世光、黃進

和，2007）。以下就一般例行評鑑與追蹤評鑑之做法予以說明之。

(一) 例行評鑑

對於學校整體校務分年辦理綜合評鑑，分四年辦理，每四年輪評一次，第一年：全國科技大學；第二年：改制滿二年之私立技術學院；第三年：前一年未評鑑之技術學院；第四年：全國專科學校。其評鑑內容區分為：行政類（包括綜合校務組占 30%、教務組占 20%、行政支援組占 30%、訓輔組占 20%）、專業類（包括教育理念與目標占 15%、師資及圖儀設備占 35%、教學及行政管理占 35%、科系辦學成效占 15%、以特色加分占 5%）。評鑑程序可分為自我評鑑與實地評鑑，自我評鑑係由各受評學校之科組均於規定日期辦理自我評鑑，並填寫各式表件，寄送評鑑承辦學校轉發各評鑑委員參閱，以供進行實地評鑑時之參考；實地評鑑係由評鑑委員按照預定評鑑時程赴各校進行為期一天之實地評鑑，以了解各校實際狀況。

(二) 追蹤評鑑

為有效管控技專校院教育品質，首先，辦理校務諮詢輔導，提供綜合評鑑結果三等以下之系所科諮詢輔導之建議，並配合辦理持續追蹤技專校院評鑑三等以下之系所科（組）第二年之改進情形，以落實評鑑提升教育品質之品管機制。

肆 高等技職教育改革實施成效與問題檢討

　　政府積極致力於高職技職教育改革，帶動高等技職教育發展，其成效亦獲肯定，但就執行過程中也產生一些問題。茲就技專校院轉型之改名改制、教學與課程革新、產學合作、技專校院多元入學方案、技專校院教育評鑑等，分別探討其實施成效與問題。

一、技專校院轉型之改名改制

(一) 實施成效

　　在教育部於 1996 年輔導高等技職學校改制改名之前，1986 至 1995 年間，高等技職學校之校數少有變動，且技職學生進修管道偏少，以下說明技專校院改名改制之實施成效（江文雄、王義智，2004；江雪嬌、林浩鉅，2003；張添洲，2000；簡惠閔，2006）。

1 改變以往普通大學為主體之高等教育狀況，建立我國高等教育之雙軌體制：我國在 1996 年以前，普通大學數目一直遠高於技術學院與科技大學且普通大學數量一直穩定成長，高等教育機構之發展以普通大學為主體，經過這幾年教育部政策之大力支持，我國高等教育改變以往普通大學為主之趨勢，轉變為雙軌體制，技職學生升學之第二條國道──高等技職教育已然建立。

2 回應技職畢業生與就業生之需求，暢通技職升學管道：由於以往高等技職學校偏少，技職學生於求學階段所受之教育與訓練與一般高中有所差異，傳統大學聯考制度不利於技職學生之升學。原專科學校轉型改制為技術學院，或技術學院改名為科技大學，回應技

職學生升學之需求，並提供就業生終身學習與在職進修之管道。

3 切合產業發展之趨勢，以提升技術人力之素養與專業知能：我國技職教育向來強調與產業之結合互動，我國 80 年代之產業以勞力密集、資本密集、技術密集工業為主，技職教育以高職為主體，然而，現今半導體、生物科技等高科技產業興起，科技大學與技術學院大量出現，透過高等技職教育學校之培育，以提升我國技術人力之素質與專業知能。

(二) 問題檢討

技專校院改名改制迄今，各項辦理作業雖已步上軌道，各項制度業已日益周延縝密，然就相關配套措施部分，面臨一定程度的挑戰，以及近年來社會大眾擔憂「大學林立」的現象，將導致高等教育的水準下降等問題，以下就技專校院改制改名衍生之問題予以探討之（林大森，2006；蓋浙生，2004；蔡瑞明、林大森，2000；謝小芩、張晉芬、黃淑玲，1996；簡惠閔，2006）。

1 **學生來源問題**：台灣地區近十年來，人口結構快速的改變，對於教育發展產生巨大的衝擊。面對少子化的趨勢，學齡人口急遽減少，導致學校經營面臨招生不足的困境，而改制改名之核定亦應配合調整。另學校改制改名之後，將產生學生來源的改變，導致招生不易，如：護理類高職學校因專案改制而急速減少，影響護理類四技學校招生來源。

2 **教學品質與畢業生品質問題**：面對高等技職教育大量擴張，學生品質問題引發社會大眾質疑，對於技專校院退場機制之建立呼聲四

起。杜正勝（2004b）於立法院報告指出：高等技職教育擴張滿足技職體系學生對於高等教育的需求，但衍生教育素質降低、教育經費排擠與學校經營惡化等問題，面對少子化、加入 WTO 後海外大學招生及人才吸引之競爭壓力等情形下，造成國內高等技職教育市場競爭力愈形劇烈。由此可知，高等技職體系積極追求量之擴張的同時，教育品質與培育人力是否合社會所需均應再思考與改善之。

3 技專校院與一般大學定位之釐清：高等技職教育已由過去以專科學校為主體，調整改變以科技大學、技術學院為主體的型態。高等技職校院在學學生的結構，由 86 學年度時專科生占 90.25％、大學部占 9.22％、研究生僅占 0.53％，迄至 90 學年度，專科生占 58.98％、大學部占 39.63％、研究生占 1.39％，明顯呈現出專科學生人數結構比例下降，大學部及研究生學生人數結構上升的情形。高等教育逐漸合流似乎已是未來發展的趨勢，近年來廢除技職系統之說甚囂塵上，而實際的走向，一般大學與高等技職校院之間的區隔也漸趨模糊，加大重疊的幅度。大學與技專校院同性質系所，多未能發展各系特色，致使市場區隔與產品定位均不明顯。

二、教學與課程革新

㈠ 實施成效

為調整現行技專校院課程與教學方式，因應產企業的需求，由教育部教育政策大力引導下，技專校院實施各式課程與教學革新，以下就課程與教學革新之實施成效予以說明（谷家恆，2004；徐明珠，2004b；張仁家，2005；簡惠閔，2006）。

1 納入業界人力與師資，使學生擁有立即進入職場之能力：按教育部之政策走向，以往教師本位之課程機制已不可行，技專校院課程結構與內涵之規劃須納入業界人士之建議，協助學生與業界需求接軌。此外，在教學方面，彈性開放業界人士擔任教師，實務課程可採雙講師之教學方式。希望透過課程規劃與雙講師制度之規劃，結合企業單位合作培育人力，減少業界自行訓練新鮮人所耗費之人力與物質，亦可提高學生就業率。

2 確認系科之就業模組，發展各校本位之特色課程：我國技專校院分布於全台不同縣市與位置，即便是不同學校之同一科系均應有不同之課程規劃。透過地區特性、產業發展及學校自身優劣勢分析，確定系科畢業生就業之區域或全國的產業定位，依據科系畢業生未來就業模組規劃科系課程，並藉以確立系科之產業定位，發展學校本位之特色課程，強化學生就業知能，落實技職教育「務實致用」之教育目標。

3 配合職業與專業證照設計課程，提升學生就業競爭力：高等教育大量擴張之時代，高教學歷文憑氾濫，可採專業證照代表專業能力之肯定。技專校院原是培育實用與技術人力，輔導學生取得職業證照以成為教育部主要政策之一。學校得評估國內外專業證照之職能效益，取得專業證照發證機構授權之教材，輔導學生在學期間取得國內（外）專業證照，增加學生就業力。

(二) 問題檢討

技專校院推動課程與教學革新迄今，各項課程與教學規劃雖

已步上軌道，然而，許多研究仍指出：高等教育之課程內涵與實務脫節之問題（林大森，2006；蔡瑞明、林大森，2000；謝小芩、張晉芬、黃淑玲，1996），以下就技專校院課程與教學革新之問題予以探討之（田振榮、徐明珠，2003；林淑珍，2005；張天津，2004；曾應鐘，2004；薛曉華、周志宏，2007；簡惠閔，2006）。

1 教師教學問題：技專校院改制後，新聘許多剛拿到博士學位之教師，這些教師有豐富之專業知識，卻缺乏產業實務經驗。新進教師教學偏重知識性，其教學方向與技職教育本質不同，基礎理論知識原非技職教育所強調，教師教學重理論，學生易感挫折難消化。技職教育向以實務特色見長，培養學生專業能力為訴求，但近年來教育環境劇變下，技職教育的內涵產生重大的改變。許多學校課程的規劃，僅為升學考科及校內教師專長而設計，未落實學校本位課程設計之原意。擁有博士學位之教師卻缺乏實務經驗，教學失去實務技能之訓練，以理論性知識為主，未能結合企業實務現況，形成技職教育與產業需求間之落差。

2 儀器設備之問題：實習課程乃是技專校院學生學習技術能力之重要課程，開啟與職場接軌之通路，然而，由於學校儀器設備有限或是設備費不堪負擔所有需用之儀器，加上學校科系班級數眾多，儀器損壞率極高。因此，許多實習課程由原規劃之「動手做」轉變為「以耳聽，開眼看」之講述法。技職教育乃是幫助學生進入職場前接受完整之職業、技術教育與訓練，忽視實習課程動手做之訓練是值得注意之問題。

3 培育人力與企業需求之落差問題：近年來，教育部與技專校院均推動多種課程與教學革新，然而，學者之實證研究均指出：技職體系未充分達到和產業、技術相配合之功能，高等技職教育教授課程內涵與實務脫節，技職畢業生於勞力市場面臨學非所用之狀況（林大森，2006；蔡瑞明、林大森，2000；謝小芩、張晉芬、黃淑玲，1996）。高等技職教育扮演「終結性教育（升學終點）」，意謂其培育人要能一出校門立即為社會與產業所用，由於技職教育內涵與課程以往規劃之錯誤產生其和勞力市場、產業結構脫勾之情形，產生培育人力不符原制度設計之期望的問題。

4 課程支離破碎之問題：高等技職教育除培育實用與技術之高級人力外，亦應兼重核心基礎通識能力之培養，使學生能兼具科學精神、技術能力與人文關懷，落實全人技職教育之理想。然而，課程強調「職業導向」之職前訓練所，注重的是企業界所需之職業知能，致使培養人格為主之非技術性通識課程，在各領域課程的重要性會加速減低。在企業化、課程職業化之趨勢下，大學課程學科進一步產業化與隨新興產業需求而細分。在當代以實用課程為主流之趨勢，通識課程不受重視之情況下，沒有良好之人格與通識教育，只是組裝一些支離破碎的學科知識或技術能力，實為一隱憂問題。

三、產學合作

(一) 實施成效

　　在高等技職教育全球化與市場化之趨勢下，產學合作乃是學校有效獲取財源，且增加競爭力之有力途徑，以下就產學合作之實施

成效予以說明之（史欽泰，2002；江昇飛，2005；林欣吾等人，2005；邱邦洋，2005；黃玉萍，2004；湯堯、王宗坤，2007；湯堯、成群豪，2004；簡惠閔，2006；戴曉霞，2000）。

1 **學界與業界資源互補，各取所需以創雙贏**：由於政府財政日益緊縮，挹注於高教機構之經費亦隨之減少，而產學合作正可促使企業提供學校資源與資金之協助。我國企業以中小企業為主，中小企業缺乏研發人力與資源，學校可協助進行技術與產品之研究發展。產學合作的最明顯效益是資源互補關係，學校除擁有中小企業無法購買的儀器設備，許多優秀的人力資本集中於學術界裡，學校與產業合作，由學校提供研發的設備和豐沛人力，企業擁有生產製造及行銷之市場可以將其研究成果轉為商品銷售，彼此合作以共享研發成果，增加學校與企業競爭優勢與利潤，創造整體經濟效益。

2 **提升技專校院教師實務知能，增進教師實務教學之能力**：技專校院之課程強調實務技能之教學。技專校院新聘之博士級教師具豐富專業知識，卻缺乏產業實務經驗，教學方向與技職教育本質不同。透過產學合作，教師接觸企業了解其需求、發展趨勢，除協助企業研發外，更可透過產學合作過程增加實務知能與技術，融入於課程教學中，提升自身實務教學能力。

㈡ 問題檢討

技專校院推動產學合作成效良好，然而，學校過度商品化、企業化與市場化是否與教育本質有所落差，值得吾人關注。以下就

技專校院產學合作推行之問題予以探討之（湯堯、王宗坤，2007；莊勝義，2007；薛曉華、周志宏，2007；簡惠閔，2006、2007）。

1 **教育與學術本質之問題**：產學合作使技專校院有機會從事產業先進之研究，且打破傳統「學術象牙塔」的藩籬。但是，企業本具商業營利性質、以利益為其主要考量，而學校由市場需求來決定研究的主題與方向成為主流，且基於商業考量而限制研究成果之發表與公開，此一變遷改變教育與學術研究之本質。

2 **學生權益問題**：教師帶領學生以專題製作或擔任研究人員、助理之方式，參與產學合作研究案，學生參與產學研究案已成為高等技職教育學校之常態，學生可以此和未來工作接軌。學生本是研究新手，有機會跟隨教師從事研究案，對於學生專業知能、技術與研究能力都會大有助益。然而，學生投入過多時間於研究案中，將有可能造成課業之疏忽，導致學生角色混淆，忽略實際學業，影響其學習權益乃是一大隱憂。

四、技專校院多元入學方案

(一) 實施成效

　　教育部自 1999 年開始，全面實施技專校院多元入學方案，以下就多元入學方案之實施成效予以說明之（李顯榮，2005；教育部技職司，2003；教育部技職司，2004a；陳怡靖，2004）。

1 **學生得以適性發展知識與技能，符合技職教育精神**：技職教育原是強調以務實致用為目標，以紙筆測驗之成績作為入學依據，致

使學校教學無法兼顧理論與實務，增加學生學習壓力，且不符技職教育精神。以多元智能之觀點，透過多元入學管道，採取考試與招生分離之制度，使得學生可依志趣選擇學校，學生可兼顧學科與實用技能之學習與培養。

2 學校可依學校特色選擇學生，發展學校與系科之特色：以往入學方式多依入學測驗成績由電腦統一分發，此一方式僅以成績決定就讀系科，學校無權篩選學生。實施考招分離制度後，學校可依入學管道之不同，訂定各項招生方式之比例，限制申請條件、測驗成績加權比重、其他加分與權重方式等。透過多元入學之考招分離制度，學校得依發展需求選擇學生，以發展學校或系科特色。

(二) 問題檢討

技專校院推動多元入學方案，以落實多元智能與多元選才精神，然而，多元入學方式是否真能改變我國名校迷思與考試領導教學之現況，值得吾人關注。以下就技專校院實施多元入學方案之問題予以探討（吳清山、高家斌，2007；莊勝義，2007；蓋浙生，2004；薛曉華、周志宏，2007）。

1 學校階層化排序之問題：以往統一入學聯招時代所形成之科技大學與技術學院之階層化排序問題，未因多元入學方案而有所改變。因為入學管道多元化，並未改變「選擇」之結構性因素──考試成績為關鍵決定因子，加上大學品牌與行銷觀念不足，新設學校、新改制學校之招生困難，傳統之學校排名乃是主導學生選校之最大因子。

2 多元入學方案的宣導效果不彰，學生與家長對多元入學方案不甚了解：技專校院多元入學方案實施已近九年，然而，由於各項招生方式時程、招生條件、招生委員會之辦理學校、名額與計分方式，每年均有所調動。教育主管單位與學校一直大力宣導各項入學方式，卻由於設計繁複、招生時程各異，使學生與家長無法完全了解，以選擇最利於自身發展之入學方式，恐有損及學生權益之慮。

五、技專校院教育評鑑

㈠實施成效

教育部最早辦理高等技專校院評鑑，可追溯到 1975 年的工業專科學校評鑑，後來教育部於 2001 年 5 月修訂技專校院評鑑辦法，至今各級技專校院依學校類型逐年實施整體評鑑，以管控學校辦學品質，以下就技專校院評鑑之實施成效說明如後（周志宏，2007；侯世光、黃進和，2007；黃秀芳，2001）。

1 依據評鑑結果等第結合各項管控機制，激勵學校妥善進行品質管理：高等技職教育導向重績效之走向，政府設立「表現指標」來評鑑辦學成效，作為後續審核資助之基準。對於評鑑結果之運用，教育部將其與技專校院校務發展規模、系所調整、招生名額、獎補助款之核定予以連結，使得評鑑具有具體法律與管控效果，促使學校重視辦學品質。

2 建立完善資料建檔與管理方式，提升行政效率與經驗傳承：由於各技專校院四年內定會接受至少一次之學校評鑑，而技專校院評鑑之實地訪評僅有一日之時間，因此，評鑑報告書、自評報告、書

面資料等之呈現易受學校重視之。各校為因應評鑑之進行，現多能依業務性質規劃與建立完善校務資訊化系統以及文書建檔編排之工作，減少學校行政人員更替之銜接問題，透過資訊化與完善建檔機制，有效進行知識管理與分享。

(二) 問題檢討

為使評鑑能充分落實改善教育環境，提升教育品質的目標。以下就技專校院學校評鑑之問題予以探討（黃秀芳，2001；黃瑞祺，2002；莊勝義，2007；蓋浙生，2004；薛曉華、周志宏，2007）。

1 量化迷思之問題：為力求評鑑客觀、公平，技專校院評鑑以量化評鑑為主體，以效率與工具目的來評估高等技職學校之教育成效，其中在教師部分之評鑑更以期刊多寡、期刊點數為評鑑重要依據，強調「量化」與「可計算性」的標準。因應評鑑之量化標準，各校均以研究表現為教師績效之重要評定依據，學術研究者重視量的生產與研究積分，研究品質、教學品質乏人重視，學校評鑑帶來之研究量化與積分排名之趨勢，而量化指標影響大學評鑑與排名，以一元化之量化指標為主導，對於技專校院之發展存有負面影響。

2 評鑑效用性問題：技專校院之競爭受限於既存之階層化排序結構，加上技專校院評鑑未進一步就國內相同系所進行評比，大眾無法精確掌握評鑑結果之情形下，職校畢業生仍多以「名校」為優先選擇之目標。因此，評鑑是否能達成「獎優汰劣」與發揮進退場機制之調控作用都有待觀察。

3 評鑑深度與可信度：從評鑑訪視之流程中，可知：技專校院評鑑之實地訪視為評鑑成績評定之主要來源，然而，實地訪評只有一天時間，評鑑委員多感疲累且時程過短，無法深入了解學校現況，而評鑑分數之評定多依據學校展示之資料以及學校與評鑑委員之互動。評鑑結果的深度與可信度令人深感質疑。

伍 高等技職教育未來改革建議

高等技職教育在國家建設扮演著重要角色，提升高等技職教育品質，將有助培育優秀高等專技人才，投入國家建設行列。近十年來，政府大力推動高等技職教育改革，其成效亦獲肯定，但是傳統上「重學術、輕技術」的價值觀，尚未能完全突破，因而高等技職教育改革就會遭受到一些問題和限制。

為使我國高等技職教育能夠發揮其功能，茲提出下列未來改革建議。

一、制定技術及職業教育法，確立技職教育發展方向

我國各級教育相關法規，從幼兒教育法、國民教育法、高級中學法到大學法相當明確，但是技職教育則散見於職業學校法和專科學校法，至於高等技職教育之法令依據，是依大學法或其他法規辦理，則不夠明確。基本上，高等技職教育和一般大學之教育目標極為不同，若是一切皆依大學法辦理，也有窒礙難行之處。因此，較為適切做法，乃是制定「技術及職業教育法」，將職業學校法和專

科學校法一齊納入進去，避免多頭馬車，以利建立一貫技職教育體系。其實，早在 1999 年行政院院會通過「技術及職業校院法」，後來就束諸高閣，無後續規劃與實施事宜，相當可惜。為凸顯技術及職業教育重要性，實在有必要根據社會需求、學生特性、科技發展和教育潮流，制定技術及職業教育法，以確立技職教育發展方向，並作為辦理技職及職業教育依據。

二、檢討技職教育白皮書成效，重建技職教育發展藍圖

教育部於 2000 年發布《技職教育白皮書》，勾勒技職教育發展七大願景，包括：(1) 技職教育體系多元精緻；(2) 技職學生進路寬廣暢通；(3) 技職回流教育普遍建立；(4) 技職專業能力備受肯定；(5) 技職學生學習充滿希望；(6) 技職人才廣受業界歡迎；(7) 技職教育促進國家發展。實施至今已達八年之久，亦看到一些成效。然而在這八年來，整個社會、政治、經濟和產業需求，亦有相當變化，因此，宜就《技職教育白皮書》執行進行深入檢討，以了解其成效和缺失，作為未來調整技職教育政策參考。此外，教育部也要就人口結構、產業發展、社會需求和國際技職教育發展動向，重新思考未來十年技職教育發展政策；建議教育部結合經建會、國科會和經濟部等其他機構，研擬技職教育發展藍圖，藍圖架構可包括願景、目標、行動策略、展望。

三、繼續強化產學合作，促進學校與業界互蒙其利

教育部從 2002 年開始推動產學合作計畫，積極地讓研發的腳

步跨出校園，落實在產業應用上，一方面落實學術界先導性與實用性研究，一方面鼓勵企業積極參與學術界應用研究，培植企業研究潛力及人才，讓學校、企業界和政府都能獲益。為更確立產學合作推動依據，教育部於 2006 年發布「大專校院產學合作實施辦法」，目前國內技專校院產學合作已經奠定良好基礎，未來應在此一基礎上，繼續檢討與改善，才能強化其效果。因此，為強化大學產學合作，宜定期辦理大學產學合作績效評量，以了解各校實施產學合作辦理成效，並將產學合作成果列入大學評鑑重要項目之一，以及辦理產學合作成果發表會，並表揚產學合作績效卓著學校。

四、持續辦理技專教育評鑑，提升技專校院評鑑品質

教育部為提升專科學校、技術學院、科技大學等技職體系學校辦學品質外，不斷透過外部評鑑機制，使各校藉由評鑑情境相互觀摩成長，社會大眾亦能了解各校辦學進步情形，已經發揮其評鑑功效。尤其自 2001 年 5 月修訂技專校院評鑑辦法，更積極辦理各項技專評鑑工作，包括專科學校、技術學院、科技大學等評鑑，同時也公布評鑑等第，尤其兩次被評為三等，則勒令退場，的確給各校相當大壓力，但對品質提升也產生效果。因此，未來持續辦理技專教育評鑑，仍有其必要性。為提升技專教育評鑑品質，除了進行「後設評鑑」之外，針對相關評鑑機制進行調整外，未來也應該考慮建立「以學生成果為導向的動態評鑑」，讓學校更能致力於提升教學品質和提高學生表現。

五、凍結高等技職校院之增設，採行招生員額總量管制

　　高等技職校院快速發展，至 96 學年度已增加到七十八所（含三十七所科技大學，四十一所技術學院），其數量要比一般大學為多，其辦學品質優劣互見，顯然量的增加，並未帶動質的提升，因而提升高等技職校院品質呼聲始終不斷，而且社會大眾也要求教育行政機關盡速建立退場機制，以淘汰辦學不良學校。基本上，除非學校願意自動關閉，否則在短時間內要求學校退場，誠屬不易。目前人口少子化的衝擊，已經慢慢逼近高等教育，將使高等技職教育經營愈來愈艱困。當前較為可行的做法，除了做好高等技職校院評鑑工作外，就是凍結增設高等技職校院，以及採行招生員額總量管制，避免學校數量和招生學生人數擴增，同時鼓勵目前學校致力提升其品質和發展學校特色。

六、全面檢討高等技職校院系所及課程，調整就業不易系所

　　國內高等技職校院設立系所，種類繁多，課程亦相當複雜，社會大眾常常批評學校無法培育學生具備「核心能力」。為使高等技職校院能夠培育國家整體建設所需人力，宜就目前各高等技職校院之系所進行全面性檢討，凡是不符社會需求或就業不易系所，應加以轉型或整併，否則所培育人才，無法為社會所用，亦是一種教育投資浪費；此外，各校亦應要求各系所全面和定期檢討其課程，就學生、社會和產業發展需求增減課程和設計課程。楊朝祥（2007）曾指出：技職校院的學生，其性向、學習動機、學業成就

已大不相同，技職校院所設科、系、所，課程的內容與程度、教材
教法，應考量與學生程度、特質、需求是否配合。因此，建議教育
部成立「未來十年高等技職校院系所及課程規劃」專案小組，一方
面檢討現行之高等技職校院系所及課程規劃，一方面規劃未來十年
高等技職校院應設系所及課程設計。

七、加強學生職場實習工作，培養學生職業就業能力

　　高等技職校院之教育目標與一般大學相當不同，它特別注重學
生專業技術能力培育，這也是在高等技職校院重視實務教學原因所
在，李隆盛和賴春金（2007）對未來技職教育發展，曾提出「加
強技職學生和教師的職場經驗」的建議，具有其參考價值。為培養
學生職場實戰經驗，除任課教師要有實務經驗外，課程與教學也要
安排實習課程，讓學生能從實際職場中學到實用知識和就業能力。
目前各高等技職校院部分教師過於重視研究論文產出，加上一些大
學部學生為了準備研究所考試，導致實習工作未受到應有的重視，
學生專業技術能力也不夠扎實。因此，為有效培養學生具實務知能
之專業技術人才，以及人文精神與職業道德，各校應安排學生有一
至二學期職場實習，同時教育部定期考核與評估各校「學生職場實
習工作」推動成效。

陸 結　語

　　長期以來，高等技職教育在技術人力培育和國家經濟建設方

面，始終扮演著相當重要角色。國內 80 年代經濟起飛時刻，高等技職教育之貢獻，可說是功不可沒。

近十年來，政府為能夠發揮高等技職教育的功能，不管在制度、課程、人力等方面從事相當多改革，主要包括：⑴ 推動技職校院改名改制；⑵ 辦理各就業學程與推行技專校院系科本位課程；⑶ 推展技專校院產學合作研究；⑷ 實施技專校院多元入學方案與考招分離制度；⑸ 辦理技專校院評鑑等多項工作。

雖然教育部致力於高等技職教育多項改革，但是近年來，高等技職教育受到人口少子化、校數過量化和國際化、市場化之衝擊，使得高等技職教育面臨相當大經營壓力與挑戰，有待克服。

為因應未來高等技職教育挑戰，以及更有效發揮高等技職教育功能，針對未來高等技職教育發展，提出下列七項建議，以供參考：⑴ 制定技術及職業教育法，確立技職教育發展方向；⑵ 檢討《技職教育白皮書》成效，重建技職教育發展藍圖；⑶ 繼續強化產學合作，促進學校與業界互蒙其利；⑷ 持續辦理技專教育評鑑，提升技專校院評鑑品質；⑸ 凍結增設高等技職校院，採行招生員額總量管制；⑹ 全面檢討高等技職校院系所及課程，調整就業不易系所；⑺ 加強學生職場實習工作，培養學生職業就業能力。

參考文獻

93 年度教育部辦理技專校院「技術研發中心」申請及補助原則（2004）。

王保進、郭玟杏（2005）。歐盟高等教育區域計畫之發展及其啟示。**教育研究**，137，35-55。

中華技術學院（2005）。**中華技術學院企業管理學系 94 學年度系本位課程模組（日間部四技）**。2007 年 12 月 5 日，取自 http://www.chit.edu.tw/ba/2_courses07.htm

史欽泰（2002）。產研合作研發創新趨勢。**科技發展政策報導**，SR9001，1-9。

田振榮、徐明珠（2003）。找回技職教育的光榮與尊嚴。**國政研究報告**，92-15，6-9。

江文雄、王義智（2004）。**兩岸技職教育**。台北市：師大書苑。

江昇飛（2005）。**區域產業創新系統關鍵發展因素之研究**。國立中山大學公共事務管理研究所碩士論文，未出版，高雄市。

江雪嬌、林浩鉅（2003）。我國產業技術發展之研究——如何從技術追隨者走向技術創新者的發展歷程。**經濟情勢暨評論**，9（1），270-288。

行政院（2005）。**行政院 95 年度施政方針**。2007 年 11 月 20 日，取自 http://gazette.nat.gov.tw/EG_FileManager/eguploadpub/eg011086/ch01/type7/gov01/num1/Eg.htm

行政院教育改革室議委員會（1996）。**教育改革總統諮議報告書**。台北市：作者。

行政院勞委會職業訓練局（2004）。**行政院勞工委員會職業訓練局 93 年度補助「大學及技專校院辦理就業學（課）程計畫」分區工作人員研習會手冊**。台北市：博大公司。

李宗黎（2000）。由財務自主談公私立大學經營及競爭之合理化。載於楊
　　國樞、瞿海源、林文瑛（主編），新世紀大學教育（頁247）。台北市：
　　前衛。

李隆盛、賴春金（2007）。技職教育現況及其未來發展。國家菁英季刊，3
　　（1），35-45。

李顯榮（2005）。高中職多元入學方案之教育政策執行評估研究──以台北
　　縣北部地區國中為例。淡江大學教育政策與領導研究所碩士論文，未
　　出版，台北縣。

谷家恆（2004）。推動「最後一哩」就業學成創造產學雙贏契機。技術及職
　　業教育雙月刊，80，58-61。

杜正勝（2004a）。教育部將成為技專校院產學合作平台。技術及職業教育
　　雙月刊，81，2-4。

杜正勝（2004b）。四技二專退場機制之建立。技術及職業教育雙月刊，
　　84，3-11。

吳佳迪（2002）。知識經濟時代我國科技大學產學合作人才培育模式之建
　　構。2002人力資源論文與案例發表會，國立台灣師範大學。

吳清山、高家斌（2007）。台灣中等教育改革分析：1994-2007年。教育資
　　料集刊，34，1-24。

吳豐祥（2003）。台灣產學合作現況之實證研究。2003年10月30日簡報
　　檔案資料。

林大森（2006）。技術學院與科技大學新生主修科系轉換之分析。教育與社
　　會研究，10，93-124。

林生傳（1999）。台灣教育改革的新趨勢：探索與評析。教育研究，7，
　　1-17。

林欣吾、高仁山、張婷媛、林秀英、魏志賓、林子堯、張淑芬、陳佳
　　宏、唐秀真（2005）。我國產業科技創新競爭力與產學互動研究計

畫——綜合版報告。經濟部專案計畫執行報告（編號：94-EC-17-B-31-R2-0736）。台北市：經濟部技術處。

林俞佐、何明泉（2004）。**中介機構在產學合作功能之探討**。國立雲林科技大學產學合作中心資料檔。

林新發（2001）。跨世紀台灣小學教育改革動向：背景、理念與評析。**國立台北師範學院學報**，14，75-108。

林淑珍（2005）。論產業基層人力資源供需培育與高職教育發展政策。載於**國立台北科技大學技術及職業教育研究所 2004 年技職教育論壇論文集**，45-50。

邱邦洋（2005）。**影響產學合作計畫績效之研究**。國立中興大學企業管理學系研究所碩士論文，未出版，台中市。

周志宏（2007）。**台灣大學評鑑法制之探討——以 95 年度大學系所評鑑為例**。兩岸高等教育法治改革與管理研討會，國立政治大學教育行政與政策研究所。

周燦德（2004a）。從產學合作到產學聯盟。**技職簡訊**，147，2-3。

周燦德（2004b）。推動技職教育的基本思考與建立產學合作的新機制。**教育研究**，122，14-18。

侯世光、黃進和（2007）。技職教育。載於國立教育資料館主編，**中華民國教育年報**。台北市：國立教育資料館。

翁文彬（2004）。**產學合作之知識蓄積與轉置分享研究**。國立台灣科技大學管理研究所碩士論文，未出版，台北市。

徐明珠（2004a）。產學合作激發市場的競爭力。**技術及職業教育雙月刊**，82，27-30。

徐明珠（2004b）。**尊重生命從護理系科本位課程做起**。2007 年 9 月 1 日，取自 http://www.npf.org.tw/PUBLICATION/EC/093/EC-B-093-031.htm

徐澤志（2003）。大學配合產業及社會人力需求彈性調整系所。載於教育部（主編），**大學校院系所調整與產業科技人力需求研討會論文集**。台北市：教育部。

莊勝義（2007）。面對全球化與市場化的高等教育。**教育資料與研究，79**，61-88。

推薦甄選暨技優甄保作業參考手冊（2006）。2007 年 12 月 31 日，取自 http://enter42.stut.edu.tw/enter42_95/data/manual.pdf

教育部（2001）。**大學教育政策白皮書**。2007 年 10 月 20 日，取自 http://www.hcu.edu.tw/rd/b4/1.htm

教育部（2002）。大學辦理產學合作相關制度報告──以研發制度為主。**第二屆全國大專校院研發主管會議**，國立雲林科技大學。

教育部（2005）。**教育部推動技專校院建立系科本位課程發展機制參考原則**。2007 年 12 月 8 日，取自 http://www.tve.edu.tw/data/%283%299941003-1%282%29.doc

教育部技職司（2000），**追求卓越的技職教育──技職教育白皮書**。台北市：作者。

教育部技職司（2003）。**技術及職業教育法規選輯**。台北市：作者。

教育部技職司（2004a）。**技職教育白皮書草案**。台北市：作者。

教育部技職司（2004b）。**技職教育重大議題報告**。台北市：作者。

教育部技職司（2005a）。教育部產學合作業務簡報。周燦德（主持人），**2005 推動台灣產業全球競爭力**。產官學攜手共創未來大論壇，國立台灣科技大學。

教育部技職司（2005b）。**教育部技職司改名科大政策說明**。台北市：作者。

教育部技職司（2008）。技專校院一覽表暨重要統計。2008 年 1 月 10 日，取自 http://www.tve.edu.tw/public/Statistic/

教育部推動技專校院與工業區產業合作實施要點（2005）。

陳希舜（2005）。技專校院產學合作推動機制。周燦德（主持人），**2005 推動台灣產業全球競爭力**。產官學攜手共創未來大論壇，國立台灣科技大學。

陳怡靖（2004）。**台灣地區高中多元入學與教育階層化關連性之研究**。國立高雄師範大學教育研究所博士論文，未出版，高雄市。

陳重光（2004）。大學校院與產企業間產學合作策略探討。載於 **2004 大學發展與產學合作大學校院論文發表暨研討會論文集**，1-5。

黃玉萍（2004）。**台灣產學合作機制之研究——以國科會生技產學合作計畫為例**。國立中山大學企業管理學系碩士論文，未出版，高雄市。

黃秀芳（2001）。**技專校院評鑑實施現況之研究**。國立台北科技大學技術及職業研究所碩士論文，未出版，台北市。

黃政傑（2000）。台灣教育改革的政策方向。**教育政策論壇**，3（1），26-53。

黃瑞祺（2002）。台灣高等教育的後現代省思。**教育研究月刊**，102，21-26。

湯堯、王宗坤（2007）。教育經營下的創業型大學要件分析與省思。**教育資料與研究**，79，89-104。

湯堯、成群豪（2004）。**高等教育經營**。台北市：高等教育。

曾應鐘（2004）。商業人的功課——欲進職場先了解市場。**技術及職業教育雙月刊**，82，16-19。

張仁家（2005）。**技專校院系科本位課程發展的理念與實務**。2007 年 12 月 10 日，取自 http://www.ntut.edu.tw/~jc5839/database/speech.doc

張天津（2004）。技職院校學生如何面對高等教育普及化的衝擊。**技術及職業教育雙月刊**，80，46-50。

張亞雯（2004）。**物流管理領域產學合作運作之探討**。國立高雄第一科技大學運輸倉儲營運所碩士論文，未出版，高雄市。

張添洲（2000）。**技術職業教育發展**。台北市：五南。

張鈿富（1999）。台灣地區高級中等教育發展均等性之分析。**教育政策論壇**，2（2），38-67。

張建邦（2002）。「狐狸世紀」大學整併與發展。載於淡江大學主編，**大學整併理念與策略研討會論文集**。台北市：教育部。

張清溪、吳惠林（1996）。**教改叢刊 AA02——教育應以經濟發展為目的**。台北市：行政院教育改革審議委員會。

張峰源（2003）。我國研發聯盟推動現況。**經濟情勢暨評論**，9（2），87-112。

張峰源（2004）。產學互動應補強我國產業創新缺口。**技術及職業教育雙月刊**，84，46-53。

楊朝祥（1998）。**技術職業教育理論與實務**。台北市：三民。

楊朝祥（2004）。中美技職教育發展之比較與展望。**技術及職業教育雙月刊**，82，42-47。

楊朝祥（2007）。促進高等技職教育發展之評鑑策略。**評鑑雙月刊**，8，36-39。

蓋浙生（2004）。台灣高等教育市場化與政策導向之檢視。**教育研究集刊**，50（2），29-51。

蔡瑞明、林大森（2000）。教育與勞動市場的連結：以台灣分流教育為例。載於劉兆佳主編，**市場、階級與政治：變遷中的華人社會**（頁143-190）。香港：香港中文大學香港亞太研究所。

蕭錫錡（2006）。**我國大學院校機械學門評鑑之研究**。行政院國科會專案研究計畫成果報告（編號：NSC94-2516-S-230-002-X3）。台北市：行政院國科會。

謝小芩、張晉芬、黃淑玲（1996）。**教改叢刊 AB11——技職教育改革與職業學校的運作**。台北市：行政院教育改革審議委員會。

薛曉華、周志宏（2007）。高等教育市場化對課程與學術領域發展之衝擊。**教育資料與研究，79**，105-124。

簡明忠（2002）。**我國技職教育學制變革之探討**。國立台灣師範大學工業教育研究所博士論文，未出版，台北市。

簡惠閔（2006）。**技專校院推動產學合作有效策略模式之研究**。台北市立教育大學國民教育研究所博士論文，未出版，台北市。

簡惠閔（2007）。美國大學產學合作研究發展之實施現況及其對我國之啟示。**教育政策論壇，10**（2），31-67。

戴曉霞（2000）。**高等教育的大眾化與市場化**。台北市：揚智。

Business-Higher Education Forum. (2001). *Working together, creating knowledge: The university-industry research collaboration initiative.* Retrieved September 27, 2007, from. http://www.bhef.com/includes/pdf/working-together.pdf

（本文與簡惠閔博士合著，曾發表於 2008 年《教育研究月刊》，第 167 期）

師資培育改革

壹 前 言

　　師資良窳攸關教育成敗,「有一流的師資,才有一流的教育」,故世界各國無不以提升師資素質為要務,健全師資培育政策亦成為教育革新的重要議題。

　　我國師資培育之法令依據,始於清末 1904 年「奏定初級師範學堂章程」規定:「初級師範學堂為小學教育普及之基,須限定每州縣必設一所。」1912 年（即民國 1 年）教育部於 9 月和 12 月相繼頒布「師範教育令」和「師範學校規程」,次年 2 月又頒布「高等師範學校規程」,奠定師資培育法令基礎。

　　1945 年以後的台灣師範教育發展,主要係依據國民政府於1932 年頒布「師範學校法」和 1938 年的「師範學院章程」。而影響師範教育體系最重要的法令,則是 1979 年公布之「師範教育法」,該法明定了師範教育的宗旨為「培養健全師資及其他專業人員,並研究教育學術」（師範教育法第 1 條）,以及確定師範教育的實施機構為「由政府設立之師範大學、師範學院及師範專科學

校」（師範教育法第 2 條第 1 項），此乃確立師範教育一元化體系的法令基礎。

　　師範教育法實施以後，對於培育優秀師資具有積極的貢獻。唯政府於 1987 年宣布解嚴之後，社會趨向民主與開放，民間人士要求教育鬆綁，解除不當教育管制，而且亦要求打破一元化師資培育的壟斷政策，讓一般大學校院能夠有培育師資的機會。由於這種呼聲愈來愈高，立法院遂於 1994 年 1 月 18 日立法院院會進行第二、三讀會，三讀決議：「師範教育法名稱修正為師資培育法並將條文通過。」隨後，於 1994 年 1 月 31 日咨請總統公布，總統於該年 2 月 7 日公布施行，師資培育邁入一個新的里程碑（吳清山，2003）。

　　依據當時公布師資培育法第 4 條第 1 項規定：「師資及其他教育專業人員之培育，由師範校院、設有教育院、系、所或教育學程之大學校院實施之。」明確規範師資培育機構有三大類：(1) 師範校院；(2) 設有教育院、系、所之大學校院；(3) 設有教育學程之大學校院。教育部根據師資培育法第 4 條第 4 項規定：「大學校院教育學程應置專任教師，其師資及設立標準，由教育部定之。」訂定「大學校院教育學程師資及設立標準」，並於 1995 年 6 月 26 日發布施行，作為各大學校院申請設立教育學程之依據。

　　師資培育改革從一元化調整為多元化，已有十多年之久，雖有其貢獻，但也產生師資培育功能未能有效發揮、師資供需失調現象日趨嚴重等多項問題（吳武典，2004；吳清山，2002；張鈿富；2002），有待正視。

貳 我國師資培育發展沿革

　　我國師資培育將近百年歷史，期間亦歷經一元化和多元化師資培育政策的變革，而真正實施多元化師資培育政策，係 1994 年師資培育法修正公布之後，雖然短短的十年光景，但對於師資培育影響卻相當深遠，不管是從師資量的增加或質的改變，都可看出師資培育產生相當大的變革。我國多元化師資培育政策是一個連續發展歷程，但是為幫助了解整個政策發展沿革，乃分為萌芽期、發展期、失控期和管控期等階段說明之。

一、萌芽期（1994 年之前）

　　1976 年以前師資培育之法令依據，皆係沿用 1947 年頒布的「師範教育規程」和 1949 年的「大學法」，但隨著師範教育的發展及功能的獨特性，教育界開始呼籲為「師範教育法」立法，於是教育部乃於 1976 年開始成立小組研訂「師範教育法」，歷經三年，於 1979 年立法院三讀通過，總統公布施行。該法全文共二十二條，確立由政府設立之師範大學、師範學院及師範專科學校為師資培育機構。這種一元化師資培育政策，實施之後，期間歷經政府於 1987 年宣布解嚴，社會漸趨民主、自由和開放，師資培育政策亦遭受批評，包括：(1) 師資培育不應獨尊師範校院，應該開放給有志培育師資之大學校院；(2) 師範校院無法培育職業科師資，一般大學有能力培育；(3) 一元化缺乏競爭，難以提升師資素質；(4) 師範校院校風封閉，無法有效培育優良師資。這些批評助長了多元

化師資培育的呼聲。其實，最主要的現實理由，乃是當時普通大學若干科系畢業生出路未臻理想，他們也想「分享」師資培育的權益，認為教師是不錯的行業，故值得去爭取（黃光雄，1995；詹棟樑，1999）。教育部遂積極修正「師範教育法」，並徵詢社會各界意見，至 1992 年師範教育法修正的重點如下 ：(1) 師資培育管道多元：將原本僅限由「師範院校」培育師資之規定，修正為「師範院校、設有教育院、系、所或教育學程之大學校院實施之」；(2) 建立教師資格檢定制度：分為初檢及複檢兩階段行之；(3) 公自費並行：將原本以「給與公費為原則」修正為「得採公、自費及助學金等方式實施」；(4) 加強教育實習：將原本師範院校結業生另加實習一年之規定，修正為「凡修畢師資職前教育課程，經教師初檢合格，須另加實習一年」；(5) 加強辦理教師在職進修：為落實教師在職進修，明定師範校院及設有教育院、系、所或教育學程之大學校院得設專責機構辦理。教育部將此修正重點函送行政院會通過送請立法院審議（立法院秘書處，1994），當時立法委員受到社會要求師資開放和多元的壓力，乃將「師範教育法」修正為「師資培育法」並於 1994 年 2 月三讀通過，一元化之師資培育政策正式走入歷史，亦開啟多元化師資培育政策的新時代。符碧真（1995）曾

1　教育部於 1987 年成立「師範教育法專案研究小組」，經一年研究，於 1988 年提出報告。1989 年教育部正式核定「修訂師範教育法起草小組工作計畫」，委託當時國立政治大學教育研究所蔡保田所長主持，小組成員包括羅文基及作者。

就師資培育法公布施行後，針對各方疑慮包括師範大學及一般大學教育系可否當作教育學程來辦理？師資培育多元化必然導致教師素質之降低？……等方面，加以澄清，有助於了解師資培育法的衝擊及影響。

二、發展期（1995-2003 年）

雖然 1994 年 2 月總統公布修正「師資培育法」規定，設有教育院、系、所或教育學程之大學校院才有資格招收師資生，但仍需要訂定相關法規配合才能辦理。所以，教育部依據「師資培育法」規定，於 1995 年訂定「大學校院教育學程師資及設立標準」，作為各校申請設置教育學程之依據。是故，1995 年起才可算是多元化師資培育政策正式啟動。

依據大學校院教育學程師資及設立標準第 4 條規定：「各校為辦理教育學程得設專責單位，各類教育學程至少應置三名以上與任教學科專長相符之專任教師：其員額得由學校現有員額調配運用。」及第 6 條規定：「各校設立教育學程至少須有教育類圖書一千種、教育專業期刊二十種及教學、研究用之必須儀器設備。」因此，凡是符合上述標準，即可申請設立教育學程。84 學年度第一學期計有國立中央大學等十五校，84 學年度第二學期計有國立體育學院等八校，85 學年度計有國立台灣藝術學院等七校，86 學年度計有義守大學等四校，87 學年度計有國立台灣體育學院等九校，88 學年度計有朝陽科技大學等四校，89 學年度計有崑山技術學院等十七校，總計 84 至 89 學年度共核准五十二校（不含國立

中興大學法商學院及實踐大學高雄校區），設立六十七個教育學程
（其中輔仁大學幼教學程 86 學年度停辦），包括四十七個中等學校
教育學程，十個國民小學教育學程，九個幼稚園教育學程，及一個
中等學校特殊教育學程。至 93 學年度，已有七十五所大學（含師
範校院）設置九十六個教育學程。

依據教育部中教司資料統計：84 學年度師資培育數量為 9,719
人（其中師範校院為 6,179 人，教育學程為 2,190 人，學士後教育學
分班 1,350 人），到了 92 學年度已經增加到 20,211 人（其中師範校
院為 8,416 人，教育學程為 7,080 人，學士後教育學分班 4,715 人）
（吳武典等人，2004）。從上述資料得知，十二年來師資培育人數
成長兩倍多，而教育學程培育人數成長了三倍多，成長幅度相當
大。

三、失控期（2003-2005 年）

師資培育多元化之後，各大學校院紛紛設立教育學程，導致
師資生急劇增加，至 93 學年度師資生已經增加至 19,309 人（吳武
典等人，2004），應屆畢業生大量進入教育職場，由於學校教師缺
額有限，以致許多準教師擔任教職機會減少。到了 92 學年度，國
小學生入學總人數首次低於三十萬人，而 92 年全年新生兒的總人
數，更遽降到約二十萬人。這時，教育界開始感受師資培育供需失
調的嚴重性，立法院教育委員會委員亦有同感，遂邀請教育部部長
杜正勝於 2004 年 10 月向立法院教育委員會提出「中小學師資供
需與流浪教師問題」專案報告，在該報告指出：83 學年度公布師

資培育法、86 學年度依新制核發教師證書以來，歷年來核發的教師證書累計約十萬張。這些依新制取得教師證書的人，獲聘為正式教師的約七萬人，顯示取得合格教師證書而未得到教職的流浪教師，累計到今年大約有三萬人。但是全國教師會指出，教育部拿出的教師就業數字，沒說清楚公費生、私費生及中小學教師的就業率有何差別，是打模糊戰，近年很多縣市甄選教師錄取率不到 0.1%（上萬教師流浪超額實習今上街頭，2005）。雖然教育部長於「中小學師資供需與流浪教師問題」專案報告宣稱已著手調整師資培育量，師範校院以及教育學程部分，未來三年內各減少培育量 50%；學士後教育學分班依 93 學年度名額再減量 60%，作為 94 學年度招生基準，最多只核定一千五百個名額。依此估算，2011 年時，教師培育量將減少一萬多人。然而這些說法並不符合準教師的期望和需求，因而一群實習教師發起的拯救國教大聯盟，於 2005 年 6 月 12 日號召二千位教師走上街頭，讓教育部備感壓力。

四、管控期（2005 年以後）

由於流浪教師愈來愈嚴重，近兩千名準教師於 2005 年 6 月 12 日走上街頭，高舉「五年師院生，換流浪一生」、「我們不要再流浪」、「孔子流淚、上天哭泣」、「少一顆飛彈，多聘幾個老師」等標語，要求教育部降低班級人數、提高師生比，並改善師資培育政策（2000 流浪老師上街討飯碗，2005），各界開始呼籲有效管控師資培育人數，因而教育部決定國立台北、新竹、台中、屏東、花蓮及台北市立等六所師範學院，於 2005 年 8 月 1 日改名為教育大學，

並要求改名後的教育大學之師資培育人數三年內減半的目標，亦即六所教育大學的師資培育數量，三年後要減至占總招生人數的三成至四成五，94 學年度為 3,522 人，到 96 學年度要減到 1,964 人。

教育部 2004 年 12 月在「師資培育數量規劃方案」中提到，「94 學年度學士後教育學分班核定招生名額，核定至多約 1,500 名左右」來辦理招生。然而因流浪教師之問題趨於嚴重化，乃大幅刪減今年學士後教育學分班招生名額，只剩下遞減為一百三十五名，此顯示教育部積極介入師資培育人數的管控，避免造成師資培育人數過剩，教育市場無法消化。然而此一措施卻遭致打算參加 94 年學士後師資班考試的考生的不滿，於 7 月 25 日前往教育部抗議（名額銳減，教師夢碎，學士後教育學分班考生抗議，2005）。教育部為了遵循「信賴保護原則」，決定 94 年再增加兩個班，國中、國小師資班各一，每班四十五人，二班共九十人，加上原先核定的一百三十五人，總計二百二十五名。

此外，教育部對於一般大學教育學程，三年內都將減招 50％，大學教育學程班級人數則從五十人降為四十五人，教育部並將進行教育學程評鑑，畢業生就業率將納入評鑑，評鑑不良學程將減招或退場。同時，教育部於 94 學年度亦未核准新增教育學程。

因此，不管是對於教育大學師資培育人數的限縮或者對於一般大學校院師資培育人數的核減，都顯示教育部對於師資培育政策已經進入管制控制時期，以抑制師資培育供需失調的嚴重性。

綜觀我國多元化師資培育發展而言，早期一元化的師資培育偏重「重質不重量」，造成師資供不應求，後來實施多元化師資培育

偏重「重量不重質」，產生供過於求，都是屬於供需失調現象。因此，為確保師資數量與品質，未來在多元化師資培育政策下，採取「調量重質」，才是最適切的主軸。

參 我國師資培育改革之檢討

　　我國師資培育政策從一元化政策邁向多元化政策，並不是很順利，其中支持和反對者各有之。贊成者主要理由如下：(1) 師範校院所培育師資無法滿足中小學需求；(2) 歐美先進國家師資培育有走向多元化趨勢；(3) 有助解決大學生就學問題（徐晉治，1993）。而持反對者，認為多元化可能造成專業訓練的不足，以及助長校園內之人情困擾與不良風氣（黃富順，1992）。由於解嚴之後，民心趨向改革開放，提供多元化有利環境，所以師資培育多元化之呼聲，形成一股難以抵擋的教育潮流。

　　一元化師資培育政策已有一段相當長的歷史，而多元化師資培育政策實施迄今，亦達十年之久。為有助於了解一元化和多元化師資培育之差異，茲做成表 7-1 以示。

　　由表 7-1 資料得知，我國一元化師資培育與多元化師資培育政策之差異甚大，多元化師資培育政策擴大師資培育機構，已經不限於師範校院，設有師資培育相關學系或師資培育中心之大學，亦具有師資培育資格，過去一元化師資培育政策所採取的計畫式培育已經為儲備制所取代。

表 7-1　一元化師資培育與多元化師資培育政策之比較

類別	一元化師資培育政策	多元化師資培育政策
法令 依據	師範教育法	師資培育法
培育 特性	計畫式	儲備制
培育 機構	1. 由政府設立之師範大學、師範 　學院及師範專科學校實施之 2. 公立教育學院及公立大學教育 　學系	師範校院、設有師資培育相關 學系或師資培育中心之大學
實施 方式	免繳學費，並給予公費為原則	公費、自費及助學金
修業 年限	1. 師範大學、師範學院學生修業 　四年，另加實習一年 2. 師範專科學校分為二年制及五 　年制，二年制者，修業年限二 　年；五年制者，修業年限五 　年，均另加實習一年	依大學法之修業年限規定
教育 實習	畢業前一年	1. 84 至 92 年入學者畢業後實 　習一年 2. 92 年以後入學者實習半年 　（納入職前教育課程）
教師 檢定	無	1. 84 至 92 年入學者必須參加 　初檢和複檢及格者，始能取 　得合格教師資格 2. 92 年以後入學者實習半年後 　參加教師資格檢定及格者， 　始能取得合格教師資格

資料來源：作者自行設計。

　　由於多元化師資培育政策的實施，從 84 學年度至 93 學年度師資培育數量和來源均有所增加，如表 7-2 和表 7-3 所示。

　　從表 7-2 和表 7-3 資料得知，在 84 學年度，師資培育人數為 9,719 人，到了 87 學年度增加到 15,302 人，以後逐年增加，到了 91 學年度更達到高峰為 20,274 人，93 學年度略降為 19,390 人，十年來成長了兩倍之多。至於各類師資培育來源，在 84 學年度，仍以師範校院為主，其比例約為 3:1；到了 93 學年度，一般大學校院教育學程與師範校院培育人數已經相差不多，約為 8:7。隨著多元化師資培育政策實施，師範校院已經不在居於優勢，一般大學校院已經有並駕齊驅之趨勢。

　　從以上師資培育數量分析而言，我國多元化師資培育政策可說已經達到師資培育法第 1 條所規定充裕教師來源之目標，有助於中小學遴選更優秀師資加入教育行列，對於整體師資素質提升仍有其積極的效果。當然，師資培育政策改革最主要目的在於提升教師專業和品質，正如 Furlong、Barton、Miles、Whiting 和 Whitty（2000）指出：政府設法改革師資培育是為了達到更具專業化教學，以符應 21 世紀的需求（頁 162）。然而根據國立台灣師範大學教育政策研究小組（2005）所進行的「師資培育政策民意調查」報告發現：高達五成四民眾不同意「在開放一般大學校院師資培育之後，中小學師資品質變得比較好」的說法，顯然多元化師資培育也產生一些問題，茲分析如下。

表 7-2　84 學年至 93 學年度各級師資培育數量表

（單位：人）

類別＼年度	84	85	86	87	88	89	90	91	92	93	合計
中等學校	5,422	5,534	6,317	6,924	7,170	8,203	9,732	9,197	9,302	9,175	76,976
小學	3,007	3,673	5,423	5,898	6,115	6,296	7,685	8,134	8,173	7,396	61,800
幼稚教育	1,035	1,282	1,205	1,277	1,165	1,405	1,745	1,936	1,860	1,930	14,840
特殊教育	255	959	907	989	852	858	977	1,007	876	889	8,569
總計	9,719	11,448	13,852	15,088	15,302	16,762	20,139	20,274	20,211	19,390	162,185

資料來源：吳武典等人（2004）。師資培育政策建議書。教育部委託，中華民國師範教育學會研究，頁 66。

表 7-3　84 學年至 93 學年度各類師資培育來源數量表

（單位：人）

類別＼年度	84	85	86	87	88	89	90	91	92	93	合計
師範校院招生	6,179	6,421	7,544	8,008	8,352	8,477	8,669	8,639	8,416	8,295	79,000
大學校院教育學程	2,190	2,790	3,135	3,990	4,440	5,435	6,630	6,880	7,080	7,280	49,850
學士後學分班	1,350	2,237	3,173	3,090	2,510	2,850	4,840	4,755	4,715	3,815	33,335
總計	9,719	11,448	13,852	15,088	15,302	16,762	20,139	20,274	20,211	19,390	162,185

資料來源：吳武典等人（2004）。師資培育政策建議書。教育部委託，中華民國師範教育學會研究，頁 66。

一、師資培育法令變動頻繁，方向不定

自從師資培育法於 1994 年公布施行之後，至 2007 年高達十次修正，每次修正都是基於現實考量，缺乏理想性，修正次數愈多，愈容易導致師資培育政策舉棋不定。不管從職前培育、教育實習、教師資格檢定的變動，都可看出我國師資培育缺乏長遠規劃。例如：教師資格檢定從過去的初檢和複檢修正為教師資格檢定制度、實習制度期限由過去的一年縮短為半年。基本上，法令是建立制度的依據，具有前瞻和務實的師資培育法令，才能建立可長可久的師資培育制度。從我國現行師資培育法觀之，只看出我國師資培育是具有多元化政策，但卻不易凸顯專業和品質的師資培育政策，所以實施結果偏重職前師資培育的多元，卻忽略師資培育過程的品質管制，因而十年來的師資培育政策，一直因法令變動頻繁頗受批評。

二、學程設立缺乏管控，影響品質

自從 84 學年度開放各大學校院辦理教育學程之後，由於設置教育學程規定條件過於寬鬆，加上開放初期審查不夠嚴格，致使各大學校院不顧其師資素質或圖書設備或空間環境如何，紛紛設立教育學程，而教育行政機關又未能適時介入，採取有效評鑑，做好管控措施，教學品質常為人所詬病。試想教育學程只有三位專任老師，一方面要擔任學程教學工作，一方面要負責學生實習及地方輔導工作，沉重的授課時數，又如何要求更高教學品質？此外，教育

行政機關亦未建立教育學程中心或師資培育中心退場機制,更不易管控教育學程品質。

三、師資培育調控不當,供過於求

師資培育多元化之後,師資培育人數大量增加,而不適任教師淘汰不易,教師無法順利退休,再加上「少子化」等諸多因素,導致供給面大於需求面。由於教育行政機關未能根據師資培育總量和人口結構改變,就師資增減需求情形做有效調控,導致師資培育人數愈來愈多,而畢業能夠找到教職工作卻愈來愈少,這種供過於求的失調現象,在過去計畫式的一元化師資培育政策供不應求的情形,正好相反。其實,依自由市場而論,產品供過於求並不是壞事,至少可以降低價格,受益者是消費者;可是師資培育卻不能單純從市場價格和成本效益看待,它還涉及到人力投資問題,若是培育過多人力投閒置散,不僅是教育投資浪費,亦是人才的損失。

四、實習缺乏完善規劃,效果有限

過去一元化師資培育之實習制度,一年的教育實習等於初任教師第一年,享有正式教師的權益及福利,實習可謂有名無實,常為教育界所詬病,於是在多元化師資培育政策將其調整為畢業後實習一年,並訂定「高級中等以下學校及幼稚園教師資格檢定及教育實習辦法」,規範實習機構之選定、實習內容及方式、實習評量等,並發給實習津貼。然而實施以來,並未達到有效培養師資生教學能力及學生輔導知能、服務態度及敬業精神、強化表達能力及人

際溝通等，而且產生名實不符、實習教師角色不清、相關權利義務不明等問題（周愚文、黃政傑、林鎮坤、方永泉，2003），加上實習津貼造成政府沉重教育財政負擔。2003 年師資培育法修正將教育實習改為半年，部分學者認為此種半年實習，可能使實習工作無法落實，而且只實習一學期，將造成實習學校的困擾（吳武典，2004）。過去一年的教育實習之功能，頗受批評，如今半年的教育實習，其效果可能更為有限。由此可知，十年來的教育實習制度，不斷變動，缺乏理想性和完善的規劃，只考慮現實問題，導致功能始終難以發揮。

五、市場飽和，學生報考意願降低

大學校院教育學程開辦之初，學生報考意願極為踴躍，競爭相當激烈，可用「擠破頭」形容之，然而這種榮景只維持十年光景，隨著師資市場飽和，學生報考意願卻有減低現象。國立台灣大學 94 學年度教育學程預計錄取一百三十五人，今年卻只有二百六十二人報名，創下十一年來最低報名人數紀錄。國立政治大學師資培育中心也統計近四年來報考人數，91 學年度時有二百五十八人報名，92 學年度三百六十一人、93 學年度二百五十六人，但 94 年預計錄取一百三十五人，卻只有一百六十人報名（台大師培報名創新低，2005）。作者曾擔任大學師資培育中心評鑑委員，亦發現部分學校還有招生不足現象，例如：國立嘉義大學 94 學年度國小教育學程預計招收九班四百五十人，卻只有二百二十七人前來報名；國立高雄師範大學 94 學年度國小教育學

程預計招收二班九十人，卻只有三十四人前來報名。這些現象可以看出隨著師資市場飽和，學生報考意願降低，其對於師資培育影響，短期內不易看出，但多年之後，師資素質恐將逐漸滑落，未來教育前景堪憂。

肆 我國師資培育未來改進策略

多元化師資培育政策，英美國家已經實施多年，經常面臨師資供需不足現象，尤其數學、自然科學等相關領域更為不足，而我國實施結果與英美國家面臨困境卻有所不同，反而是培育數量過多，導致供過於求，影響到師資培育發展。基本上，多元化師資培育制度，已經成為時代趨勢，不可能回到過去一元化的師資培育政策。因此，我國未來師資培育改進的導向，應該建立在多元化基礎上提升教師專業素質，才是今後應該努力的目標。周愚文等人（2003）在「教育發展的新方向：為教改開處方」中提出師資培育多項因應對策，包括訂定嚴格的設立與評鑑標準，建立完整的進退場機制；建立以師範校院及大學教育院系為主軸的多元師資培育制度；增加公費機制⋯⋯等；吳武典等人（2004）在《師資培育政策建議書》曾提出七點師資培育行動方案：(1) 建立「標準本位」的師資培育政策；(2) 協助師範校院轉型發展；(3) 建立師資培育機構績效評鑑與進退場機制；(4) 新增教學專業碩士師資培育管道；(5) 健全教師資格檢定制定；(6) 落實教育實習；(7) 強化教師專業能

力發展；(8) 建置教師供需評估機制與教師資料庫系統。

　　綜合各家師資培育建言及上述文獻探析，茲提出下列師資培育改進策略，以供參考。

一、確立標準本位師資培育政策，培育具有專業素養教師

　　我國師資培育法歷經多次修正，但始終難以凸顯師資培育政策走向，導致師資培育效果有限。不管未來師資培育法要如何修正，為確保師資培育品質，不妨參考美國 1990 年代所倡導的「標準本位師資培育政策」（standard based teacher education），該政策旨在發展新進教師標準及在職教師標準，這些標準是由國家認證機構所發展出來，如：國家師資培育認可委員會（National Council for the Accreditation for Teacher Education）、全國專業標準委員會（National Board for Professional Teaching Standards）、專業組織（如：數學教師協會、英語教師協會……等）及各州教育廳和教育專業標準委員會等（Sandidge, 2004），作為師資培育依據。基本上，標準本位師資培育主要目的在於重新設計教師培育計畫，以確保師資生具備足夠的內容知識和教學能力，讓不同族群學生都能達到高度學術成就水準（Teacher Quality Action Plan, no date）。為了有效執行標準本位師資培育政策，將來可訂定師資培育機構設立標準、師資培育各類教育學程設立標準、師資培育各類課程標準、職前教師和在職教師表現標準，作為提升師資培育品質的依循。在吳武典等人（2004）所提出的《師資培育政策建議書》中，亦有類似的建議。

二、繼續辦理師資培育評鑑，有效控管師資培育品質

　　教育部自 85 學年度起即逐年進行教育學程評鑑工作，其結果並送請各校作為改進之建議，而 93 學年度為了解各大學校院辦理教育學程（包含教育學分班）之績效，並鼓勵其發展專業特色，以提升多元師資培育之素質，並委託國立教育研究院籌備處辦理「大學校院教育學程評鑑」，分別對師資培育之大學提出確認師資培育目標、發展特色，完善自評機制等多項建議（教育部，2004）。94 學年度教育部亦委託社團法人台灣評鑑協會「大學校院師資培育中心評鑑」，此次評鑑目的除了了解各大學校院辦理師資培育之績效，並協助各受評師資培育類科達成發掘問題、導引方向、獎優汰劣、輔導等功能，並建立退輔機制。基本上，這些評鑑對於師資培育品質皆有其效果，但是因未完全落實追蹤評鑑，致使整體成效多少打些折扣。未來除了繼續辦理師資培育評鑑之外，亦應做好後設評鑑，檢討和改進評鑑實施工作，以及落實追蹤評鑑，才能有助於提升師資培育品質。

三、彈性調控師資培育數量，降低師資供需的不平衡

　　近十年來師資培育人數的激增，造成過多的待業教師，危及到整個師資培育的發展。雖然，修畢教育學程之師資生，不能完全保證其未來順利找到教職工作，但是提供修習教育學程管道，等於提供師資生之希望和機會。倘若只有一至二成之師資生無法找到教職是可以理解的，然而若是高達八、九成之師資生找不到教職，甚至

負責培育師資的師範校院畢業生只有二、三成左右找到教職工作，很顯然地，已經造成嚴重的供需失調，相當不利於師資培育的長遠發展，因此必須設法加以調控，才能挽救師資培育危機。所以，教育行政機關應該建立彈性調控師資培育數量機制，做好需求評估工作，進而確立合理與穩定的師資培育制度，才是務實的做法。

四、凍結教育學程設置申請，避免培育過量師資人數

近十年來大學校院教育學程的不斷增加，造成師資培育素質的滑落，無助於培育專業而優秀師資，為社會各界所詬病。正如前述，設立教育學程 84 學年度第一學期計有國立中央大學等十五校，84 學年度第二學期計有國立體育學院等八校，到了 93 學年度，已經增加到七十五所大學（含師範校院）設置九十六個教育學程。其增加幅度可謂相當大，因而造成培育過量的師資生。為了減少師資培育供需問題持續惡化，未來除了強制績效欠佳的教育學程退場、減招或轉型外，另外較佳的策略，就是凍結教育學程設置之申請，不輕易放水，為師資培育品質進行有效的把關，才是長久之計。

五、落實教育實習制度，有效培養師資生專業知能

教育實習是師資培育過程中重要的一環，亦是教師社會化的重要階段，透過實踐過程，能生產合法性和價值性知識（歐用生，1996），故師資培育法特別規定師資生須參加教育實習，並為取得合格教師的條件之一。一般而言，教育實習係師資生親自到中小學

校進行觀摩、見習和試教,從中學習各種教學、輔導和班級經營所需知能,藉以收到「理論與實務結合」之效。所以建立完整的教育實習制度,並加以有效落實,對師資生擔任教職和生涯發展影響極為深遠。過去教育實習未能有效落實,在於實習教師角色身分和權利義務不清,加上師資培育機構和實習學校之聯繫不夠密切,致使部分實習教師從事打雜事務,而無法有效學到未來所需專業知能。由於多元化師資培育制度之後,歷經兩次的教育實習變革,從一年的教育實習改變為半年的教育實習,原來的「高級中等以下學校及幼稚園教師資格檢定及教育實習辦法」也於 2003 年廢止,改由各師資培育機構自訂半年實習辦法,各師資培育更應召集學校實習指導教授和相關人員研擬合理適切可行的辦理,從實習方式、內容、評量等方面,以強化教育實習效果。

六、降低學生班級人數,擴大中小學師資需求面

國民中學和國民小學降低學生班級人數政策,自從 82 學年度實施以來,目前每班學生人數皆維持在三十五人左右,唯部分都會區學校甚至高達四十人左右,頗不利於教學和班級經營。隨著人口「少子化」時代來臨,正是持續調降班級學生人數的有利時機,因此宜修正目前採行之降低學生班級人數政策,未來可先從國小低年級調降至每班學生人數三十人,爾後擴及到中年級、高年級和國中階段,這種政策實施結果,一方面可提升教師教學和學生學習效果,一方面亦可增加師資需求量,舒緩目前國民小學過多的流浪教師和超額教師。當然,除了降低學生班級人數政策之外,亦應修正

「國民小學與國民中學班級編制及教職員員額編制準則」，提高國民小學教師編制為每班置教師二人，讓國民小學教師編制與國民中學拉平，才是公平合理的做法。

七、有效淘汰不適任教師，以利優先聘用合格教師

　　目前中小學教師中存在一些不適任教師，這些不適任教師有些屬於教學知能不足、有些屬於精神狀態不佳，無法有效勝任教學工作，深深影響學生學習，家長們經常要求學校盡速處理，然學校受到教育法規限制，行政人員亦感相當棘手，處理費時效果有限，有賴上級機關協助處理和支持。目前有為數不少優秀流浪教師處於待業狀態，若有機會從事教職工作，相信比不適任教師更能從事有效教學工作。因此，為了維護學生受教權益和增加流浪教師教職機會，教育行政機關有責任建立一套合理不適任淘汰機制，讓不適任教師離開職場，而優秀合格師資早日加入教職行列，這種「保優汰劣」的做法，才是提高師資素質的有效途徑。

八、規劃中小學教師進階制度，激勵教師工作動機

　　行政院教育改革審議委員會（1996）所提出《教育改革總諮議報告書》曾建議「教師生涯發展中應以積極性進階制度鼓勵進修，才能不斷提升教師教學品質。因此進階制度必須建立，並暢通進修管道」（頁58）。而蔡清華和張瑛珊（2002）研究發現中小學對於教師職級制度雖存有些疑慮，但對此制度的支持亦呈現正向態度。吳清山等人（2001）研究亦發現：實施中小學分級制度可以

增進教師專業成長、提升教師專業地位、激勵教師工作士氣、確保
教師教學品質等目的。由此可知,中小學實施教師進階制度,是有
其價值性。為了利於未來能夠順利推動,目前可積極規劃中小學教
師進階制度(包括目的、職級、審查項目、審查程序、審查人員
……等),並擬妥相關配套措施,未來一旦實施,可減少阻力,並
有效激勵教師工作士氣。

九、強化教師在職進修制度,提升教師專業知識能力

多元化師資培育政策,不能只顧及職前的多元培育,更須重視
教師的在職進修,讓教師確保具有與時俱進的專業知能。目前處在
科技高度發達和知識經濟時代,各種知識日新月異,教師無法進行
終身學習,促進自我的專業發展,很容易為時代所淘汰,尤其政府
當前如火如荼倡導課程改革,更需要教師專業知能的配合,所以教
師在職專業知能的充實與強化,顯屬必要與重要。所以,應該從學
校、地方、師培機構到中央建立教師進修一貫體系與制度,有效整
合教師進修資源,提供教師更佳進修管道與機會,讓教師專業知能
與日俱增。此外,也要建立各種獎勵和鼓勵教師在職進修措施,激
發教師「樂於進修」和「樂在學習」動機和意願。

伍 結　語

我國實施多元化師資培育政策,可說師資培育政策一大突破。
1994 年總統公布「師資培育法」修正案,雖然展現師資培育多元

開放思維,擴大師資培育管道,對於充裕師資來源,是有其積極的幫助;同時也強化師資培育市場競爭能力,刺激師範校院向上提升動力。然而十年來,由於多元化師資培育缺乏完整規劃和妥善配套措施,當初申請設置教育學程之大學校院缺乏有效的控管,紛紛開設,良莠不齊,結果師資培育人才過剩,流浪教師有增無減,不僅形成人才閒置,而且造成教育資源浪費,對於整體的教育投資絕非好現象,有待調整與改進。

由於多元化師資培育政策已成既存事實,師資培育政策將不可能走回過去一元化的道路上。因此,如何在多元化師資培育政策基礎上,培育出優質和專業的教師,才是未來師資培育思考的重要出路。為了讓我國師資培育有新的發展,未來師資培育主軸應該建立在「調量重質」和「保優汰劣」的原則,才能建立師資培育新的遠景。

基於以上論述,本文特別提出我國多元師資培育政策改進策略包括下列九點:(1) 確立標準本位師培政策,培育具有專業素養教師;(2) 繼續辦理師資培育評鑑,有效控管師資培育品質;(3) 彈性調控師資培育數量,降低師資供需的不平衡;(4) 凍結教育學程設置申請,避免培育過量師資人數;(5) 落實教育實習制度,有效培養師資生專業知能;(6) 降低學生班級人數,擴大中小學師資需求面;(7) 有效淘汰不適任教師,以利優先聘用合格教師;(8) 推動中小學教師進階制度,激勵教師工作動機;(9) 強化教師在職進修制度,提升教師專業知識能力。

參考文獻

2000 流浪老師上街討飯碗（2005）。**聯合報**，6 月 13 日，A5 版。

上萬教師流浪超額實習今上街頭（2005）。**聯合報**，6 月 12 日，C7 版。

立法院秘書處編（1994）。**師資培育法案專輯，第 165 輯**，台北市：編者。

台大師培報名創新低（2005）。**聯合報**，6 月 10 日，C7 版。

行政院教育改革審議委員會（1996）。**教育改革總諮議報告書**。台北市：作者。

名額銳減，教師夢碎，學士後教育學分班考生抗議（2005）。**中國時報**，7月 26 日，A8 版。

吳武典（2004）。台灣師資的新貌。**文教新潮**，9（2），1-9。

吳武典、楊思偉、周愚文、吳清山、高熏方、符碧真、陳木金、方永泉、陳勝賢（2004）。**師資培育政策建議書**。教育部委託研究，中華民國師範教育學會研究。

吳清山（2002）。**中小學師資培育：多元化 vs 專業化**。群策會舉辦「國政研討會」，10 月 19 日。

吳清山（2003）。師資培育法：過去、現在與未來。**教育研究**，105，27-43。

吳清山、張煌熙、張芬芬、陳麗華、王保進、陳幼慧、楊益風、謝金枝、張素偵（2001）。**台北市中小學教師分級制度評估研究**。台北市政府教育局委託研究。

杜正勝（2004）。**中小學師資供需與流浪教師問題**。立法院教育委員會專案報告，10 月 11 日。

周愚文、黃政傑、林鎮坤、方永泉（2003）。師資培育與甄選：追求多元專業化的師資。載於國立台灣師範大學主編，**教育發展的新方向：為教改開處方**（頁 163-192）。台北市：心理。

社團法人台灣評鑑協會（2005）。**94 年度大學校院師資培育中心評鑑受評學校手冊**。台北市：作者。

徐晉治（1993）。師資培育多元化問題。**國教園地**，**45**，17-21。

張鈿富（2002）。師資培育政策與供需機制建立之探討。載於中華民國師範教育學會主編，**師資培育政策與檢討**（頁 51-72）。台北市：學富。

教育部（2004）。**93 學年度大學校院教育學成評鑑報告**。台北市：作者。

符碧真（1995）。師資培育法公布施行後的幾點迷思。**教育研究資訊**，**3**（2），129-138。

黃光雄（1995）。我國師資培育的動向。**師大校友雙月刊**，**77**，2-4。

黃富順（1992）。論師資培育多元化問題。**師說**，**46**，21-23。

國立台灣師範大學教育政策研究小組（2005）。**師資培育政策民意調查**。台北市：作者。

歐用生（1996）。新教育實習的盲點與突破。載於中華民國師範教育學會主編，**師資培育制度的新課題**（頁 103-116）。台北市：師大書苑。

詹棟樑（1999）。師資培育的理念與目標。**教育資料集刊**，**22**，41-57。

蔡清華、張瑛珊（2002）。我國實施中小學教師職級制度相關問題之研究。載於中國教育學會和中華民國師範教育學會主編，**新時代師資培育的變革——知識本位的專業**（頁 189-224）。高雄市：復文。

Furlong, J., Barton, B., Miles, S., Whiting, C., & Whitty, G. (2000). *Teacher education in transition: Reforming professionalism*? Buckingham: Open University Press.

Sandidge, R. F. (2004). *Preparing quality teachers: Standard-based Teacher Education in Kentucky.* 台北市立師範學院「數學標準本位教學與評量國際學術研討會」，7月3日。

Teacher Quality Action Plan (no date). *Standard-based Teacher Education Project (STEP).* 2005, August. 25, retreived from: http://www.usg.edu/p16/tq/tqap/progress_reports/step_rept.phtml

後現代思潮與教育改革

CHAPTER

壹 前 言

20 世紀 50 年代末開始，60 至 70 年代興起的後現代思潮（postmodernism），對由啟蒙運動所建構的現代文化哲學和精神價值取向，進行批判和解構（deconstruct）的一種哲學思維方式和態度。因此，現代主義所秉持的理性和科學的現代性特徵，都遭到後現代思潮的嚴厲挑戰。

其實，後現代主義並不完全反對理性和科學的價值性，它抵制的是科學的霸權和理性的霸道。基本上，科學和理性只是人類認識複雜世界、了解多彩世界的一種方式。倘若把這一種方式不適當地誇大成唯一的方式，進而打壓其他方式，這種「獨尊於一術」的認知與行為，則是後現代所反對的。所以，後現代思潮對傳統現代思潮的反動，目的在建立一種反省、批判和超越現代主義的自我創新精神。

後現代思潮對於現代主義的攻擊和否定，並不意味著現代主義的結束，它仍深化和延續現代主義一些論點（如：否認絕對真理及

客觀存在、拋棄傳統的形上學,關注人的經驗現實世界、奉行相對主義的方法論立場……等),它是人類生活方式和思考行為的新典範,進行傳統思想和文化的價值性反思和批判,擴張人類精神活動領域,不僅影響到社會發展,而且也衝擊到教育革新。所以,傳統理性和直線的教育發展思維,亦受到猛烈的撞擊,我國行政院教育改革委員會(1996)所提出《教育改革總諮議報告書》中特別重視教育鬆綁的教育改革理念,亦可看出後現代思潮的影響。

教育改革是追求教育發展的動力,教育要持續不斷進步,教育改革亦是必經的一條道路。然而教育改革常常受到政治、經濟和文化環境所左右,加上現代教育思潮和後現代教育思潮的衝撞,更使教育改革始終徘徊在理想與現實之間,教育改革成效亦受到質疑,這也是當前教育改革困境之一。

國內教育改革之論述不少,唯偏重於教育改革政策內容及其影響為主題(王家通,2004、2005;李春芳,2003;林天祐,2004;林生傳,2004;馬信行,2002;秦夢群,2004;陳淑琴,2002;黃泰豪,2004;潘慧玲,2002;顧忠華,2003),但在探討後現代思潮與教育改革之關係,文獻並不多,僅見於黃乃熒(2003)及黃宗顯(2003);前者曾就後現代思潮與教師專業發展關係有所論述,論及教師專業發展應本於合理的社會權力關係、促進社會關係的變化生成及展示合理的社會權力關係,亦有其見地;後者所論述後現代思想家 J. F. Lyotard 的差異政略在學校行政革新上的和合與適用性,亦有其參考價值。

為了解後現代思潮及其對於教育改革的影響,本文首先闡析後

現代思潮的意涵及特性，其次分析後現代思潮的教育改革特徵，接著探究後現代教育改革的遭遇困境，最後提出後現代教育改革的有效策略。

貳 後現代思潮的意涵及特性

一、後現代思潮的意涵

　　後現代主義在 19 世紀的 70 年，英國畫家查普曼（J. W. Chapman）首先提出這個名詞，再經過 1917 年時帕維茲（R. Panwitz）的使用，在理論慢慢形成（詹棟樑，2002）。到了 60 年代，受到一些思想家的鼓吹，如德國哲學家哈伯瑪斯（J. Habermas）、法國哲學家李歐塔（J. F. Lyotard）、傅柯（M. Foucault）、美國哲學家詹明信（F. Jameson）、英國建築評論家詹克斯（C. Jencks）等人的倡導，後現代思潮成為 20 世紀一股新的思想風潮。

　　後現代思潮，字首的「後」（post）本身就是重要的線索，它是指一條隨後而來的通道，後現代思潮乃是跟在現代思潮之後，也就是在現代思潮之後。而現代思潮之後又包含哪些理論呢？李歐塔在其《後現代狀況：知識的報告》[1]（*The Postmodern Condition*: *A*

1　該書於 1979 年法文出版，係探究後現代思潮名著，美國班寧頓（G. Benninton）和馬蘇密（B. Massumi）於 1984 年將其譯成英文，由密尼蘇達大學（University of Minnestota）出版。

Report on Knowledge）一書中曾寫出：「在極端裡簡化，我界定後現代為後設敘述（metanarratives）的懷疑。」（Lyotard, 1984）所謂「敘述」，簡單而言，就是一個故事、論述、文本。而後現代的立場認為知識是由敘述所組成，故事由參與者持續論述建構而成（Cary, 1999）。所以，敘述懷疑應該是後代思潮重要核心概念之一。

由於後現代思潮之思想家對於後現代主義的概念亦不太一致，因而理解後現代思潮頗為不易。Parson 和 Blocker（1993）認為理解後現代主義最好的方式，就是從後現代主義對於現代主義的批判著手，他們認為現代主義所假設的傳統思想和偉大作品教義，都是後現代主義所拒絕。依此而言，後現代思潮不相信傳統權威；也不崇拜偉大著作。

基本上，後現代思潮很難有統一的意涵，它是由各種不同觀點所組成的鬆散結合體，不是單一理論所能詮釋清楚，Bauman（1993）曾指出後現代主義就是極其含糊不清的文化，所以要界定後現代主義或後現代思潮，本來就是一件很困難的事。雖然如此，為了理解後現代思潮的精髓，乃就其較為共通之處，試圖對後現代思潮做如下的解釋：

後現代思潮是一種新的思考典範，旨在反省、批判和超越傳統的思維，質疑和挑戰理性和科學，體現人類生活的不確定性、不完美、矛盾與複雜，開創人類精神最大的自由。

上述的解釋，只能視為後現代思潮的概括意涵，尚不足以完全詮釋所有後現代主義學者的論述。事實上，後現代主義學者各有不同的看法，所以只能抽離較為共通性的論述歸納其意義。

二、後現代思潮的特性

後現代思潮，經過不少現代主義者的倡導，儼然形成一股新的學術風潮，衝擊到學術的發展。由於後現代思潮理論差異性仍大，要找出其共同的特性，頗為不易。但是仍有後現代主義學者提出後現代主義的特徵，例如：F. Jameson 曾提出後現代主義特徵包括如下（李衣雲、林文凱、郭玉群譯，1997）：

> 一種新的無深度性以及隨之而來的歷史性的衰微；「自覺情感」（effect）的減弱；主體的破碎；混成作品（plasiche）的無所不在和「懷舊模式」的流行；以及隨著指示對象（the referent）的崩解與相連的再現（representation）危機，所帶來的意識鏈（signifying chain）的崩潰。（頁12）

高宣揚（2000）在其《後現代論》一書中，論及後現代主義已經遠遠超出傳統人類文化和知識的範圍，甚至超出了迄今人類所使用語言的範圍。出現了後現代主義的模糊性，他特別提出後現代主義下列的特性：(1) 超越傳統文化的後現代主義；(2) 後現代性的不可表達和表達的特質；(3) 後現代主義的多元性；(4) 跨學科和多流派構成的思潮；(5) 後現代思想隊伍的複雜性；(6) 後現代主義的非同質性；(7) 後現代主義同現代主義以及同傳統文化的交錯性和對立性；(8) 後現代自由創作的不確定性原則及其多種可能性。而

詹棟樑（2002）在《後現代主義教育思潮》一書亦列舉後現代主義
理論特徵有下列五項：⑴後現代主義理論的複雜性；⑵反現代因素
的介入與超現代；⑶後現代主義理論是現代主義理論的改正；⑷後
現代主義理論的不可通約性；⑸後現代主義理論的斷裂主張。

　　綜合上述，後現代主義具有不同的特性，茲將後現代思潮特性
分述如下。

（一）批判性

　　後現代主義是一種新的思維，它挑戰現代社會科學的魅力，
不相信現代社會科學受到指導研究行為的一般方法規則的引導。後
現代主義的思想家有太多批判了現代性的合理性，要求捨棄啟蒙
運動以來的觀念秩序，徹底打破追求絕對真理的傳統（歐陽謙，
2005）。P. M. Rosenau 認為許多後現代主義者認為不存在方法，不
存在他們務必遵守的程序規則，存在的只是他們後現代主義的反
規則和懷疑一切的嚴格作風（張國清譯，1998）。因此，後現代思
潮，懷疑一切，不依規則而循，沒有絕對的真理，也沒有真正的權
威，以批判的方法和態度對待一切事物。

（二）內省性

　　後現代主義異於現代主義重視客觀的觀察與量化，必須從個
人內在的心靈，才能有效探索和理解物理世界種種現象。P. M.
Rosenau 指出：「後現代主義包含著兩條方法論途徑：內省的反客
觀主義的解釋和解構。它是一種客體化的理解形式，它是想像而不

是材料觀察。它消解了現代實體，消解了自我和他人、事實和價值之間的任何清晰關係。例如：在人類學領域裡，它轉向『敘述』，強調『傾聽』他人意見與他人『進行交談』；在心理學領域，解釋理論已經不再『深入根底』，它們只不過是『起中介作用』而已。」（張國清譯，1998，頁 175-176）。

(三) 多元性

　　後現代主義思潮，拒絕統一性與一致性，不管統一或一致只是一種虛幻的作為。所以必須解構統一的思想和行動，因而由解構主義所主導的「去中心化」作為解放了多元的可能性，多元遂成了後現代社會的文化特徵。這種強調多元與差異後現代主義的思潮，逐漸脫離現代主義的形式主義，而將注意力導向多元的文化型態。由於後現代主義具有多元及無所不包的特性，使得後現代主義除了反現代主義之外，更有其他錯綜複雜的可能性，對立與矛盾成為後現代經常出現的現象。Lyotard（1984）認為理論應多元化，才能有助於追求客觀的知識，因為後現代知識的法則，不是專家所形成的一致性，而是多元性。

(四) 差異性

　　後現代思潮，來自於哲學家、文學家、藝術家、建築家……等各個學者倡導，形成一種交互錯雜的思想體系，而這種體系本身具有高度的複雜性和異質性，導致後現代思潮難以理解。高宣揚（2000）曾指出：「後現代主義既是理論，又是實務；既是學術

性探討,又是日常生活的實際行為方式;既是語言論述,又是策略性的技藝遊戲和符號遊戲;既涉及到現實的因素,又關係到可能領域;既是可以表達出來的語言論述,又是不可表達的各種不隱定象徵結構。」(頁 12)所以後現代思潮本身理論,處處可見其差異性特質。這種差異性存在的事實,形成後現代思潮尊重個體和容忍異見的特質。

㈤ 自主性

後現代思潮,不僅是一種哲學理論的探究,更是廣泛運用到建築、藝術和文學等方面,充分表現個體自主性的象徵,因而後現代的哲學家、建築師、藝術家和文學家,其作品都企圖表現自己獨特的風格,不受傳統思維的束縛,各種令人眼花撩亂的作品紛紛出現。自主是一種自由和解放的象徵和行動,個體有自主性,才能彰顯其主體性和獨特性。後現代思潮尊重個體自主性和主體性的存在,重新詮釋現代人新的意義和定位。是故,70 年代起開始蓬勃發展的後現代女性主義,打破父權主義中心思想,去除性別欺壓及歧視,找回女性的獨立自主性,可視為後現代思潮重要的特徵之一。

㈥ 不確定性

後現代主義追求不斷地超越,但又無固定目標,本身是一個正在成長、持續更新和創造的社會生活實踐,他們認為一切事物都是相對的,做何事物其結果都有其不確定性和可能性,無法加以有效

預測，這種後現代思潮的不確定性，參透人的行為、思想及解釋之中，從而建構人類社會。J. Baudrillard 認為「不確定性」本來就是因為這個社會到處充滿著不確定性；換言之，「不確定性」倒真正成為本社會中唯一最確定的事物（引自高宣陽，2000）。這種論點正式點出後現代思潮的不確定性和可能性。

參 後現代思潮中教育改革的特徵

後現代思潮將世界視為有機體而非機械體，將地球視為家而非功能性擁有，將人視為相互依賴而非個自獨立（Wan, 2001）。後現代思潮影響的範圍，不僅是文學、藝術或建築等方面，心理學亦包括在內，教育發展亦不例外。雖然不一定每位教育工作者都承認受到後現代思潮的影響，但是從種種的教育革新作為，多少具有後現代思潮的痕跡。

教育改革不能孤立於社會大環境之外，更不能脫離後現代思潮的影響。教育改革受到現代思潮與後現代思潮的交互影響，更使教育改革趨於複雜性和不可預測性。後現代思潮提供教育改革另一個思考面向，不管在行政與管理、課程與教學的革新，皆可能看出後現代思潮影響的一面。茲將現代教育思潮中的教育改革的特徵，說明如下。

一、多元的教育改革

多元為後現代思潮的重要特性之一，教育改革必須體現「標

準」與「多元」的統一，標準中容許多元的存在，多元中有標準的內涵，不能用標準壓制多元，多元中能夠遵循一些規律或規則，體現多元教育改革意涵。所以，教育改革需要傾聽多元的聲音、建立多元教育制度，建置多元學習環境、提供多元課程與教學，以符應多元開放社會的新思維。1994 年 6 月召開第七次全國教育會議，以「推動多元教育、提升教育品質、開創美好教育遠景」為會議主題（吳清山，1999），同年 4 月 10 日，有二百多個團體為主辦單位，包括文教團體、社運團體、學生團體、學術團體、婦女團體、宗教團體、出版界、商業界、家長會、社區組織、醫界、傳播界、文學界、法律界、工會、校友會、政治團體、民意代表等，以教育改造為訴求，參與「410 教育改革全民大結合」的民間社會運動，遊行活動當天提出四大訴求：(1) 落實小班小校；(2) 制定教育基本法；(3) 廣設高中大學；(4) 促進教育現代化。隨後，與會團體代表及個人，成立「410 教育改造聯盟」，作為推動「410 四大訴求」的基本組織。1996 年《教育改革總諮議報告書》亦提出多元化之教改理念，以及 2002 年的一綱多本教科書政策，所以不管是政府或民間所倡導的教育改革，都可看出多元教育改革的內涵。

二、批判的教育改革

後現代思潮代表著對一種反傳統思維，它持一種十分奇特的立場，是霸權的挑戰者，亦是權威的解構者（Wills, 1995）。所以，它批判現行體制，跳脫傳統的窠臼，這種思潮深深影響到教育改

革，各種對於現行教育體制批判接踵而來，1994 年以前師資培育採取一元化政策，由師範校院負責培育中小學師資之責，當時社會各界興起一股批判聲音，要求廢除師範校院師資培育獨占市場，因而在 1994 年 2 月將原來的「師範教育法」修正為「師資培育法」，師資培育政策正式邁向多元化時代。其他如 1954 年台灣首度實施大學聯考制度，透過公平和公開方式，讓努力的學生懷有希望，讓政經、社會背景比較不好的學生有受教育和向上爬的機會，促進社會的流動，然而助長升學主義和「一試定終身」的弊病，備受批評，於是 1992 年大考中心提出多元入學方案，研議廢除聯考，2002 年廢除聯招，改採多元入學方案；此外，打破教科書內容性別和種族歧視，以及女性主義意識的抬頭，2004 年 6 月公布「性別平等教育法」[2]，都可看出這些教育改革亦具有後現代思潮的色彩。

三、正義的教育改革

　　後現代思潮重視多元的價值和個體的差異性，倡導對不同文化的尊重與包容，避免優勢文化宰制整個人類文化，對於社會公平正義的實現更為重視，J. Rawles 在其《正義論》一書（*Theory of*

2　性別平等教育法立法目的，依據該法第 1 條規定：「為促進性別地位之實質平等，消除性別歧視，維護人格尊嚴，厚植並建立性別平等之教育資源與環境，特制定本法。」可以看出對於兩性平權的重視，打破傳統的男性沙文主義。

Justice）一書開頭指出：「正義是社會制度的首要價值，正像真理是思想體系的首要價值一樣。一種理論，無論它多麼精緻和簡潔，只要它不真實，就必須加以拒絕或修正；同樣，某些法律制度，不管它們如何有效率和有條理，只要它們不正義，就必須加以改造或者廢除。」他亦提出社會正義的四個原則：(1) 公平對待；(2) 尊重個人；(3) 公平機會；(4) 扶植弱勢（Rawles, 1971）。由於教育發展受到社會和自然環境的影響，導致個體受到教育機會產生不平等的現象，尤其居住於文化和經濟不利地區，或是偏遠地區的學童，都是屬於弱勢族群，其所享受教育資源較為有限，就必須給予補助和協助，始符合教育正義原則（吳清山、林天祐，2005）。Usher 和 Ewards（1994）亦指出後現代教育包含各種不同的教育層級和類別，應鼓勵人們廣泛參與教育活動，同時應尊重不同文化，並給予弱勢族群的協助與照顧，這種論點正符合正義教育改革的精髓所在。我國 1995 年推動「教育優先區」，教育部於 1995 年出版《中華民國身心障礙教育報告書》、1997 年出版《中華民國原住民教育報告書》，以及近年來對於新移民子女教育的協助，亦符應後現代思潮教育改革的意涵。

四、人文的教育改革

　　人類社會處在科技高度發達的環境，面對資訊倍增的衝擊，逐漸走向「物化」、「商品化」與「市場化」，人與人之間關係趨於疏離與冷漠，危及人類社會的發展，後現代思潮開始再反思人類存在

的主體性，喚醒人性的關懷，喚起對各種存在事物的關心，不僅要關心人和物，而且也要關注所處的生態環境。這種人文思潮逐漸影響到教育改革，在行政院教育改革審議委員會（1996）出版《教育改革總諮議報告書》一書中揭櫫的人本化教育改革方向，論及「透過教育的方式，提升人的素質，使個人過著有意義、有尊嚴、有貢獻的生活，並且使人類具有綿延不斷的生物與文化的命脈，就是『人本』的取向」（頁 11），亦具有人文教育改革的色彩。最近幾年來政府對於環境教育和永續校園的積極倡導，以及呼籲建立友善校園，貫徹零體罰政策，亦可視為後現代思潮教育改革中具有人文的特徵。

五、創新的教育改革

　　後現代思潮撞擊現代社會種種作為，企圖開創另一個新的作為，以因應社會發展，尤其在後現代社會裡，人們所面臨的政治、經濟、文化、教育等方面的危機，要比過去更為嚴重，更需要新的思維，幫助人類有效脫離危機。後現代思潮中的教育改革，亦是因應教育發展危機，重新思考新的制度、管理、學習內容和方式，讓教育能夠有效開展，因而各種創新教育改革紛紛出現，例如：公辦民營學校（public school of private management）、特許學校（charter）、磁性學校（magnet school）、學校本位管理（school-based management）、另類評量（alternative assessment）、學校創新經營（school innovation management）等。正如詹棟樑（2002）

所言:「創新性教育,就是隨著時代在創新,就如後現代的思想在創新一樣,也如傳統與創新共同呈現一樣,它不但是為了幫助人們保存目的價值,而且也要幫助人們創造新的價值⋯⋯,並且透過不斷地激發人們的創造精神,使人們學會對付未來問題的新方法,並有新的技能、新的態度、新的價值觀。」

肆 後現代教育改革遭遇困境

　　教育改革為社會改革的一環,自然無法跳脫社會思潮的影響,在整個後現代思潮籠罩下,台灣教育改革風起雲湧,來勢洶洶,尤其自從解嚴之後,一波又一波的教育改革,更是徹底摧毀傳統的教育規範。

　　1980 年代是台灣政治轉型劇變的時代,亦是教育改革運動啟動的時代,部分民間團體開始衝撞現行教育體制,例如:1990 年人本教育基金會成立「森林小學」、1994 年毛毛蟲兒童教育基金會開辦「毛毛蟲親子學苑」(即今之種籽學苑),值得一提的是,1994 年民間團體發起參與「410 教育改革全民大結合」,更受到社會各界的注目。自此而後,政府對於教育改革行動愈來愈積極。

　　1994 年 1 月總統公布修正「大學法」,讓大學取得自治權法源依據,同時也開啟大學的亂象——大學校長二階段遴選;1994 年 2月總統公布「師資培育法」,確立多元化師資培育政策,傳統一元化師資培育政策正式走入歷史;同年 9 月 21 日教育改革審議委員會正式成立,從事規劃和審議各類教育改革事項,成立之初,刻意

排除師範體制人員加入；後來發覺情況不妙，才延攬多位師範教育者加入[3]，後來總算完成《教育改革總諮議報告書》。

　　1995 年公布教師法，維護教師權益的根本大法，教師改為聘任制，但因賦予成立三級教師會（全國、地方和學校），雖符應校園民主化趨勢，但亦埋下日後校園紛爭不斷的種子，至今仍是餘波盪漾。1999 年中小學校長實施遴選制，改變以往由地方政府直接遴派方式，改由地方政府組成「校長遴選委員會」遴選，褒貶不一。1996 年國小教科書全面開放民編，統編本正式推出教科書市場[4]。1998 年公布的九年一貫課程綱要，2001 年正式實施，可說教育史上重大教改工程之一。由於社會對於聯考「一試定終身」的制度，批評甚多，於 1998 年 7 月正式公布高級中學多元入學方案，

3　當時可能部分人士認為，教育學者或師範教育系統人員是教育改革的絆腳石，不能讓這些人士加入，以免妨礙教育改革的進行，事實證明這種想法是錯的，沒有教育專業人士的加入，教改藍圖必流於常識或空談。

4　1994 年 6 月立法院教育、法制、財政三委員聯席會議紀錄：周荃委員及陳光復委員臨時提案：「教育部應於二年內全面開放審定本教科書，並向立法院提出報告，其審定標準由教育部定之。結果在場人數十六人中，贊成者九人。」教育部面對立法院壓力，1994 年 11 月成立「研議擴大開放國民小學教科書審定事宜專案小組」，其中小組研究重要結論為：「國民小學各科教科書均自 85 學年度起逐年開放為審訂本，唯國立編譯館仍應繼續編輯國語、社會、道德與健康三科與民間之審訂本並行，必要時再增編自然及數學，以為調節。」並向部長簡報，所做決議與小組研究重要結論大同小異。而 1995 年底立法院教育委員會亦決議，要求國中小教科書全面開放民編。

並自 90 學年度起廢除傳統高中聯招考試，改以國民中學基本學力
測驗取代。而為落實大學入學考招分離及多元入學之精神，使招生
制度符合「公平」、「多元」、「簡單」之原則，並達到各校選才之
目標，亦於 2002 年實施「大學多元入學方案」，這一波的教育改
革可說涵括大學到中小學，影響層面相當深遠。

　　台灣這十多年來教育改革，多少具有後現代教育改革多元、結
構、批判與鬆綁的特徵，但實施結果，顯然不如預期效果，教師、
家長和學生並未嘗到教改甜美果實，反而是一連串的心理折磨。中
央研究院院長李遠哲於 10 月 13 日首度為教改認錯。他說，本來想
紓解學生升學壓力，最後不減反增；社會當初對教改會期待甚深，
教改會卻沒做到，他是該道歉（李遠哲為十年教改道歉，2005）。
此乃顯示台灣後現代教育改革並未成功。

　　根據張鈿富和葉連祺（2006）調查「2005 年台灣地區教育政
策與實施成效調查」研究發現，民眾對目前進行學校改革認為有成
效占 8.00%，2003 年是 5.52%，2002 年是 8.19%；略有成效的部
分占 14.32%，較 2004 年的 19.10% 降低約 5%，但認為沒有成效
者也高達 44.33%。綜合觀之，認為教育改革有或稍少成效者僅占
22.32%，此乃表示，教育改革成效仍不明顯，沒讓民眾有深刻正
面感受。復根據吳清山等人（2005）的「2004 年國民教育政策與
問題調查報告」亦發現，當前社會大眾對於國民教育政策的支持度
大於滿意度，其中對政府推動一綱多本教科書政策，國民小學支持
度只有四成四，而國民中學亦只有三成六；而國民小學滿意度只有
二成九，國民中學滿意度只有二成二。此依資料顯示，台灣有多元

化教育改革，社會大眾並未感受到改革帶來的益處，反而是混亂，增加經濟和學習負擔，這也是社會大眾對教育改革滿意度偏低原因之一。

　　台灣歷經後現代社會的洗禮，教育改革也受到後現代思潮的影響，但所推動的後現代各種教育改革，效果卻有限，顯然不是成功的教育改革。事實上，歐美國家近幾年來亦積極推動各項教育改革，例如：家長教育選擇權、家長參與學校事務、學校本位管理、教育績效責任（educational accountability）……等，然而對於提升學習成效亦相當有限，也不能算是成功的教育改革。M. G. Fullan和 M. B. Miles 曾提出七項教育改革失敗的理由：(1) 錯誤的改變地圖：人們依地圖行事，但卻無法提供可靠或有效指引；(2) 複雜的問題：改革是很複雜的，採用理性規劃模式不一定能夠達成結果；(3) 象徵超過實質：從事投機或表面式改革，不明確目標、不切實際時間表、重視政治象徵，政治壓力轉移改革優先次序；(4) 沒耐心和表面解決：對解決問題只做表面的嘗試，以及趕時髦的做法；(5) 對阻力的誤解：為改革進展緩慢歸罪於抗拒，而分散了注意力；(6) 小小成功的耗損：缺乏外在支持機制，小小成功，難以成為推動持續改進的新結構；(7) 改革過程知識之誤用：改革過程的知識，往往被引用採取某種行動的權威，例如：願景和領導能力攸關成敗（張水金譯，2003）。

　　台灣從事一系列多元化的教育改革，然而改革過程中卻不斷地遭到多元聲音的批判和質疑，從家長、基層教師和學者專家等對於教改都提出不同的意見，例如：2003 年 7 月 20 日「重建教育連

線」[5] 發表「終結教改亂象，追求優質教育」的重建教育宣言，痛陳教改造成的亂象，計有自願就學方案共十三項，隨後教育部亦於當日針對「教改萬言書」提出應與說明[6]；此外，另有一批學者（包括黃炳煌、林萬億、史英）亦於 7 月 30 日回應「重建教育」要堅持改革，更加凸顯朝野和學者專家間對教改的不同調[7]。潘慧玲、楊深坑、周祝瑛、洪仁進（2003）回顧台灣十年來的教育改革，提出下列的看法：

---

5 「重建教育連線」係由百餘位學者、文化界人士組成，所提出「重建教育宣言」，列舉包括「自願就學方案」、「建構式數學」、「九年一貫」、「一綱多本」、「統整教學」、「多元入學」、「補習班蓬勃發展」、「教師退休潮」、「師資培育與流浪教師」、「消滅明星高中」、「廢除高職」、「廣設高中大學」、「教授治校」等十三項重大教改弊端，痛陳其缺失盲點，並提出四大訴求，主張「終結政策亂象」、「尊重專業智慧」、「照顧弱勢學生」、「追求優質教育」，宣言中愷切呼籲政府放慢腳步，教育部應承擔起失敗責任，誠實面對問題，以避免無辜學生成為錯誤政策下的犧牲品。詳細資料，請參閱「重建教育宣言」的教改萬言書。

6 教育部回應中表示將秉持一貫立場，虛心接受各界的批評與建言，期待透過更多的參與與辯證，共同為國內教育打造更美好的遠景，同時在該回應中，亦具體列出教育改革具體成效指標。

7 7 月 30 日，由黃炳煌教授，以及林萬億教授、史英教授，三人聯手召開記者會針對「教改萬言書」提出回應，為教改護盤，並請來兩位基層教師參加，會中呼籲堅定的進行教育改革、不要把反對者視為敵人、不可只有政治考量就做出回應、應組成教改成效再評估小組等四項。詳細資料可參閱《人本之友》會訊（2003 年 8 月），秋季號，第一版。

我們見證了許許多多的新政策，以及此起彼落的新做法，帶給了台灣嶄新的氣象，但也感受到隨之而來的新問題，以及應接不暇的配套措施。然而，在「鬆綁」的大纛，我們不僅看到了專業的鬆懈、平等的鬆懈、責任的鬆懈及關懷的鬆懈，我們也見到了改革與反改革的糾結、多元化與一元化的糾葛、國家職能與市場機能的對峙、大眾化與菁英化的對立，民粹管理與專業管理的拮抗，除了有一份「美好的理念未能適當的實踐」的喟然感嘆外，還有一種受制於「不能反對」的鬱悶情結。（頁 10-11）

台灣教育改革，是在一場號稱「寧靜改革」的「不寧靜環境」下進行，當然會造成「不寧靜的結果」。台灣後現代教育改革造成不寧靜結果的原因甚多，有些是屬於改革方案本身出了問題，有些是屬於政治因素的介入，有些是屬於缺乏相關配套措施，有些是屬於三者之間交互作用的結果。所以台灣後現代教育改革的困境，部分與歐美國家類似，部分則是所處文化脈絡情境下造成。茲將台灣後現代教育改革遭遇的困境，說明如下。

一、教改藍圖過於理想，忽略教育現實環境

台灣教育改革藍圖，最初有《中華民國教育報告書》，後來又有《教育改革總諮議報告書》，教育部於亦 1998 年提出「教育改革行動方案」，不管是報告書或方案，都是屬於教改的藍圖，這些藍圖所規劃的方向，並不是錯誤的指引，最大的問題在於過於理想

化，企圖畢其功於一役，設法解決沉痾已久的教育問題。由於教育問題具有其歷史文化和社會背景等各種錯綜複雜因素所造成，難以用理性思考所建構的理想模型，來解決複雜的教育問題。國內十年來所規劃的教育改革藍圖，不管是九年一貫課程所標榜的十大能力，或者透過多元入學減輕學生學業壓力、甚至一綱多本的教科書開放，都是陳義過高，理想性過強的政策，因而實施結果，基層教師、家長和學生可說負擔與日俱增，壓力有增無減，顯然這些改革方案規劃階段缺乏現實環境考量所致。

二、教改方案缺乏證據支持，難以確保其價值

　　教育改革是一項龐大的教育工程，它影響層面不僅是學校教育人員，而且包括整個社會大眾。所以教改政策從規劃到執行過程，必須相當慎重。國內教改政策的訂定，偏重於菁英式決策，通常由教育行政人員提出構想，學者專家提供理論支持，過程之中雖然有論辯，但缺乏足夠證據支持政策的合理性、可行性和價值性，故政策的適切性就很難說服社會大眾，這也是很多教改政策難以落實原因所在。目前英美教育改革政策，愈來愈重視研究基礎（research-based）的證據支持導向，亦即政策的規劃和執行，必須經過研究，有充分的證據支持其有效性，才能大規模的實施，否則將與予擱置，以免造成更多的民怨，此種做法的確有其價值之處。例如：政府推動教科書一綱多本政策，若能進行下列思考：在哪些層面學生和家長受益？有無證據支持的論點？所舉出的證據適當嗎？所舉出的證據充分嗎？相信此項政策不會受到如此的質疑。

三、教改目標不明確，無法激起教師教改共識

　　世界各國基於其政治、經濟、文化和社會環境下，提出各類教育改革，以解決教育問題和提升教育品質。而成功的教育改革特徵之一，就是要有明確的教改目標，而且教育利害關係人（stakeholder）都能了解其意義和彼此分享，知道「為何而改？」「為誰而改？」正如 Fullan（2001）所提出的共享的意義（shared meaning），透過共享意義過程中，建立教改凝聚力，教改才能獲得社會各界的支持，也才能順利推動。台灣後現代教育改革中，是有其目標，然而卻面臨兩大困境：一是目標不夠明確；二是目標不被認同，例如：政府推動九年一貫課程的目標為：(1) 增進自我了解，發展個人潛能；(2) 培養欣賞、表現、審美及創作能力；(3) 提升生涯規劃與終身學習能力；(4) 培養表達、溝通和分享的知能；(5) 發展尊重他人、關懷社會、增進團隊合作；(6) 促進文化學習與國際了解；(7) 增進規劃、組織與實踐的知能；(8) 運用科技與資訊的能力；(9) 激發主動探索和研究的精神；(10) 培養獨立思考與解決問題的能力。基本上，這個目標立意良善，可是卻有人不認同，主要原因是目標過於遠大和抽象，部分連基層教師都在懷疑和質疑中，深深影響九年一貫課程實施成效和目標達成。

四、教改手段過於激進式，未能採取循序漸進

　　教育改革就其方式而言，可分為激進式改革和漸進式改革，前者將教育現狀全數打破，另起爐灶進行重建；後者以教育現狀為基

礎，逐步進行長期的改變。由於教育事業係百年大計，不宜全盤推翻現行體制，以免造成教育太大衝擊，影響整體教育發展。然而台灣近年來的教育改革，部分採取激進式改革，導致教師、家長、學生都無法適應，例如：九年一貫課程改革，推翻過去分科教學，改採領域教學，實施統整課程及協同教學等，增加教師教學和學生學習困難，批評之聲時起，這場大規模的激進式課程改革，正如林生傳（2004）所言：「九年一貫課程在這樣一種空懸課程架構，顛覆傳統之下，萬事未備，進行一個空前的課程改革大工程，未免操之過急，也嫌太過魯莽。」（頁24）的確指出激進式教育改革盲點。

五、教改結果只講求時效，不考慮教育實效

教育改革是一項漫長的教育改造工程，很難一時看到成效。然而部分政治人物，喜歡抄短線，希望立即見到效果，於是下達部屬要求盡速回報成果，部屬只好虛應提供不實成果，真正教改成果仍然無法展現。此外，有些教育改革不是為教育而改革，而是為政治而改，教育改革是為政治而服務，整個教育改革過程中充滿著──「不問專業，只問政治」，歐美國家難免有此現象，可是台灣卻較為嚴重。大學數量急速增加，專科升格為技術學院，技術學院升格為科技大學，處處都有政治力和財團勢力的介入，深深傷害教育品質。由於過多政治力介入，只看到教改象徵價值，卻無法看到教改產生真正的作用。這種只求教改短期效果，而不重視教育長期效果，實在是教改的重大危機之一。

六、教改規劃缺乏系統思考，忽略文化改變

教育改革涉及層面相當廣，必須進行系統思考，從事整體性規劃，才易看出效果，任何片段式改革（piecemeal reform），只會看到「頭痛醫頭，腳痛醫腳」的效果，對整體教育革新效果仍屬有限。美國於 1990 年代進行教育改革偏重於片段式改革，卻看不出教改效果，於是在 1998 年國會通過綜合學校改革方案（Comprehensive School Reform Demonstration Program）[8]，該方案主要是採取教育改革的統整觀，認為要成功提高學校表現，必須同時結合學校環境的各要素（行政、課程、教學、文化……等），而且每個要素能夠與願景相結合，透過經費補助，各校在提升學生學習成就已經看到一些效果（Coffey & Lashway, 2002, Hertling, 2000；McChesney,1998）。觀之國內教育改革，不管是教師聘任制度改變、校長遴選制度改變、家長參與校務運作……等，皆偏重於上級從事於制度和結構大改變，未考慮學校整體各要素的配合，以及學校文化改變，即使政策實施，無法提高學校績效，更難以看出對學生學習的幫助。

8　綜合學校改革方案，又稱為全面學校改革方案（whole-school reform），該方案執行效果與校長領導、教師承諾、教師專業發展、課程與教學、經費、設備、家長參與等方面具有密切關係。

伍 後現代教育改革的有效策略

　　教育改革過程中，充滿著矛盾、衝突與對立，這是難以逃避的事實。從後現代思潮中，這是一種正常的教育改革現象，它亦可提供檢視教育改革發生的症狀。正如 Usher 和 Ewards（1994）所言：「後現代觀點能夠幫助我們對衝突較佳的理解，以及檢視症狀的程度和後現代文化——社會狀況的貢獻。」（頁 3）在後現代社會中，人們對於教改品質的要求，要比現代社會更為強烈，因而不滿意的程度有增無減，教改成功的可能亦趨於不確定性。

　　後現代教育改革要走向成功，讓社會民眾滿意，的確是一項高難度的挑戰。Fullan（2001）曾提出教育改革成功途徑的十個基本假設：(1) 不要認為最初所提的改革方案非執行不可，換言之，成功的執行應該包括一些轉化或倡導理念的持續發展；(2) 任何重大的創新改革，需要個別參與者在過程中發展其意義，亦即意義的澄清過程；(3) 衝突與反對乃是成功改革難以避免的；(4) 壓力是必要的，然而只在允許成員能夠反應、成員能形成自己立場、能與其他執行者產生互動，以及有技術協助的環境下，才會產生效果；(5) 有效的改革需要花時間，重大的改革需要花費至少二至三年，要形成制度性改革則需要五至十年；(6) 不要認為改革方案無法執行，是因為反對或抗拒所致；(7) 不要期待所有人或多數人都會改變，只要受到影響的人數增加就是進步；(8) 改革的計畫築基於上述假設，而且確認影響改革的因素；(9) 各種改革的行動不能依賴大量知識，它需要結合有效的知識、政治考量等因素；(10) 改變機構的

文化才是真正重要的議題，單一的執行某個創新方案，並不是改革。依此而言，人員對於改革方案的意義了解、能夠給予改革的協助、改革行動需要考量各種政經因素，以及整個組織文化的改變，才能使改革成功有效。

　　平心而論，台灣的後現代教育改革，不能說是一無是處，至少學校比以往有較大的自主權，而教師亦有較多的課程與教學決定權，家長參與也比以往熱絡，校外資源引進亦比過去頻繁，楊朝祥（2001）亦指出近十年的教育改革過程中，已獲致促進教育體制的鬆綁、凸顯教師專業自主、啟動課程改革運動、創設更多升學機會、建置終身教育體制……等十二項成果，然而這些成效，卻不能算是教育改革的成功，因為教育的本質在於學生學習，倘若教育改革增加學生沉重學習壓力，造成學生學習的夢魘，將是相當可怕的教改。

　　台灣未來教育改革到底如何進行，學者們亦有不同的看法，例如：楊朝祥（2001）提出未來教育改革方向計有下列十八項：(1)建立社會的多元價值觀；(2)提供全民學習、成長的機會是值得追求的；(3)發展學校為社區發展中心；(4)建置溫馨和諧的新校園；(5)激發教師教學的熱情；(6)建構多元學習環境；(7)訂定各級教育成效指標；(8)建設e校園、發展新學習型態；(9)紓解升學壓力、推展全人教育；(10)延長十二年國民教育；(11)保障弱勢族群學生受教權；(12)建置有效輔導系統與網路；(13)重新確定技職教育發展方向；(14)追求高等教育的卓越化與國際化；(15)齊一公私立學校教育水準；(16)建置全方位的終身教育體制；(17)建構教育人員專屬人

事制度；⒅ 是長期性的教育研究工作。林生傳（2004）則提出十大教育改革原則：⑴ 教育改革不應只徒重於「鬆綁」、「解構」的「除舊」，用心於「重組」、「再建構」的布新工作；⑵ 須延聘教育學者、師資培育系統專家參與，用心於新教育制度的設計與教育系統的規劃；⑶ 一國之政治固然與其他制度層面均有關，但是尊重教育的獨立性和自主性來進行改革，才能產生效果；⑷ 教育應避免成為教育的籌碼，更應避免成為利益團體追逐的目標；⑸ 教育改革須循序進進，用心思考，有效回饋，批評修正；⑹ 教育改革力求完善，不尚表面形式；⑺ 借用教育學術協助教育政策評估、試辦與實驗，試辦與實驗應予逼真；⑻ 教育改革務求教育機會均等，照顧弱勢；⑼ 教育改革應重視文化改造的基礎工程；⑽ 上乘的教育改革，應興起於平常心，不要大叫大改，亂叫亂改。這兩位學者之意見，前者較重視技術層面，屬於微觀性教育改革，後者較強調文化與策略層面，屬於宏觀性教育改革。

　　台灣後現代教育改革，面對現代思潮與後現代思潮的衝擊，矛盾與對立依然仍會存在，追求「標準」與「績效」的聲音有增無減，未來在「解構」之後「再建構」歷程中，將會逐漸朝向「多元中有標準」和「標準中有多元」，並尋求適合台灣教育改革新的大道。茲以宏觀為主、微觀為輔的思路上，提出下列未來教育改革策略，以供參考。

一、教育改革方案訂定，需要有研究證據的支持

　　教育改革是一項複雜又細緻的工程，各種方案的訂定與推動，

必須建立在研究的基礎上，不能憑直覺或依經驗從事教育改革方案的訂定，那是相當危險的事情。台灣過去的教育改革，不太重視研究為基礎的教改，經常是上級長官的一句話或學者專家的意見，卻未經研究、評估與檢討的過程，就急急忙忙推出教改方案，這種粗糙式教改方案，結果是浪費經費、人力與時間，學生無法從教育改革方案中獲益。所以，未來教育改革應該建立在「研究基礎」和「證據基礎」上，凡是經過研究且有足夠的證據支持該教改方案是有效的，才能大規模的實行，以研究證據作為教改擬定和推動政策的依據。台灣社會已經有太多的內耗，教育實在不能讓缺乏研究基礎的任意性或隨興式改革，一直窮耗下去；否則又將成為教育發展新的危機。

二、回歸專業的教育改革，避免過多政治力的介入

教育改革是一項專業性工作，需要專業人員的加入，才能研擬適切合宜的教育改革方案。台灣近十年來教育改革，教育專業人員並未得到應有的重視，部分教育改革或教育政策訂定，教育專業人員常常被排除在外，因而主導教育改革工作是屬於非教育專業人士，結果所制定的政策，不太符合實際教育職場需求，執行效果受到限制。因此，未來不管是教育改革方案或教育政策的訂定，一定要邀集教育專業人員的參與，提供專業意見，以研擬符合教育職場需要的方案或政策。雖然教育改革很難跳脫政治的干預，為確保有品質和專業的教育改革或教育政策，不當的政治力應禁止介入，以維持教育清新的環境，凡是透過教育力量（如課程、教學）或採取

置入性行銷方式，灌輸學童特定政治意識型態，皆是未來教育改革應該極力避免的。當然，教育行政人員必須嚴守教育與政治分際，專業教育改革始具可能性。

三、重視教改溝通與對話，激發基層人員教改共識

　　台灣近十年來的教育改革，雖然在民間鼓吹與政府促成下，推出甚多的教育改革方案，然而這些教育改革方案，偏重於由上而下的改革，即使有民間的聲音加入，但多偏重於特定團體的聲音，廣大教師基層聲音和弱勢家長聲音，根本無法傳進上層耳中，導致上層決定的教育改革方案，與基層嚴重脫鉤，因而凸顯出基層教師不能配合也不願配合，弱勢家長則是一連串的折磨，而學生無法受到教改的益處，由於基層教師和家長是執行教改的第一線，倘若沒有他們的支持，教改根本無法成功。所以，未來政府從事教育改革工作，應說明其具體明確的教育改革目標與做法，並與廣大的基層教師與家長溝通與對話，從溝通與對話過程中，若是基層教師與家長有質疑，應加以懇切說明；有異議，應修正教育改革方案。唯有如此，才能獲得共識，尋求基層教師和家長的認同與支持，教育改革才容易成功。

四、推動穩健務實教育改革，揚棄激進式教育改革

　　適切的教育改革是促進教育進步的動力，不當的教育改革卻是阻礙教育發展的禍因。台灣近十年來如火如荼的進行教育改革，其成效始終未獲社會大眾肯定，不管是學校教育人員或家長對於教

育改革滿意度,都有偏低的現象。部分原因在於國內教育改革過於偏重由上而下的改革,以及激進式改革,導致改革立意雖好,可是基層教師和家長卻不領情,甚至不願意配合,教育改革績效就無法彰顯。這十年的教育改革的歷程,最可貴的經驗和教訓,就是改革工作是一條漫長的旅程,沒有特效藥亦無萬靈丹,一步一腳印,穩扎穩打,循序漸進,方為上策。所以未來教育改革,必須徹底揚棄激進式改革,避免造成教育大震撼,任何激進式教育改革,若未做好萬全的教育配套措施,將會造成教育大災難,這絕非危言聳聽之詞,因此只有採取漸進式改革,才是教改最大的出路。

五、關懷少數弱勢族群教育,落實教育正義的實現

　　台灣教育發展過程中,從專制朝向自由,從封閉邁向開放,從管制走向鬆綁,從一元趨向多元,呈現教育進步創新的一面,然而教育政策卻不斷向市場化傾斜,致使在教育改革過程中,弱勢族群發聲機會相當有限,因而弱勢族群學童並未從這波教育改革受益,反而更處於不利地位。此外,在資訊科技和網路網際的社會,弱勢族群學童不僅遭受到因經濟落差和文化落差導致學生學習落差,而且更因接受資訊機會不足,形成數位學習落差,更趨於嚴重;其他城鄉教育素質差距和學生基本學力測驗成績落差的問題,亦是難以改善的事實。這些教育發展的現象,所出現不符公平正義教育原則,凸顯教育發展的危機與裂痕。因此,未來台灣教育改革之路,應該建立一個公平正義的教育環境,致力縮短城鄉教育差距、弭平學習落差和數位落差,以及落實教育機會均等,才是未來努力的重要課題。

六、進行教育改革總體檢，檢討與改進教育改革缺失

台灣教育改革已經走了十年，帶給社會和教育界相當大的衝擊，影響層面既廣且深。值此後現代社會中，教育改革不易建立共識，也不易讓人人滿意，但是教育要能有效發展，教育改革仍是必須走的一條路，只是這條路未來該如何走，才是應該思考的重要課題。為了解十年來的實施成效，以及作為未來教育改革改進的參考，建立成立「教育改革總體檢小組」或「教育改革檢討委員會」，邀集學者專家、教育實務工作者、家長代表共同組成，分別就教育改革目標、內容（如：制度、課程、師資……等）、方式、策略、實施效果等方面進行檢討，有成效部分繼續保持，缺乏成效者，能夠改進者就提出改進，無法改進者，就應停止實施。唯有如此，才能讓教師、家長和學生享受到教育改革成果。

陸 結　語

後現代思潮為當代西方文明自我反省下的產物，它解構西方現代文明的表象，摧毀盲目的科學信仰，建構人類新的思維典範。

後現代思潮不僅影響社會發展，而且也衝擊到教育改革走向，在後現代思潮中，可以發現教育改革計有下列特徵：多元的教育改革、批判的教育改革、正義的教育改革、人文的教育改革、創新的教育改革。

　　後現代思潮，猶如一把利器，能夠善用之，將能有效導引教育改革，轉變為正向教育改革力量，創造教育改革有利條件；倘若誤用之，則將使教育改革處於不斷地對立與矛盾之中，教育能量一天一天的耗損，學生將無法從教育改革中獲得利益。

　　台灣在後現代思潮下所進行的各類教育改革，雖然看到一些成果，但是也遭遇一些困境，除了社會大眾不滿意教育改革做法外，尚包括下列各方面：(1) 教改藍圖過於理想，忽略教育現實環境；(2) 教改方案缺乏證據支持，難以確保其價值；(3) 教改目標不明確，無法激起教師教改共識；(4) 教改手段過於激進式，未能採取循序漸進；(5) 教改結果只講求時效，不考慮教育實效；(6) 教改規劃缺乏系統思考，忽略文化改變。

　　回顧過去台灣十年的教育改革，看起來有點悲觀，但是身為教育人員，在後現代社會中應該沒有悲觀的權利，我們應該往前看，以積極樂觀態度面對未來教育發展，教育發展才可能更好，不會更壞。因此，本文特別以宏觀為主、微觀為輔的思路上，提出下列六項未來教育改革的策略：(1) 教育改革方案訂定，需要有研究證據的支持；(2) 回歸專業的教育改革，避免過多政治力的介入；(3) 重視教改溝通與對話，激發基層人員教改共識；(4) 推動穩健務實教育改革，揚棄激進式教育改革；(5) 關懷少數弱勢族群教育，落實教育正義的實現；(6) 進行教育改革總體檢，檢討與改進教育改革缺失。

參考文獻

王家通（2004）。十年教改爭議癥結之探討。**教育學刊**，22，1-17。

王家通（2005）。多元化教育改革趨勢與問題。**教育研究與發展**，1（2），1-18。

行政院教育改革委員會（1996）。**教育改革總諮議報告書**。台北市：作者。

李衣雲、林文凱、郭玉群譯（1997）。**後現代性**。台北市：巨流。（原著：B. Smart，1993 出版）。

李春芳（2003）。國內教育改革的現況與未來新展望。**研習資訊**，20（6），44-62。

李遠哲為十年教改道歉（2005）。**聯合報**，10 月 14 日，A1 版 / 要聞。

吳清山（1999）。**教育革新與發展**。台北市：師大書苑。

吳清山（2004）。教育發展新思路。**師友**，450，14-18。

吳清山、林天祐（2005）。**教育新辭書**。台北市：高等教育。

吳清山、劉春榮、林天祐、陳明終、黃旭鈞、梅瑤芳、謝雅惠、張雲龍、高家斌、黃珮鈞、鄭惠珠（2005）。**2004 年國民教育政策與問題調查報告**。台北市：國立教育資料館。

林天祐（2004）。英國中小學教育品質管理策略及方案──近十年教育改革的分析。**教育研究**，123，49-65。

林生傳（2004）。台灣近期教育改革的透視與省思。**教育學刊**，23，1- 35。

高宣揚（2000）。**後現代論**。台北市：五南。

詹棟樑（2002）。**後現代教育思潮**。台北市：國立編譯館。

馬信行（2002）。教育改革研究成果之綜合分析。**教育政策論壇**，5（2），1-24。

張鈿富、葉連祺（2006）。2005 年台灣地區教育政策與實施成效調查。**教育政策論壇**，9（1），1-21。

張水金譯（2003）。教育改革的基本認識。**美國教育快遞**，8，1-14。

張國清譯（1998）。**後現代主義與社會科學**。上海市：上海譯文。（原著：P. M. Rosenau，1992 年出版）。

秦夢群（2004）。大學多元入學制度實施與改革之研究。**教育政策論壇**，7（2），59-84。

陳淑琴（2002）。教育改革意義、過程與學校文化因素探討。**台中師院學報**，16，309-319。

黃乃熒（2003）。後現代思潮與教師專業發展。**教育資料集刊**，28，1- 23。

黃宗顯（2003）。共識論述與差異政略思想在學校行政革新上的和合與適用性：Habermas、Lyotard 與中國「道」思想的詮釋性應用。**教育研究集刊**，49（2），97-115。

黃泰豪（2004）。國民小學教師對近十年來教育改革政策之認知、認同與執行研究──以台北縣為例。**初等教育學刊**，19，129-163。

楊朝祥（2001）。教改的回顧與前瞻：凝聚再一次教改的動能。**國政研究報告**，教文（研）090-014 號。

歐陽謙（2005）。**後現代主義思潮的興起**。2005 年 10 月 15 日，取自 http://www.culstudies.com/rendanews/displaynews.asp?id=6151

潘慧玲（2002）。學校革新的脈動。載於潘慧玲主編，**學校革新理念與實踐**（頁 1-49）。台北市：學富。

潘慧玲、楊深坑、周祝瑛、洪仁進（2003）。第一章，教育改革的脈絡、理念與課題。載於國立台灣師範大學主編，**教育發展的新方向：為教改開處方**（頁 1-14）。台北市：心理。

顧忠華（2003）。台灣的教育改革──從大學自治談起。**教育研究**，92，30-32。

Bauman, Z. (1993). *Modernity and ambivalence*. Cambridge: Polity.

Cary, R. (1999). *Postmodernism: An overview of theory.* Paper presented an the Annual of the Geogia Art Education Association, Valdosta, GA, November, 12.

Coffey,E. & Lashway, L.(2002). *Trends and issues: School reform.* Clearinghouse on Educational Policy and Management. Retrieved October, 18, 2005 from http://eric.uoregon.edu/trends_issues/reform/

Fullan,M. (2001).*The new meaning of educational change*. New York: Teachers College, Columbia University.

Hertling, E. (1999). *Implementing whole-school reform.* (ERIC Document Reproduction Service No ED 454565)

Hertling, E. (2000).*Evaluating the results of whole-school reform.* (ERIC Document Reproduction Service No ED 446345)

Lyotard, J. F. (1979) [1984]. *The postmodern condition: A report on knowledge.* Trans. By G. Benningyon & B. Massumi. Minneapolis: University of Minnesesota Press.

McChesney, J. (1998). *Whole-school reform.* (ERIC Document Reproduction Service No ED 427388)

Parson, M. J. & Blocker, H. G.(1993). *Aesthetics and education.* Urbana, IL: University of Illionis Press.

Rawles, J. (1971). *A theory of justice.* London: Oxford University Press.

Usher, R. & Ewards, R. (1994). *Postmodernism and education.* London: Routledge.

Wan, G. (2001). The educational reforms in the cultural revolution in China: A postmodern critique. *Education, 122* (1), 21-33.

Wills, J. E. (1995). The post-postmodern university. *Change, 27* (2), 59-63.

1994 年以後台灣教育改革大事紀

西元	重要事件
1994	• 總統令修正公布「大學法」，大學自治。
	• 總統令公布「師資培育法」，師資培育多元化，由計畫制轉為儲備制。
	• 410 教改聯盟全國大遊行，訴求推動教育改革。
	• 行政院設置教育改革審議委員會。
1995	• 教育部公布《中華民國教育報告書——邁向 21 世紀的教育遠景》，為政府教育白皮書之首。
	• 總統令公布「教師法」。
1996	• 教育部公布「試辦綜合高中實驗課程實施要點」，自 85 學年度開始試行。
	• 教育部公布「完全中學試辦實驗課程實施計畫」，86 學年度選定十九所中學試辦六年一貫新課程。
	• 行政院教育改革審議委員會公布《教育改革總諮議報告書》。
1997	• 行政院成立教育改革推動小組。
	• 總統令公布「藝術教育法」。
	• 國民大會三讀通過取消憲法教科文預算下限修憲案。
	• 教育部公布「高職免試多元入學方案」，自 90 學年度起實施。

西元	重要事件
1998	• 教育部宣布自 90 學年度起高中、高職及五專聯招將同步廢除，改以「國中基本學力測驗」取代。
	• 行政院通過「教育改革行動方案」。
	• 總統令公布「原住民族教育法」。
	• 教育部發布「高級中學多元入學方案」，自 90 學年度起實施。
	• 教育部訂頒「五專多元入學分案」。
	• 教育部公布「國民教育階段九年一貫課程總綱綱要」。
1999	• 教育部公布「四技二專多元入學方案」。
	• 總統令公布「國立大學校院校務基金設置條例」。
	• 總統令修正公布「國民教育法」，規定未來國中小學校長將由遴選產生。
	• 總統令公布「教育基本法」。
	• 921 凌晨發生集集大地震，教育部展開校園重建。
	• 教育部通過大學招生策進會「大學多元入學新方案」，91 學年度起實施。
2000	• 教育部為提升大學學術水準躋身國際，推動「大學學術追求卓越發展計畫」。
	• 教育部公布「高中高職社區化實施方案」，自 89 學年度全面實施。
	• 教育部整併高中與高職多元化入學方案為「高中及高職多元入學方案」，並簡化成三種入學管道。
	• 教育部公布「國民中小學九年一貫課程暫行綱要」，新課程將自 90 學年度國小一年級開始實施。
	• 教育部發布「完全中學設立辦法」。

西元	重要事件
2000	• 教育部發布「發放幼兒教育券實施方案」。 • 總統令公布「教育經費編列與管理法」。
2001	• 教育部發布「綜合高級中學實施要點」。 • 辦理「2001 年教育改革之回顧與前瞻」會議。
2002	• 總統令公布「終身學習法」。
2003	• 教育部公布「國民中小學九年一貫課程綱要」。 • 辦理「全國教育發展會議」。 • 7 月，國內百餘位學術界人士共同發起了「終結教改亂象，追求優質教育」教改萬言書。
2004	• 公布「性別平等教育法」，落實性別平等教育融入各級教材。 • 訂定「教育施政主軸」，以「創意台灣、全球布局——培育各盡其才新國民」為願景。
2005	• 修正公布「普通高級中學課程暫行綱要」，銜接中小學九年一貫課程，自 95 學年度起實施。 • 重申解除髮禁，正式宣布學校校規不得將髮式管理納入校規範圍。 • 首次完成我國教育史上第一次七十六所公私立大學校院校務評鑑。 • 編輯發行國中小教科書數學、自然與生活科技領域部編本。 • 完成師範學院改名教育大學，提升教育大學辦學品質。 • 大學法修正公布落實校長遴選之超然精神及組織人事鬆綁。 • 推動五年五百億計畫及獎勵大學教學卓越計畫。 • 李遠哲院長在立法院為教改道歉。 • 教育部與各大專校院成立「財團法人高等教育評鑑中心基金會」。

西元	重要事件
2006	• 國中基本學力測驗首度加考寫作測驗。
	• 推動五年精緻國民教育發展方案。
	• 國內首度實施大學系所評鑑。
	• 民間團體進行一系列教改總體檢論壇。
	• 推動高中、高職課程暫行綱要。
2007	• 教育部反對台北市提出「一綱一本、北北基共辦基測」政策。
	• 行政院長宣示,十二年國民基本教育將於 2009 年「全面實施」。
	• 十二所國立大學第一次試辦的繁星計畫,許多偏遠地區高中生可進入頂尖大學。
	• 行政院通過「擴大扶助五歲弱勢幼兒及早教育計畫」。
	• 國中基測正式將寫作納入成績。
2008	• 教育部公布「普通高級中學課程綱要」,將從 98 學年度高中一年級起逐年實施。

註:部分資料取自《中華民國教育部史》,2008 年 3 月 10 日,取自:http://history.
moe.gov.tw/milestone.asp?YearStart=81&YearEnd=90&page=2

國家圖書館出版品預行編目資料

解讀台灣教育改革／吳清山著 .
-- 初版 .-- 臺北市：心理，2008.07
面； 公分 .--（教育願景；29）
含參考書目

ISBN 978-986-191-157-1（平裝）

1. 教育改革 2. 教育政策 3. 台灣教育

520.933 97010556

教育願景29　**解讀台灣教育改革**

作　　　者：吳清山
執 行 編 輯：李　晶
總　編　輯：林敬堯
發　行　人：洪有義
出　版　者：心理出版社股份有限公司
社　　　址：台北市和平東路一段 180 號 7 樓
總　　　機：(02) 23671490　　傳　真：(02) 23671457
郵　　　撥：19293172　心理出版社股份有限公司
電 子 信 箱：psychoco@ms15.hinet.net
網　　　址：www.psy.com.tw
駐 美 代 表：Lisa Wu　　tel: 973 546-5845　fax: 973 546-7651
登 記 證：局版北市業字第 1372 號
電 腦 排 版：葳豐企業有限公司
印　刷　者：正恒實業有限公司
初 版 一 刷：2008 年 7 月

定價：新台幣 330 元　　■有著作權‧侵害必究■
ISBN 978-986-191-157-1